이병갑 지음

한국어 문장
제대로 쓰고
바르게 고치기

# 우리말 문장
## 바로 쓰기 노트

민음사

# 머리말

영어로 된 긴 문장을 읽을 때 우리는 구문별로 한 뭉치씩 끊어서 앞뒤 간 호응 관계를 파악해 나간다. 쉼표의 기능을 살피고, that이나 which, what 등의 관계사가 구문 내에서 어떤 기능을 하는지 따져 글의 내용을 이해한다. 나아가 a와 the의 미세한 차이를 인식하여 문장 속의 오류를 잡아내기도 한다. 이는 우리가 영어 문법에 익숙해 있기 때문이다. 하지만 그런 사람이 우리글을 쓸 때는 '은/는'과 '이/가'를 구별하려 하지 않는다. 글을 읽는 사람 역시 이 차이를 인식하지 못한 채 대수롭지 않다는 듯이 읽어 나간다. 영문은 조금이라도 잘못됐으면 따지듯이 지적하면서 우리 글에 대해서는 관대하게 넘어가는 것이다.

우리나라 사람이 우리 글을 정확히 쓸 줄 모른다. 바른 문장에 대한 이해가 부족하기 때문이다. 필자가 남의 글을 교정 보고 다듬는 일을 하면서 느낀 것은, 글쓴이 가운데 다수가 글을 어설프게 써 놓고도 그 사실을 잘 모른다는 점이다. 예를 들면 '너마저'를 써야 할 곳에 '너조차'를 쓴다. 또 '그 일은 해서는 안 된다.'라고 썼다가 조사 '은/는'이 겹친다는 이유로 '그 일은 해서 안 된다.'라고 바꾼다. 뉘앙스 차이를 고려하지 않는 것이다.

하지만 더 문제가 되는 것은, 자기가 쓴 글이 어딘지 어색하다는 걸 안다 해도, 정작 왜 그런지 이유를 알기는 쉽지 않다는 것이다. 필자 역시 남이 쓴 글을 고쳤다가 당황스러운 상황에 처했던 적이 한두 번이 아니다. 그 표현이 그 표현 같은데 왜 굳이 고치느냐고 따지듯 물어오면 답변하기가 쉽지 않았기 때문이다. 글을 쓰거나 읽다 보면 어색하다고 느껴지는 문장들을 종종 만나게 된다. 그럴 때 우리는 그 문장을 좀 더 나은 형태로 바꿀 수는 있어도, 어색한 이유를 정확히 집어내는 데는 어려움을 겪는다. 그렇다고 이 방면의 궁금증을 시원히 풀어 줄 만한 책이 시중에 나와 있는 것도 아니다. 이는 두 가지 사실을 말해 준다. 하나는 글을 쓰는 사람이 글쓰기에 관한 지식을 제대로 갖추지 않은 채 대충 얽어 나간다는 것이고, 다른 하나는 우리 사회가 글을 바로 쓰자고 하면서도 정작 어떤 게 바른 글인지 가르쳐 주는 데는 무관심하다는 것이다.

물론 우리 말법에 관한 책은 적지 않게 나와 있다. 하지만 대부분 학교 문법에서 가르치는 수준을 크게 벗어나지 않는다. 특히 글의 자연스런 흐름을 다루는 미문(美文)에 관해서는, 관련 서적은 물론 학계의 연구조차 찾아보기 힘들다. 대부분이 단어의 올바른 쓰임새를 다루는 데 그치거나 문법적으로 틀리지 않은 문장을 쓰는 데에만 관심을 기울일 뿐,

좀 더 유려한 문장, 매끄러운 문장으로 나아가는 데까지는 미치지 못하는 것이다. 예컨대 소설가 김훈이 '꽃이 피었다'와 '꽃은 피었다'를 놓고 몇 날 며칠을 고민했다지만, 이 두 문장의 의미 차이를 설명해 주는 책은 거의 없다. 글을 전문으로 쓰는 사람마저 '꽃이 피었다'라고 써야 할 자리에 '꽃은 피었다'라고 쓰기도 한다.

필자는 업무 중 발견한 문제의 글들을 모아 해결 방안을 도출하고, 이를 유형별로 체계화해 보자는 생각을 하였다. 그런 생각에서 1996년 어문 관련 잡지 《말과 글》에 '문장의 대비(對比)'라는 제목의 연구물을 기고했고, 그 후에도 비슷한 글을 여러 편 썼다. 또한 2002년쯤에는 인터넷 상에 '엉터리 문장 강화'라는 블로그를 만들어 이 연구물들을 올려놓기도 했다. 그렇게 간간이 써 오던 글들을 한데 모아 엮은 것이 바로 이 책이다.

이 책은 기본적으로 단어, 구, 절의 연결 구조, 즉 통사적 문제를 다룬다. 통사적 문제를 다룬다는 것은, 생각이나 감정을 말로 표현하는 완결된 단위, 즉 문장을 다룬다는 얘기다. 이 책은, 통사론에 관한 일반적인 연구와는 달리, 문장의 완성도와 문맥의 유연함에 관심을 가진다. 통사론에 관한 기존의 책들은 주로 문법상의 옳고 그름을 따졌다. '책을 한 권을 샀다.'처럼 목적어가 두 번 겹치는 표현을 예로 든다면, 일반 통사론 연구는 이 현상의 특성을 구명하는 데 치중하지만, 이 책에서는 그러한 이중 목적어가 글의 흐름과 의미 파악에 방해 요소가 될 수 있으므로 '책을 한 권 샀다.'와 같은 단일 목적어 형태로 바꾸는 게 낫다는 쪽에 초점을 맞춘다.

그리고 읽기 편한 글을 만들려면 어떤 방면에 관심을 가져야 하는가

하는 데에도 관심을 기울인다. 즉 쉽고 빠르게 전달할 수 있는 표현법을 찾아내고자 한다. 예컨대 '경찰이 도둑이 도망가자 뒤쫓아간다.'라는 표현보다는 '도둑이 도망가자 경찰이 뒤쫓아간다.'라는 표현이 낫다. 이렇게 어딘지 어색하지만 딱히 어떻게 고쳐야 할지 고민스러운 문장들을 자연스럽게 고쳐 보고, 그 원리를 찾아 실제로 응용할 수 있게 하는 것, 그것이 이 책이 지향하는 바다.

이 책은 크게 세 부분으로 구성된다. 1부부터 7부까지에서는 통사론적 차원에서 문장 구성의 원리를 다룬다. 우선 주어와 술어의 관계를 밝히고, 단어와 단어를 연결하는 말, 즉 조사와 연결 어미의 쓰임을 알아본다. 또 문장의 부속 성분인 부사어, 관형어 등의 쓰임을 살피고, 단어와 단어, 구와 구, 절과 절이 나열될 때 결합되는 방식을 알아본다. 그리고 이어서 8부에서는 의미론적 차원에서 문장의 논리 문제를 다룬다. 주어와 술어, 목적어와 술어, 부사어와 술어 간 의미 결합 관계를 살피되, 가능한 결합과 불가능한 결합의 경계는 무엇인가를 따져 볼 것이다. 이 과정에서 비논리적인 표현, 중의성을 띠는 표현 등의 사례들도 함께 다룬다. 마지막 10부에서는 이상의 논의를 종합하는 차원에서 우리의 고교 교과서에 실린 적이 있거나 현재 실려 있는 글들을 대상으로 표현의 문제점을 살펴본 뒤, 어법에 맞고 읽기 편한 문장이 되려면 어떻게 고쳐야 할 것인지를 검토해 본다.

말을 잘한다는 것과 글을 잘 쓴다는 것은 별개다. 말더듬이라고 해서 글도 더듬지는 않는 것처럼, 말을 잘하는 사람이라고 해서 글도 잘 쓰는 것은 아니다. 아무리 말을 잘하는 사람이라 하더라도 그가 하는 말을 글로 옮겨서 읽어 보면 엉성하기 짝이 없다. 말은 그 자리에서 토해 내면 그만이지만 글은 시간적 여유가 있다 보니 오히려 잘 쓰기가 어렵다. 말은 억양, 강약, 손짓 등 주변적인 것들이 받쳐 주어 자체에 논리가 없어도 물 흐르듯 넘어가나, 글에는 그런 것들이 없어 자체로 충분한 전달력을 지녀야 하기 때문이다.

글은 그것을 쓴 사람의 인격이라고 한다. 생각이 글에 배어 있기 때문이다. 그러니 글은 생각나는 대로 아무렇게나 쓸 수 없다. 표현 면에서는 과격한 용어를 삼가고 정중한 말씨를 써야 한다. 논리 면에서는 남이 이해할 수 있도록 글의 앞뒤를 잘 연결해야 한다. 문장 면에서는 매끄러운 흐름을 보여야 한다. 단어 면에서는 적절한 어휘를 선택하고 맞춤법에 맞게 써야 한다.

누구도 글을 단번에 잘 쓸 수는 없다. 부단한 노력이 필요하다. 열심히 남의 글을 보고 평가하면서, 자신에게 필요한 부분을 받아들이고, 좋지 않은 것은 따르지 않는 습관을 들여야 한다. 이런 과정을 거치다 보면 남에게 떳떳이 내놓을 만한 글을 만들 수 있을 것이다.

좋은 글을 쓰려면 우선 나쁜 글을 골라낼 줄 아는 안목이 필요하다. 그래야만 내가 글을 쓸 때 그런 표현을 피할 수 있다. 어떤 글이 나쁜 글일까, 그 글이 왜 나쁠까, 나쁘다면 어떻게 고쳐야 할까. 필자 역시 지난 20년간 수많은 문장들의 문제를 진단하고 알맞은 처방을 내놓고자 고심해 왔다. 그 결과들을 여기에 내놓는다. 이 책이 독자들의 고민을 다소나마 해결해 줄 수 있기를, 나아가 글을 정확하고 매끄럽게 쓰는 데도 도움이 되기를 기대한다.

이병갑

| 차례 |

**0  머리말** · 5

**1  너는 욕심이 많아서 시집 못 보내겠다**
주어와 술어의 사이가 좋아야 문장이 튼튼하다 · 13

주어와 술어의 호응이 문장 쓰기의 첫걸음 · 16
주어 둘에 술어 하나, 주어 하나에 술어 여럿 · 23
어떤 때 주어를 생략해선 안 되나 · 32
• 되짚어 보기 · 36

**2  개똥이는 10점, 소똥이도 10점, 말똥이가 10점**
작지만 강한 놈, 조사 제대로 쓰기 · 43

'은/는'과 '이/가'는 뭐가 다른가 · 46
겹문장에서 '은/는'과 '이/가'를 쓰는 법 · 50
조사 하나로 뉘앙스가 달라진다 · 54
같은 조사가 겹칠 때는 어떻게 고치나 · 65
이럴 땐 조사를 빼는 게 좋다 · 81
• 되짚어 보기 · 87

**3  들어가자마자 쓰러진다**
문장계의 중매쟁이, 연결 어미 바로 쓰기 · 93

연결 어미의 제일 과제는 앞뒤를 매끄럽게 잇는 것 · 96
연결 어미끼리도 짝이 맞아야 한다 · 102
연결 어미마다 원하는 문장의 꼴이 따로 있다 · 106
연결 어미 '-고/며'를 쓰는 법 · 114
연결 어미 '-아/어/여'를 쓰는 법 · 126
• 되짚어 보기 · 131

**4  보고서를 이제야 제출합니다**
문장의 맛을 더하는 양념, 부사의 쓰임새 · 135

부사어마다 좋아하는 자리가 있다 · 138
부사어는 항상 서술어를 짝으로 맞는다 · 142
부사어도 뜻이 맞는 서술어하고만 결합한다 · 146
부정길 좋아하는 부사어, 질문길 좋아하는 부사어 · 151
• 되짚어 보기 · 155

## 5 내 사진, 나를 찍은 사진, 내가 찍은 사진
꾸미기의 일인자, 관형어를 쓰는 법 · 159

'체언+의'가 관형어로 쓰일 때 · 162
'용언+어미'가 관형어로 쓰일 때 · 167
관형어가 여럿이면 이런 문제가 · 172
• 되짚어 보기 · 179

## 6 잃어버린 진주 목걸이는 선물 받은 진주 목걸이
같은 말 여러 번 하지 말자 · 185

같은 단어를 여러 번 쓰면 문장이 지루해진다 · 188
격이 같으면서 겹치는 단어를 생략하는 법 · 193
격은 다르지만 겹치는 단어를 생략하는 법 · 198
• 되짚어 보기 · 203

## 7 자장면, 우동, 해삼이 든 짬뽕 팝니다
늘어놓기만 한다고 나열이 되는 건 아니다 · 209

성격이 비슷한 것으로, 끼리끼리 나열하라 · 212
반점을 잘 쓰면 문장의 맛이 살아난다 · 219
• 되짚어 보기 · 230

## 8 문 닫고 나가, 문 열고 나가
어불성설, 문법에 맞아도 말이 안 되는 문장 · 235

비논리 속에도 논리가 있을 수 있다 · 238
상황 논리도 확인하자 · 241
두 가지 이상의 뜻을 가지는 문장의 경우 · 246
문장 성분 간의 의미도 서로 어울려야 한다 · 258
• 되짚어 보기 · 270

## 9 아버지의 유산을 탕진했습니다
그 밖에 이런 표현들을 주의하자 · 275

능동과 피동, 자동과 피동의 경계? · 278
겹말이라고 무조건 피하지는 말자 · 282
흔히 쓰는 잘못된 표현들 · 286
비슷해서 혼동하기 쉬운 단어들 · 296
단어의 뜻을 확대하지 말자 · 303

## 10 내가 뛰어가서 숨이 찼는데 네가 뛰어서 넘어졌다고
고급 문장 익히기, 글다듬기의 실제 · 309

# 1

주어와 술어의 사이가 좋아야 문장이 튼튼하다

어머! 제가 누구를 시집 보내요?

너는 욕심이 많아서 시집 못 보내겠다

주어와 술어는 문장의 뼈대를 만드는 기본 요소다. 주어와 술어가 뼈대를 세우면 그 사이 사이에 목적어, 부사어 등이 들어가 문장을 만든다. 그러므로 사이에 들어가는 말이 많아지면 주어와 술어의 거리가 한참 벌어진다. 이 때문에 긴 문장에서 술어를 말할 즈음에는 '주어가 뭐였더라?' 하는 건망증에 빠질 때가 종종 있다. 주어와 술어가 따로 놀기 십상이다. 게다가 우리말은 영어와 달리 주어를 생략하는 경우도 많은데, 그럴 경우 술어와의 관계를 따지기가 더욱 만만찮다. 그러니 주어와 술어는 탄탄한 고리로 연결되어야 한다. 그렇지 않으면 문장이 허술해지고, 내용 전달력이 약해진다.

한 처녀에게 두 군데서 청혼이 들어왔다. 동쪽 동네 총각은 부자인데 못생겼고, 서쪽 동네 총각은 가난한데 잘생겼다. 처녀가 고민한다. "밥은 동쪽에서 먹고, 잠은 서쪽에서 자면 좋겠다." 이 문장에서 주어는 '나'인데, 생략되어 있다. 부모가 말한다. "한 사람만 골라야지. 서쪽 사람 어떠냐?" "부자가 아니잖아요." 처녀의 대답에서 주어를 찾아보자. '부자'가 주어일까? 아니다. 보어다. 보어가 주어의 가면을 쓴 것이다. 부모가 또 묻는다. "그럼 동쪽 사람은 어떠냐?" "그 사람은 보기도 싫어요." 이 말에서도 '그 사람'을 주어로 판단하면 안 된다. 주어는 '나'이고, '그 사람'은 목적어다. 부모가 말했다. "너는 욕심이 많아서 시집 못 보내겠다." 이 말은 주술 관계가 다소 꼬여 있다. "너는 욕심이 많아서 시집을 못 갈 것 같다." 혹은 "네가 그렇게 욕심이 많으니 (우리는 널) 시집보낼 수 없을 것 같다." 정도가 자연스럽다.

# 주어와 술어의 호응이 문장 쓰기의 첫걸음

개구쟁이 철수가 모처럼 선생님한테 칭찬을 받았다. 얼마나 기쁠까. 그래서 그날 일기 첫머리에 자랑 삼아 다음과 같이 썼다.

- 나는 오늘 선생님이 칭찬해 주셨다.

그런데 뭔가 어색하다. '나는'과 짝을 이루는 술어가 보이지 않는다. '칭찬해 주셨다'라는 술어가 있긴 하지만 '나는'이 아니라 '선생님이'와 짝이 맺어진다. 사실 그냥 '오늘 선생님이 나를 칭찬해 주셨다.'라고 쓰면 된다. 그러나 매일 혼만 나다가 웬일로 칭찬을 받은 개구쟁이에게는 우선 '나'가 더 중요하다. 이 때문에 '나'를 주어로 내세운 것일 텐데,

그것과 짝을 이루는 술어는 미처 만들어 주지 못하는 바람에 어설픈 문장이 나와 버렸다. 철수처럼 꼭 '나'를 주어로 하고 싶다면 자연스러운 문장은 이렇다.

☞ 나는 오늘 선생님한테 칭찬을 받았다.

여기서 한 가지 짚고 넘어갈 것이 있다. 맨 처음에 제시한 '나는 오늘 선생님이 칭찬해 주셨다.'는 비문일까? 그렇게 단정 짓기는 어렵다. '나는'의 '는'을 목적어에 붙은 조사로 볼 수도 있기 때문이다. '은/는'은 주어뿐 아니라 목적어, 부사어 등에도 붙는다. 예를 들어, '나는 선생님이 좋아하지 않으신다.'라는 표현에서 '나는'은 '나를'의 뜻으로 쓰였다. '밥은 먹었니?'의 '밥'도 목적어다. 또 '오늘은 안 갈래.'에서 '오늘은'은 부사어다. 이 때문에 '은/는'을 '보조사'라 한다.(보조사로는 이 외에도 '도', '만', '조차' 등이 있는데, 이들은 모두 체언, 부사, 어미 등에 붙어 특별한 의미를 더해 주는 기능을 한다. 이에 대해서는 뒤에서 자세히 다룰 예정이다.) 앞의 예문도 이와 같은 형태다. 즉 '나'를 목적어로 볼 수 있으므로 문법에 어긋난다고 볼 수는 없는 것이다. 하지만 이런 문장은 어법상의 옳고 그름을 떠나 주어가 두 개 있는 것처럼 읽혀 불안정해 보인다. 흔히 조사 '이/가'나 보조사 '은/는'이 붙은 체언(명사, 대명사, 수사)은 주어로 인식되기 쉬운 까닭이다. 그러니 웬만하면 문제의 여지를 남기지 않는 편이 좋다. 이 책이 다루고자 하는 것이 바로 이런 점이다. 즉 '어떻게 표현하면 글이 좀 더 자연스러울까'에 초점을 맞추려는 것이다. 앞의 예문은 비교적 단순하기 때문에 문제점을 쉽게 파악할 수 있는 편이다. 그러나 주어와 술어 사이에 부사구(절)나 형용사구(절) 등 덧붙이는 말이 들어가기 시작하면 상황이 달라진다. 복잡한 구조를 꿰어 맞추다 보면, 정작 가장 중요한 주어-술어 간의 흐름을 놓치게 되는 것이다.

- 이날 오전 내내 그의 집에는 찾아오는 사람도 없이 쓸쓸했다.

이 문장에서 주어를 찾아보자. 서술어가 '쓸쓸했다'인데 무엇이 쓸쓸했다는 것인가. '집에는'에 눈길이 가지만, 이것은 주어가 아니다. 부사어다. 따라서 이 문장에는 주어가 없다. 이 문장을 둘로 갈라 보자.

- 이날 오전 내내 그의 집에는 찾아오는 사람도 없었다.
- 그의 집은 쓸쓸했다.

원문은 본래 이 두 문장을 하나로 합친 것이다. 그런데 두 문장을 하나로 합칠 때는 주의해야 할 것이 있다. 대개 양쪽에 공통으로 들어간 말이 있기 마련인데, 그중 어느 하나를 생략해도 되는가, 또 생략한다면 어떤 것을 생략해야 되는가 하는 문제다. 이 문장에 공통으로 들어간 말은 '(그의) 집'이다. 한쪽에서는 '집에는'의 꼴로 쓰였고 다른 한쪽에서는 '집은'의 꼴로 쓰였다. '집은'에서 '집'은 주어이고, '집에는'에서 '집'은 부사어로 활용되었다. 그런데 두 문장을 합치면서 겹치는 '집'을 생략한답시고 하필 뒤의 문장의 주어를 생략하는 바람에 합친 문장에서 주어가 실종되고 말았다. 생략을 하려면 다음과 같이 해야 한다.

☞ 이날 오전 내내 그의 집은 찾아오는 사람도 없이 쓸쓸했다.
☞ 이날 오전 내내 그의 집에는, 쓸쓸히도 찾아오는 사람이 아무도 없

었다.

첫 번째에서는 '집은'을 살려 주어를 세웠다. 두 번째에서는 '집에는'이 부사어이므로 따로 '사람이'를 넣어 주어를 세웠다. 두 번째의 경우 서술어 '없었다'가 부사어 '집에는'과 주어 '사람'에 두루 잘 이어진다. 좀 더 복잡한 예를 들어 보자. 문장 맨 앞에 놓여 있으면서, 주어인 것 같기도 하고 주어가 아닌 것 같기도 한, 모호한 표현이다.

● 한 가지 더 첨가하고자 하는 것은, 『용비어천가』와 같은 귀중한 책이 세종 27년에 이미 완성되었음을 보아서도 가히 알 수가 있다.

모든 문장의 기본 골격은 세 가지로 나뉜다. 즉 ㉮ '무엇이(은) 어찌한다', ㉯ '무엇이(은) 어떠하다', ㉰ '무엇이(은) 무엇이다'의 꼴이다. 서술어의 종류로 볼 때 ㉮의 서술어는 동사이고, ㉯의 서술어는 형용사이고, ㉰의 서술어는 '체언+이다' 꼴이다. 그런데 이 세 골격들이 완전한 문장으로 구현되려면 주어와 술어 간 호응 관계가 잘 이루어져야 한다. 예를 들어 주어가 '그 사람'일 경우 ㉮ '그 사람은 어찌한다', ㉯ '그 사람은 어떠하다', ㉰ '그 사람은 무엇이다'로 쓸 수 있으므로 세 형태 모두 사용이 가능하다. 이는 주어가 동작성, 상태성을 두루 나타낼 수 있기 때문이다. 그러나 주어가 동작성을 띠지 못할 때는 제약이 따른다. 예컨대 주어가 '그 이유는'일 경우 ㉮ '그 이유는 어찌한다'는 잘 어울릴 수가 없다. 반면 ㉰의 '그 이유는 무엇이다'는 똑떨어지게 들어맞는다.

이런 점을 염두에 두고 위의 예문을 살펴보자. 술어가 '알 수가 있다'이므로 ㉯에 해당하는 '무엇은 어떠하다'의 형태이다. 그런데 주어를 보면 이 형태가 어울리지 않는다. 주어부 '한 가지 더 첨가하고자 하는 것은'이 형용사형 서술어를 받아들이기 어려운 것이다. ㉮의 형태를 취해 '한 가지 더 첨가하고자 하는 것은 무엇이다'로 해야 자연스럽다. 따라서 다음과 같은 흐름으로 만들어야 한다.

☞ 한 가지 더 첨가하고자 하는 것은 …책이 완성되었다는 점이다.

하지만 이런 형태로 글을 구성하려다 보면 원문과 의미가 달라질 수도 있다. 원문의 뜻을 살리려면 술어 부분을 그대로 두고 주어 부분을 바꾸는 게 좋겠다.

☞ 한 가지 더 첨가하건대, 이런 사실은 …완성되었음을 보아서도 가히 알 수가 있다.

사실 원문의 주어부는 형식상 주어 행세를 했지만 의미상으로는 부사어 성격이 강하다. 그래서 그에 어울리는 술어를 만들어 주기가 만만치 않다. 무리하게 술어를 꿰맞추기보다, 이 고침 문장처럼 확실하게 부사어로 바꾸어 주는 것이 좋다.

- 이 서비스를 시작한 지 꼭 1년 만에 가입자 수가 300만 명을 채웠다.

이 문장 역시 주어와 술어의 호응이 어그러졌다. 서술어 '채웠다'와 어울리는 주어는 '채우는' 행위를 하는 주체가 돼야 한다. 그러나 예문의 주어 '가입자 수' 자체는 '채우다'라는 행위의 주체가 되지 못한다.

☞ 가입자 수가 300만 명에 도달했다.
☞ 가입자 수 300만 명이 채워졌다.

이제 주어와 술어 사이에 부사구나 부사절이 있을 때 어떤 호응 관계를 보여야 하는지 살펴보자.

● 내일 회의실에서 사장님을 모시고 신제품 설명회가 열릴 예정입니다.

이 문장에서 '내일 회의실에서 사장님을 모시고'는 부사구다. 이것이 주어 '신제품 설명회' 앞에 놓였는데, 이를 주어 뒤로 옮겨도 뜻은 변화가 없다. 즉 '신제품 설명회가 내일 회의실에서 사장님을 모시고 열릴 예정입니다.'라는 문장과 다를 게 없다. 이렇게 놓고 보면 이 문장은 주어와 술어 사이에 부사구가 놓인 형태임이 확실해진다. 하지만 이 문장은 바람직한 구조가 아니다. 부사구는 서술어를 수식하므로 부사구의 주어 역시 술어와 호응을 이루어야 한다. 결국 부사구의 주어와 전체 주어가 일치해야 한다는 것이다. 여기서 부사구의 주어는 '회사'(원문에서는 생략됨)이고, 전체 주어는 '신제품 설명회'다. 부사구를 그대로 유지하려면 '설명회가 열린다'를 '설명회를 연다'로 바꾸어야 한다. 반대로 만약 전체 주어와 술어를 그대로 두려면 부사구를 건드려야 한다.

따로 주어를 세워 구를 절로 만드는 것이다.

☞ 내일 회의실에서 사장님을 모시고 신제품 설명회를 열 예정입니다.
(전체 주어를 부사구의 주어와 일치시킨 예. 여기서 주어는 '회사'이며, 이는 생략된 것으로 본다.)

☞ 신제품 설명회가 내일 회의실에서 사장님이 참석하신 가운데 열릴 예정입니다. (부사구를 부사절 형태로 만든 예)

| 요약 | 주어와 술어의 어울림 판단법!

**첫째** 주어와 술어만 남기고 군더더기는 뺀다.
**둘째** 주어가 '무엇이(은) 어찌한다', '무엇이(은) 어떠하다', '무엇이(은) 무엇이다' 중 어떤 형태를 충족시키는가를 확인하고 해당하지 않는 형태의 문장은 고쳐 준다.
**셋째** 부사어의 성격이 강한 주어는 확실하게 부사어로 만들어 주는 것이 좋다.
**넷째** 주어와 술어 사이에 부사어가 들어갈 때에는 그 구나 절의 주어가 전체 주어와 일치하면서 전체 술어와 호응을 이루어야 한다.

# 주어 둘에 술어 하나,
# 주어 하나에 술어 여럿

## 주어 둘에 술어 하나

긴 문장에는 대개 주어가 둘 이상 놓인다. 그중에는 전체 주어인 대주어가 있고, 부분 주어인 소주어가 있다.(문법에서 대주어, 소주어는 통상 '코끼리가 코가 길다'와 같은 겹주어 문장에 적용되는 용어지만 여기서는 편의상 문장 내의 전체 주어와 부분 주어를 가리키는 말로 본다.) 이때 각각의 주어는 대응되는 술어를 따로 갖는다. 즉 주어가 둘이면 대개 술어도 둘이어야 한다.

> 1 내가 초등학교 5학년 때 아저씨가 이곳으로 이사 왔다.
> 2 내가 초등학교 5학년일 때 아저씨가 이곳으로 이사 왔다.

두 문장은 다 문법적으로 문제가 없을까. 둘 다 소주어가 '나'이고 대주어가 '아저씨'인 겹주어 문장이다. 각각의 주어는 대응되는 술어를 필요로 하는데 1은 그렇지 않다. '나'에 호응하는 서술어가 없다. 2와 비교할 때 정확성이 떨어진다.

- 검찰은 K씨가 직위를 이용해 불법 대출을 해 준 혐의이다.

이 문장에서는 대주어가 '검찰'이고 소주어는 'K씨'다. 소주어의 경우 '불법 대출을 해 주다'라는 서술어가 있는데 대주어 '검찰'은 대응되는 서술어가 없다. 따라서 아래처럼 대주어에 해당하는 서술어를 만들어 주어야 한다.

☞ 검찰은 K씨가 직위를 이용해 불법 대출을 해 준 혐의를 잡고 수사 중이다.

그렇다면 주어가 둘이면 반드시 술어도 둘이어야 하는가. 꼭 그렇지만은 않다. '코끼리는 코가 길다.', '황새는 날개가 희다.', '그는 발이 크다.' 등은 주어가 둘인데도 술어는 하나뿐이다. 이들 예문을 보자면 '코끼리-코', '황새-날개', '그(사람)-발'이 모두 전체와 부분의 관계다. 즉 소주어가 대주어의 부분이거나 대주어에 포함된 개념일 때는 2주어 1술어의 형식이어도 문제가 없다.

한편, 문법학계에서는 '은/는'이 붙은 말이 문두에 나왔을 때 그것을 주어로 보지 않고 주제어로 보기도 한다. 예를 들면 '코끼리는 코가 길다.'에서 '코끼리는'이 '코끼리의 경우' 또는 '코끼리로 말할 것 같으면'

이라는 뜻으로 사용되었다는 것이다. 이렇게 보면 주어는 '코' 하나뿐
이다.
이 밖에도 일견 2주어 1술어처럼 보이는 특수한 경우가 있다. 아래 예
문들이 그것이다.

> 1 이건 내가 먹을래.
> 2 나는 네가 좋다.
> 3 나는 돈이 있다.

1에서는 '이것'과 '나'가 주어로 읽히고, 서술어는 '먹다' 하나뿐인 것
처럼 보인다. 하지만 '이것'은 주어가 아니라 목적어다. 그리고 2의 경
우, '네가'가 주어부처럼 보이지만 대응되는 술어가 없다. 이런 예문은
호오나 판단과 관계된 표현에서 주로 보인다. 즉 '나는 네가 좋다고 생
각한다.'라는 것인데, '나는 호랑이가 무섭다.' 등이 비슷한 예다. 3은
'있다/없다'와 같은 소유 개념을 표현할 때 흔히 2주어 1술어처럼 보이
는 형태가 나타남을 알 수 있는 예다.


## 주어 하나에 술어 여럿

지금까지 본 것들과는 반대로, 주어 하나에 서술어가 두 개 이상 달린
문장도 있다. '나는 아침에 일어나서, 밥을 먹고, 학교에 갔다.'와 같은
형태다. 이 문장을 보면 '일어난' 것도, '밥 먹은' 것도, '학교에 간' 것
도 모두 맨 처음 나온 주어인 '나'이다. 이런 문장을 만들 때 주의해야

할 점이 바로 여기에 있다. 그 주어가 각 술어 모두와 호응이 되도록 해야 한다는 것.

> • 티셔츠, 반바지를 3만 원에 살 수 있으며 남성 정장을 27만 원에, 와이셔츠를 1만 원에 판매한다.

이 문장은 주어가 생략된 꼴이다. 생략된 주어를 살려서 문장에 넣은 후 다시 검토해 보자.

- 사람들은 티셔츠, 반바지를 3만 원에 살 수 있으며 남성 정장을 27만 원에, 와이셔츠를 1만 원에 판매한다.
- 그 백화점은 티셔츠, 반바지를 3만 원에 살 수 있으며 남성 정장을 27만 원에, 와이셔츠를 1만 원에 판매한다.

첫 번째 문장은 술어 '살 수 있으며'에 맞춰 '사람들'을 주어로 만든 것이고, 두 번째는 술어 '판매한다'에 맞춰 '그 백화점'을 주어로 넣은 것이다. 둘 중 어느 것이 바른 문장인가. 답은, 둘 다 잘못됐다, 이다. '사람들'이든 '그 백화점'이든 어느 주어를 넣어도 술어 중에 하나는 그 주어와 호응되지 않는다. 이러면 주어가 살아 있든 생략되었든 상관없이 문장의 틀이 무너진다. 즉 주어를 생략한 채 서술어만 나열할 때에도 각 서술어는 생략된 주어와 호응을 이루어야 한다. 주어를 무엇으로 삼느냐에 따라 다음의 고침 방법을 생각해 볼 수 있다.

☞ (사람들은) 티셔츠, 반바지를 3만 원에 살 수 있으며 남성 정장을

27만 원에, 와이셔츠를 1만 원에 구매할 수 있다.
☞ (그 백화점은) 티셔츠, 반바지를 3만 원에 판매하며 남성 정장을 27만 원에, 와이셔츠를 1만 원에 판매한다.
☞ (그 백화점은) 티셔츠, 반바지는 3만 원, 남성 정장은 27만 원, 와이셔츠는 1만 원에 판매한다. ('판매하다'의 겹침까지 해소)

요즘은 글쓰기 문제가 대입 수능 시험에도 심심찮게 나온다. 그만큼 글쓰기에 대한 관심도가 높아졌다는 뜻이기도 하다. 아래는 2007학년도 수능 시험에 나온 문제의 지문 중 필요한 부분만 따로 떼어 본 것이다.

> ● 해당 업체가 신속히 제품을 수리하거나 교환받도록 조치해 주시기 바랍니다.

문제는 이 글이 자연스러운가를 묻고 있다. 답은 주어와의 호응을 고려해 '수리하거나 교환받도록'을 '수리하거나 교환해 주도록'으로 고쳐야 한다는 것이다. 우리는 단일 주어, 단일 서술어로 된 문장을 쓸 때는 주어와 술어의 관계를 쉽게 일치시킨다. 그러나 조금만 복잡한 문장으로 들어가도 헷갈리기가 일쑤다. 예문처럼 한 개의 주어가 두 개 이상의 술어를 거느릴 때가 그러하다. 위의 예문에서 '수리하거나'는 주어와 호응되지만, '교환받도록'은 호응되지 않는다.

1주어 다술어 문장에서 또 한 가지 주의할 점은 술어와 술어가 적절한 연결 고리로 이어져야 한다는 것이다. 술어와 술어를 연결할 때는 일반적으로 '-고', '-며', '-면', '-나' 등과 같은 연결 어미를 사용하는데, 간혹 조사 등 부적절한 말로 연결하는 수도 있다. 아래 예문은 중학교 국어 교과서에서 뽑은 것이다. 앞의 예문과 마찬가지로 주어가 생략된 채 술어가 두 개 나열된 형태인데, 술어와 술어의 연결 부분이 뒤틀렸다.

> ● 왜냐하면, 너무도 어리석은 일을 적어야 하기 때문에, 너무도 슬픈 사연을 담아야 하기 때문이오.

예문에서 '때문에'의 '에'는 조사다. 이는 아래의 고침 문장에서처럼 연결 어미로 바꿔야 한다.

☞ 왜냐하면, 너무도 어리석은 일을 적어야 하기 때문이고, 너무도 슬픈 사연을 담아야 하기 때문이오.
☞ 왜냐하면, 너무도 어리석은 일을 적어야 하고, 너무도 슬픈 사연을 담아야 하기 때문이오.
☞ 왜냐하면, 너무도 어리석은 일을 적고, 너무도 슬픈 사연을 담아야 하기 때문이오.

위의 고침 문장들 중 첫 번째는 늘어지는 감이 있다. 세 번째가 가장 간결하고 글의 짜임도 튼튼하다. 그렇다면 이 문장에서 '때문에'는 쓸 수 없는가. 그렇지는 않다. 만약 글을 쓴 의도가 다음과 같다면 '때문에'를 쓰는 게 옳다.

☞ 왜냐하면 너무도 어리석은 일을 적어야 하기 때문에, 즉 너무도 슬픈 사연을 담아야 하기 때문이오.

즉 뒤의 술어가 앞의 술어를 부연 설명하는 형태라면 '때문에'가 적절하다. 그러나 이때도 흐름이 불안정하기는 마찬가지다. '때문에'는 주로 '때문에 어떠하다' 꼴을 선호한다. 이 문장에는 앞에 '때문에'가 나오므로 마지막에 '어떠하다'에 해당하는 술어를 넣어야 한다. 다음과 같은 형태가 자연스럽다.

☞ 왜냐하면, 너무도 어리석은 일을 적어야 하기 때문에, 즉 너무도 슬픈 사연을 담아야 하기 때문에 그렇소.

1주어 다술어 형태의 글에서 주의할 점이 또 있다. 다음을 보자.

1 그는 학생이자 직장인이다.
2 그는 학생이자 직장에 다닌다.
3 그는 학생이면서도 직장에 다닌다.
4 그는 학교에 다니면서도 직장인이다.

1은 자연스럽고 2는 어색하다. 2가 어색한 이유는 연결 어미 '-자'가 1처럼 '직장인'이라는 명사형이 뒤에 나오기를 요구하기 때문이다. '학생이자'를 동격의 의미를 지닌 '학생인 동시에'로 대체해도 마찬가지다. '그는 학생인 동시에 직장인이다.'는 자연스럽고, '그는 학생인 동시에 직장에 다닌다.'는 부자연스럽다.
그런데 3처럼 '학생이자'를 '학생이면서도'로 바꾸면 상황이 달라진다. 이때는 명사형 후행어가 아닌 용언형 후행어, 즉 '직장에 다닌다'가 와도 별 무리가 없다. 그렇지만 4처럼 앞의 서술어가 용언형인데 뒤의 서술어가 명사형이면 어색하다. 이때는 '학교에 다니면서도 직장 생활을 한다.'처럼 뒤의 서술어도 용언형으로 바꿔야 한다. 요컨대 하나의 주어에 여러 술어가 연결되면 그 술어들이 형식상 잘 어울려야 한다는 것.

## 문장이 연이어 나올 때도 주술 관계를 따지자

이런 원칙은 한 문장 내에서뿐 아니라 여러 개의 문장들 사이에서도 마찬가지로 적용된다. 문장이 둘로 나뉘었어도 두 문장이 밀접한 관계로 연결되어 있을 때는 서술 형태 면에서 유사한 형식을 띠는 게 좋다. 특히 뒷문장의 주어, 목적어 등이 앞문장의 것을 그대로 이어받을 때는 더욱 그러하다.

> • 남녀 톱 프로들은 어떤 드라이버, 퍼터를 사용할까. 주요 골퍼들의 클럽을 조사해 본 결과 남자는 타이틀리스트, 여자는 캘러웨이가 가장 널리 사용된 것으로 드러났다.

위 두 문장은 문답 형식을 띠고 있어서 의미상 연관성이 매우 짙다. 이 예문을 주요 성분만 추려 재구성하면 다음과 같이 된다.

• A는 무엇을 사용할까. A는 B가 사용됐다.

이렇게 나누고 보면 두 문장의 흐름이 매우 어색함을 알 수 있다. 이 문장은 다음과 같이 이어 주어야 자연스럽다.

- A는 무엇을 사용할까. A는 B를 사용한다.

따라서 예문은 다음과 같이 고쳐야 한다.

☞ 남녀 톱 프로들은 어떤 드라이버, 퍼터를 사용할까. 주요 골퍼들의 클럽을 조사해 본 결과 남자는 타이틀리스트, 여자는 캘러웨이를 가장 널리 사용한 것으로 드러났다.

|요약| 다주어 1술어, 1주어 다술어 문장을 고치는 법!

첫째 주어가 둘 이상이면 대개 술어도 주어의 수만큼 있어야 한다.
둘째 주어가 둘 이상이어도 소주어가 대주어에 포함되는 관계일 때는 다주어 1술어 형식도 문제가 없다.
셋째 주어는 하나인데 술어가 여럿일 경우, 그 주어는 각각의 술어 모두와 호응되어야 한다.
넷째 주어는 하나인데 술어가 여럿일 경우, 술어들의 형태는 서로 일치하는 게 좋다.

# 어떤 때 주어를 생략해선 안 되나

문장에서 주어를 생략하는 경우란, 대화할 때, 명령할 때, 1인칭 글을 이어 갈 때, 일반화된 주어일 때, 앞문장에서 이미 언급해 생략해도 상황이 이해될 때 등이다.

- (너) 밥 먹었니?
- (너) 저리 가.
- (우리는) 사회의 깊은 불신을 해소하려면 특단의 방법을 강구해야 한다.
- 그는 학교에 갔다. 그리고 (그는) 공부를 했다.

이처럼 주어를 생략해도 문장이 자연스러울 수 있는 게 우리말의 특징이다. 하지만 주어를 아무렇게나 생략해서는 안 된다. 문맥상 그 주어가 무엇인지 알 수 있더라도, 그것이 어법상 꼭 필요할 때는 생략할 수 없다. 그런데 우리는 문장 앞에 부사구 등을 넣어 만연체의 글을 만드는 과정에서 필요한 주어를 흔히 빼먹곤 한다.

- 우리 회사는 교육을 받기 위해 따로 집합할 필요 없이 근무지에서 인터넷을 통해 화면상으로 이루어질 수 있도록 시스템을 갖춘 사이버 캠퍼스 제도를 시행하고 있다.

여기서는 '이루어질 수 있도록'의 주어가 빠졌다. '교육이 이루어질 수 있도록'으로 해야 바른 표현이 된다. 물론 '교육'이라는 말이 앞에 나와 있으므로 같은 단어의 중복을 피하려고 한 것으로 볼 수도 있다. 그러나 중복을 무조건 피하기만 해서는 안 된다. 어법상 필요한 단어는 두 번, 세 번 나오더라도 반드시 넣어 주어야 한다. 특히 이 경우 앞의 '교육'은 목적어이고, 생략된 '교육'은 주어이다. 이처럼 같은 단어라도 다른 문장 성분으로 쓰일 때는 대개 생략하기가 곤란하다. 문장이 늘어지는 게 염려된다면 다른 표현으로 바꾸는 방법을 생각해야 한다. 아래가 그런 예다. 여기서는 '집합하다'의 주어도 찾아 주었다.

☞ 우리 회사는 직원들이 따로 집합할 필요 없이 근무지에서 인터넷 화면상으로 교육을 받을 수 있게끔 시스템화한 사이버 캠퍼스 제도를 시행하고 있다.

아래 예문도 비슷한 형태다. 주어로 짐작되는 말이 앞에 한 번 나오기는 하지만 서로 문장 성분이 다르다.

> - 정부는 특히 촛불 시위에 처음으로 쇠파이프가 등장하는 등 과격화됨에 따라 오는 10일 이후 열리는 집회에 대규모 경찰 병력을 투입할 것을 고려하고 있다.

여기서는 '과격화됨에 따라' 앞의 '촛불 시위가'를 생략해 버리면서 문제가 생겼다. 하지만 그렇다고 그 생략된 주어를 다시 넣으면 이번에는 같은 단어가 연이어 나오는 바람에 어색함을 피할 수 없다. '촛불 시위' 중 '촛불'만 빼도 매끄러워지기는 하지만 어색함을 근본적으로 해소하지는 못한다. 이럴 땐 다음과 같은 방법을 생각해 볼 만하다. 꼭 필요한 쪽만 살리고 문장을 약간 바꾸는 것이다. 대개는 주어로 쓰인 쪽을 살리는 게 바람직하다.

☞ 정부는 특히 처음으로 쇠파이프가 등장하는 등 촛불 시위가 과격화됨에 따라…….

만연체 문장에서는 주어가 여럿 나오는 일이 흔하다. 주절이 있고 종속절도 있다. 때로는 삽입절까지 끼어들어 다중 주어 형태를 띤다. 이럴 때도 각각의 절은 주술 관계를 맞춰 주어야 한다.

> - K씨의 진술은 어디까지가 사실일까? 우리는 K씨의 초기 진술 내용이, 비록 후에 부인했지만, 구체적인 데다 국민적 관

> 심사가 되고 있는 병역 비리 문제에 대한 것이고, 대통령 후보 아들과 관련된 문제라는 점에서 공론화하기로 했다.

'비록 후에 부인했지만'이라는 구절을 보자. 앞뒤에 반점을 찍어 삽입절임을 친절히 알리고 있다. 본래 삽입절은 독립적인 성격을 띠므로 전체 주어의 영향을 크게 받지는 않는다. 그러나 삽입절도 주어가 따로 있느냐 없느냐에 따라 전체 주어로부터 영향을 받는 정도가 달라진다. 없을 때가 있을 때보다 전체 문장의 주어로부터 영향을 더 크게 받는다. 이는 삽입절의 주어가 전체 주어와 같아 생략된 것으로 보기 때문이다. 위 예문의 삽입절은 주어를 따로 가지고 있지 않다. 그러므로 (전체 주어와 같은) '진술 내용이'가 생략된 것으로 봐야 하지만, 술어인 '부인했지만'과 호응되지 않는다. '부인했지만'과 호응되는 주어는 '그'이다. 이 경우 전체 주어와 삽입절의 주어가 일치하지 않는다. 그러므로 이 삽입절의 주어를 (생략하지 말고) 따로 세워 '비록 그가 후에 부인했지만'으로 고치면 된다.

| 요약 | 주어를 생략할 때 주의할 것들!

**첫째** 주어로 쓰였던 단어가 여러 번 나오더라도 다른 문장 성분으로 쓰일 때에는 무조건 생략해서는 안 된다.
**둘째** 같은 단어가 중복해서 나오는데도 생략하기 어렵다면 주어로 쓰인 것을 남기고 다른 쪽은 문장 구조를 바꾸어 해결하는 것이 좋다.
**셋째** 삽입절의 주어는 그것이 주절의 주어와 일치할 때에만 생략할 수 있다.

## 되짚어 보기

(1) 다음 문장들을 주어와 술어의 관계가 잘 맺어지도록 고쳐 보자.

㉮ 이곳은 비흡연자를 위하여 흡연을 삼갑시다.
㉯ 무엇보다 중요한 것은 인간이 문명의 이기를 사용할 때, 그것이 인간 자신을 위하여 슬기롭게 사용되어야 한다.
㉰ 민주노총이 강경 투쟁을 선언한 데는 정부를 압박해 각종 파업에 대한 정부의 대응 수위를 낮춰 보려는 것으로 분석된다.
㉱ 다음은 미국에 유학을 다녀온 학생들의 경험을 바탕으로 정리했다.
㉲ 그러나 헌법상의 권리마저 향유할 수 없게 하는 장애가 있었으니, 그것이 정치 환경이라는 것을 인식하게 된 것은 그리 긴 시간이 필요하지 않았다.

(2) 다음 밑줄 친 문장은 무엇이 문제인가. 고쳐 보자.

무역 수지가 6개월 만에 흑자로 돌아섰다. <u>하지만 국제 유가 급등으로 원유 수입 금액이 계속 늘고 있어 흑자 기조 유지에는 부담이 될 전망이다.</u>

(3) 다음 문장은 무엇이 문제인가.

㉮ 정부 발주 도로 공사나 토지 조성 공사 현장도 피해가 우려된다.
㉯ 하지만 당시 모던 스타일의 최신식 건물로서 누렸던 영화도 1979년 여의도로 한전 본사가 이전하고 이후 다시 강남으로 옮기면서 현재 이 건물은 한전 서울 지역 본부 등 3개 사업소가 입주해 있다.

**(4) 다음 문장을 주술 구조가 제대로 이어지도록 고쳐 보자.**

㉮ 확실한 것은 그들이 이제까지의 잘못을 반성하고 앞으로 진실한 국민으로 살아갈 것은 틀림없습니다.
㉯ 우리는 각기 미래에 대한 자신들의 계획을 나눈 뒤 마지막으로 선생님의 이야기를 듣는 시간이 이어졌다.

**(5) 다음 문장은 무엇이 문제인가.**

교장 선생님은 작년 우리 학교 졸업생이 서울대에 10명 들어갔으며, 올해에는 20명이 들어갈 것으로 예상했다.

**(6) 다음은 안은문장이다. 무엇이 문제인가.**

항전을 계속하던 고려는 1260년에 중국 원나라와 화의를 맺고 양국 간에 평화로운 시대를 맞이하게 되었다.

**(7) 아래 글에서 부당하게 빠진 주어를 찾아보자.**

㉮ 현대 사회에서 엘리트란 일을 완벽하게 해내는 사람을 의미하며, 일을 하나의 게임처럼 여기고 능란하게 처리한다.
㉯ 몸이 아파서 어머니와 침을 맞으러 다녔는데, 어머니 교회의 집사님이셨다.

## 🔍 답과 풀이

(1) ㉮ 이곳은 금연 구역이니 (이곳에 있는 사람은) 비흡연자를 위하여 흡연을 삼갑시다. ('삼갑시다'의 주어는 괄호 안의 말이며, 이것이 생략된 형태이다.) 이곳에서는 (비흡연자를 위하여) 흡연을 삼갑시다. (주어가 생략된 형태)
㉯ '…한다는 점이다.' ('무엇은 무엇이다' 꼴이 자연스럽다.)
㉰ 민주노총이 강경투쟁을 선언한 데는 정부를 압박해 각종 파업에 대한 정부의 대응 수위를 낮춰 보려는 속뜻이 있는 것으로 분석된다. ('무엇에는 무엇이 있다' 꼴의 주술 관계가 자연스럽다.)
㉱ 다음은 미국에 유학을 다녀온 학생들의 경험을 바탕으로 정리한 것들이다. ('무엇은 무엇이다' 꼴이 자연스럽다.)
㉲ 그러나 헌법상의 권리마저 향유할 수 없게 하는 장애가 있었으니, 그것이 정치 환경이라는 것을 인식하게 되는 데는 그리 긴 시간이 필요하지 않았다.

(2) 이 문장은 술어가 둘인데, 주어는 하나밖에 없다. 우선 '수입 금액이 늘고 있다'가 하나의 주술 관계이다. 그다음에 나오는 '부담이 된다'는 보어를 취한 술어부인데, 이것과 호응되는 주어가 안 보인다. 보어는 '물이 얼음이 된다'에서의 '얼음'과 같이 '되다', '아니다' 앞에 조사 '이/가'를 취해 나타나는 문장 성분으로, 이는 '물'과 같은 주어를 필요로 한다. 따라서 원문의 '부담이 된다'도 주어를 요구한다. 다음 문장은 빠진 주어를 채워 넣은 것이다.
☞ 하지만 국제 유가 급등으로 원유 수입 금액이 계속 늘고 있어. 급등하는 국제 유가가 흑자 기조 유지에는 부담이 될 전망이다.
그렇지만 이렇게 고친 글은 늘어지는 데다 '국제 유가'와 '급등'이라는 단어가 두 번씩 나와 동어 반복이라는 약점까지 드러낸다. 억지로 주술 구조를 꿰맞춘 느낌이다. 이럴 땐 아래처럼 하는 게 좋다.
☞ 하지만 국제 유가 급등으로 원유 수입 금액이 계속 늘고 있어, 흑자 기조가 계속

유지되기는 힘들 것 같다.

☞ 하지만 국제 유가 급등으로 원유 수입 금액이 계속 늘고 있어, (우리나라가) 흑자 기조를 유지하기는 힘들 것 같다.

(3) ㉮ 주어가 둘이다. '현장'과 '피해'이다. '현장도'의 '도'는 보조사로서 여기서는 주격으로 쓰였다. 그런데 술어는 '우려된다' 하나뿐이다. '현장이 피해가 우려된다'와 같은 꼴이다. 따라서 1주어 1술어 형태를 취해 '현장도 피해를 볼 것으로 우려된다'라고 하면 자연스러워진다.

㉯ 주어가 네 개다. '영화', '본사' '건물' '사업소'가 그것들이다. 첫 번째 주어 '영화'는 호응하는 술어를 갖고 있지 못하다. 본문 내의 적당한 말을 내세워 술어 형태로 만들어 주면 좋으련만, 그럴 만한 게 없다. 따라서 새로 술어를 만들어야 한다. 세 번째 주어 '건물'도 똑떨어지는 술어가 없다. '건물은 입주해 있다'가 어울리지 않는다. '건물에는 입주해 있다'로 하면 자연스럽다.

☞ 하지만 당시 모던 스타일의 최신식 건물로서 누렸던 영화도 점차 스러졌다. 1979년 여의도로 한전 본사가 이전하고 이후 다시 강남으로 옮기면서 현재 이 건물에는 한전 서울 지역 본부 등 3개 사업소가 입주해 있다.

(4) ㉮ 확실한 것은, 그들이 이제까지의 잘못을 반성하고 앞으로 진실한 국민으로 살아갈 것이라는 점입니다. / 그들이 이제까지의 잘못을 반성하고 앞으로 진실한 국민으로 살아갈 것이라는 점은 확실합니다.

㉯ 우리는 각기 미래에 대한 자신늘의 계획을 나눈 뒤 마지막으로 선생님의 이야기를 듣는 시간을 가졌다.

(5) 문장의 큰 틀은 '교장 선생님은 …할 것으로 예상했다.'이다. 그 사이에 두 개의 삽입절이 놓인 형태. 이 두 개의 절은 모두 전체 술어인 '예상했다'에 걸린다. 따라서 앞절을 따로 떼면 '교장 선생님은 작년 우리 학교 졸업생이 서울대에 10명 들어간 것

으로 예상했다.'가 된다. 지난 일을 예상했다니, 말이 안 된다. 다음처럼 고치면 이런 문제가 해소된다.
☞ 교장 선생님은 작년 우리 학교 졸업생이 서울대에 10명 들어갔다면서, 올해에는 20명이 들어갈 것이라고 예상했다.

(6) 주어는 '고려'다. 그런데 술어가 '화의를 맺다'와 '맞이하다'로 두 개이므로 주어 하나가 이 두 개를 다 관장해야 한다. 하지만 뒤의 술어 '맞이하다'를 이끄는 진짜 의미상의 주어는 '고려'가 아니라 부사어 속에 들어 있는 '양국'이다. 일단 다음과 같이 두 문장으로 나누어 보자. '항전을 계속하던 고려는 1260년에 중국 원나라와 화의를 맺었다.', '양국은 평화로운 시대를 맞이하게 되었다.'
이 두 문장을 문맥에 맞게 합치려면 다음과 같은 방법을 생각할 수 있다.
☞ 항전을 계속하던 고려가 1260년에 중국 원나라와 화의를 맺음에 따라 양국 간에 평화로운 시대가 열렸다.
☞ 항전을 계속하던 고려는 1260년에 중국 원나라와 화의를 맺었으며, 이에 따라 양국이 평화로운 시대를 맞이하게 되었다.

(7) ㉮ ☞ 현대 사회에서 엘리트란 일을 완벽하게 해내는 사람을 의미하며, 그 엘리트는 일을 하나의 게임처럼 여기고 능란하게 처리한다. (빠진 주어를 찾아 넣은 경우)
☞ 현대 사회에서 엘리트란 일을 완벽하게 해내는 사람을 의미하며, 일을 하나의 게임처럼 여기고 능란하게 처리하는 사람을 의미한다. (앞의 고침 문장에서 '엘리트'의 반복을 피한 경우)
☞ 현대 사회에서 엘리트란 일을 완벽하게 해내고, 그 일을 하나의 게임처럼 여기며 능란하게 처리하는 사람을 의미한다. (바로 앞의 고침 문장에서 '사람'과 '의미한다'의 반복을 피한 경우)
☞ 현대 사회에서 엘리트란 일을 완벽하게 해내는 사람을 의미한다. 그들은 일을 하나의 게임처럼 여기고 능란하게 처리한다. (문장을 둘로 가른 경우)

㉯ ☞ 몸이 아파서 어머니와 침을 맞으러 다녔는데, 침을 놓아 주신 분은 어머니 교회의 집사님이셨다.

# 2

작지만 강한 놈, 조사 제대로 쓰기

개똥이는 10점,
소똥이도 10점,
말똥이가 10점

우리말은 조사가 매우 발달해 있다. 주격으로 쓰이는 조사만 해도 여러 개이고, 같은 주격이라도 그것이 담고 있는 의미는 제각각이다. 이렇게 다양한 조사는 우리말 표현을 풍부하게 만든다. 하지만 조사가 다양하다는 것은, 역으로 정확한 조사를 선택하기가 쉽지 않음을 뜻하기도 한다. 예컨대 명사, 대명사, 수사 등의 체언을 주어로 만들어 주는 기본 조사인 '이/가'와 '은/는'은 그 쓰임의 차이를 구별하기 쉽지 않지만, 양자택일을 잘못할 경우 글의 흐름이 어그러진다. 또 둘 중 어느 것을 사용하느냐에 따라 글의 구조도 달라진다.

철수네 반 중간고사 수학 성적이 나왔다. 선생님이 점수를 불러 준다. "개똥이 10점!" 그러자 철수가 옆자리에 앉아 있는 영희에게 말한다. '쟤야, 뭐.' 개똥이가 늘 꼴찌를 하니까 그 점수가 나온 게 당연하다는 얘기다. 선생님이 다시 점수를 불러 준다. "소똥이 10점!" 철수의 반응이 좀 다르다 "쟤도?" 소똥이는 개똥이보다 공부를 조금 잘하는데 의외라는 뜻이다. 이번엔 말똥이 차례. "말똥이도 10점!" 철수가 놀라서 말한다. '쟤가?' 말똥이는 반에서 중간쯤 가는데, 10점을 받다니 뜻밖이었다. 이어 공부를 제법 잘하는 말순이 차례. "말순이도 10점!" 이번엔 여기저기에서 탄성이 나온다. "쟤까지." 이는 평소의 예상을 넘어선 결과라는 뜻이다. 마지막으로 반에서 1등 하는 끝순이 차례. "끝순이도 10점!" 반 전체에서 탄식이 나온다. "쟤마저." 이 말은 마지막 믿었던 것까지 깨졌다는 뜻이다.

# '은/는'과 '이/가'는 뭐가 다른가

소설 『칼의 노래』는 "버려진 섬마다 꽃이 피었다."라는 문장으로 시작된다. 작가 김훈은 처음에 '버려진 섬마다 꽃은 피었다.'라고 썼다가 고심 끝에 이처럼 바꾸었다고 한다. 일말의 주관도 포함시키지 않기 위해서였다고 하니 '꽃은 피었다'와 '꽃이 피었다'가 가지는 뉘앙스 차이가 간단치 않음을 알 수 있다.

우리는 말을 할 때에는 주어에 붙이는 조사 '은/는'과 '이/가'를 자연스레 구별해서 사용한다. 하지만 글을 쓸 때에는 이상하게도 정확히 구별해 쓰기가 쉽지 않다. 특히 한 문장에 주어가 여러 개 놓일 때는 어느 곳에 '은/는'을 쓰고, 어느 곳에 '이/가'를 써야 할지 헷갈리기 일쑤다. '은/는'과 '이/가'는 어떻게 구별될까. 예문으로 살펴보자.

철수네 반에 긴장이 감돈다. 중간고사 시험 결과가 곧 나오기 때문이다. 그런데 어떤 친구가 미리 정보를 입수해서 떠들어 댄다.

> **1** 영희가 1등이래.

우선은 누가 1등을 했는지가 주요 관심사로 떠오른다. 그에 대한 답이 '영희가 1등이래.'이다.

> **2** 그럼 누가 2등이래? → 철수가 2등이래.
> **3** 순이는 몇 등인데? → 순이는 3등이래.
> **4** 개똥이는? → 개똥이는 꼴찌야.

이제 2등이 누군지도 궁금하다. 그래서 **2**처럼 물었더니 '철수가'로 시작하는 답이 나왔다. 이번에는 누군가 순이의 등수를 물었고 '순희는….' 하는 대답이 나왔다. 이제 이들 문장을 분석해 보자.

**1, 2**는 '이/가'를 사용했고, **3, 4**는 '은/는'을 사용했다. **1**에서 관심의 초점이 되는 정보는 주어 부분의 '영희'와 술어 부분의 '1등'이다. **2**에서 중심 정보는 '철수'다. 그런데 **3**과 **4**는 이와 좀 다르다. **3**에서 초점이 되는 정보는 '순이'가 아니고 '순이의 등수' 곧 '3등'이다. **4**에서도 '개똥이'가 아니라 '개똥이의 등수' 즉 '꼴찌'가 중심 정보다.

여기서 '은/는'과 '이/가'의 차이를 짐작할 수 있다. 즉 주어와 술어 모두가 관심의 초점이 되거나 주어만이 관심의 초점일 때는 '이/가'를 쓴다. 그리고 술어만이 관심의 초점이 되면 '은/는'을 사용한다.(문법상 '이/가'는 주격 조사이고, '은/는'은 보조사다.)

한편 '은/는'은 주어를 다른 대상과 비교하거나 대조할 때도 사용한다.

> 5 철수가 학교에 간다.
> 6 철수는 학교에 간다.

5의 경우 앞에서 설명했듯이 '철수'와 '학교에 간다'가 둘 다 관심의 초점이 되기 때문에 주격 조사 '가'를 쓴 것으로 이해할 수 있다. 그렇다면 이와 비교해 6은 의미상 어떻게 다른가. 우리는 이 문장을 보고 그 뒤에 전제된 어떤 상황을 짐작할 수 있다. 그 상황이란 예를 들어 다음과 같은 것들이다.

- (철수가 밥을 먹는다. 그리고 나서) 철수는 학교에 간다.
- (영희는 집에 있다. 그런데) 철수는 학교에 간다.

첫 번째 상황에서는 철수가 연이어 어떤 행동들을 하고 있다. 여기선 철수가 이번에는 어떤 행동을 하는지에 초점이 맞춰진다. 반면 두 번째에서는 영희와 비교했을 때의 철수의 행동에 초점이 맞추어져 있다. 비슷한 예문으로 '철수는 거기 가지 않았어.'라는 표현에서도 '철수'는 '다른 사람'과 비교했을 때의 '철수'다. 이로써 보건대 '은/는'은 비교를 나타낼 때 쓴다는 사실을 알 수 있다. 또 이 비교는 다른 것을 '배제'하는 형태로 드러나기 때문에 대조의 개념까지 포함한다.
'이/가'와 '은/는'은 문장의 성격에 따라서도 달리 쓰일 수 있다. 대상의 모습이나 상황을 묘사하는 문장에서는 '은/는'보다는 '이/가'가 주로 쓰인다.

- 사람이 누워서 잔다.
- 사람은 누워서 잔다.
- 나무가 꽃을 피우고 열매를 맺는다.
- 나무는 꽃을 피우고 열매를 맺는다.

각 경우의 첫 번째 문장들은 어떤 사람의 모습이나 어떤 나무의 모습을 '묘사'한 것이고, 두 번째 문장들은 '사람'과 '나무'의 특징을 '설명'한 것으로, 주어에 각기 다른 조사가 붙는다.

| 요약 | '은/는'과 '이/가'의 구별법 세 가지!

**첫째** 주어(혹은 주어와 술어)가 관심의 초점일 때는 '이/가'를 쓰고, 술어만 관심의 초점일 때는 '은/는'을 쓴다.

**둘째** 주어가 독립적인 개념일 때는 '이/가'를 쓰고, 비교 혹은 대조되는 개념일 때는 '은/는'을 쓴다.

**셋째** 대상의 모습이나 상황을 묘사하는 문장에서는 '이/가'를 쓰고, 특징을 설명하는 문장에서는 '은/는'을 쓴다.

# 겹문장에서 '은/는'과 '이/가'를 쓰는 법

두 개 이상의 절로 이루어진 문장을 겹문장이라 한다. 이때는 주어가 두 개 이상이므로 주어 뒤에 놓이는 조사도 두 개 이상이다. 문장에 따라 '은/는'만 쓸 때도 있고, '이/가'만 쓸 때도 있으며, 또 둘 다 쓸 때도 있다. 아래의 예는 이 세 경우를 나타낸 것이다.

- 그는 오고 그녀는 갔다. ('은/는'만 쓴 경우)
- 그가 오니까 그녀가 갔다. ('이/가'만 쓴 경우)
- 그가 오니까 그녀는 갔다. ('은/는'과 '이/가'를 함께 쓴 경우)

이제 아래의 문장들을 보자.

1 <u>그는</u> 오니까 그녀가 갔다. (☞ 그가 오니까 그녀가 갔다)
2 <u>나는</u> 살던 그곳에 네가 살았다. (☞ 내가 살던 그곳에 네가 살았다.)
3 <u>내가</u> <u>너는</u> 옳았다고 생각한다. (☞ 나는 네가 옳았다고 생각한다)

위의 예는 모두 밑줄 친 주어의 격조사가 어색하다. 왜 어색할까. 결론부터 말하자면, 문장 내에 '은/는'과 '이/가'가 섞여 나올 때는 '은/는'이 문장 전체의 술어와 어울리려는 경향이 강한데, 위 문장들은 이를 충족시키지 못했기 때문이다. '은/는'을 붙이면 해당 단어는 문장 전체의 주어(대주어)가 되고, 이것이 전체 술어와 호응된다. 그러므로 '은/는'이 나오면 그것이 붙어 있는 체언이 문장 전체의 술어를 제대로 받쳐 주는가를 생각해야 한다. 반면 '이/가'는 소주어를 만드는 경향이 있다. 이런 점을 염두에 두고 각 문장을 살펴보자.

1의 전체 술어는 '갔다'이다. 그리고 전체 주어, 즉 '은/는'이 붙은 주어는 '그'이다. 그렇다면 '그는 …갔다'의 호응 관계가 되어야 한다. 하지만 여기서 '갔다'의 주어는 '그'가 아니라 '그녀'다. 주술 관계의 호응이 맞지 않는 것이다. 이를 해결하려면 '그'를 전체 주어의 위치에서 내려야 한다. 즉 '그는' 대신 '그가'라고 써야 하는 것이다. 2도 마찬가지다. 이제 3을 보자. 여기서 전체 술어는 '생각한다'이다. 문장 첫머리에 나오는 주어와 연결하면 '내가 생각한다'가 되니까 의미상으로는 문제가 없다. 하지만 절(節)의 형태로 들어가 있는 문장(안긴문장)에 들어 있는 '너는'이 걸린다. 앞서 설명했듯이, 문장 내에 '은/는'과 '이/가'가 섞여 나올 때는 '은/는'이 대주어를 만들고 '이/가'가 소주어를 만드는 경향이 있다. 문장 전체 술어와 호응하는 것은 대주어이므로, 이 문장은 '내가 생각한다'가 아닌 '너는 생각한다'로 읽히게 된다. 이런 문제점을 해소하려면, 괄호 안의 고침 문장처럼 전체 술어 '생각한다'를 받쳐 주는 대주어 쪽에 '은/는'을 붙이고, 소주어 쪽에는 '이/가'를 붙여야 한다. (물론 여기서 '너는'이 '다른 사람과 구별되는 너는'이라는 뜻이라면 '는'을 사용해도 무방하다.)

이제까지 겹문장에서 '은/는'과 '이/가'를 어떻게 안배해야 하는가를 살펴봤다. 주된 요지는, 주어에 붙은 조사가 '은/는'일 경우 그 주어는 문장 전체를 이끈다는 것이다. 달리 말하면, 문장의 전체 술어는 '은/는'이 들어간 주어와 호응을 이룬다는 뜻도 된다. 그러므로 '은/는'은 소주어에는 붙이지 않는 게 좋다.

여기서 한 가지 짚어 보아야 할 것이 있다. 이러한 현상이 모든 겹문장에 적용되는가 하는 점이다. 그렇지는 않다. 겹문장에도 여러 유형이 있는데, 그중 대등적으로 이어진 문장에서는 이런 현상이 생기지 않는다.

- 이것은 책이고 저것은 공책이다.
- 이것이 책이고 저것이 공책이다.
- 임은 갔지만 나는 임을 보내지 않았다.

대등적으로 이어진 문장이란 각각의 홑문장을 '-고/나/며/지만' 등의 연결 어미로 이어 준 문장을 말한다. 앞과 뒤의 문장이 대등적이므로 각각 독립성을 지닌다. 이럴 때는 각 문장에서 주격으로 쓰인 조사들도 독립성을 띤다. 즉 어느 하나만 문장 전체의 주어를 만드는 것이 아니라, 각자가 동등한 자격의 주어를 만든다. 그러므로 이때는 당연히 어느 하나의 주어에만 '은/는'을 쓸 필요가 없다. 오히려 양쪽 모두에 '은/는'을 쓰는 편이 대조성을 더 드러낼 수 있다. 위의 예문이 그런 것들이다.

대등적으로 이어진 겹문장이 다시 뒤의 문장에 종속적으로 연결된 경우도 마찬가지다. 예를 들면 '철수는 놀고 영희는 잠을 자니, 부모님이 속상해하실 수밖에 없다.'와 같은 문장이다. 여기서는 안긴문장의 주어인 '철수'와 '영희'에 '이/가'를 붙여야 자연스럽겠지만, 이 문장 자체는 대등적으로 이어진 문장이다 보니 '은/는'을 붙인 것이다. 이러한 예로는 다음과 같은 것들이 있다.

- 여당은 야당을 비난하고 야당은 여당을 비난한다면 나라 꼴이 잘 될 리 있겠는가.
- 비록 몸은 떠났지만 정신은 남아 있으니 너희는 그 정신을 잘 이어 받거라.

| 요약 | 겹문장에서 '은/는'과 '이/가' 쓰는 법!

첫째 종속적으로 이어진 문장에서 '은/는'은 소주어에 붙이지 않는 게 좋다.
둘째 대등적으로 이어진 문장에서는 앞뒤 주어 모두에 '은/는'을 붙여 주는 것이 의미를 더 잘 드러낼 수 있다.

# 조사 하나로
# 뉘앙스가 달라진다

앞에서 조사 '은/는'과 '이/가'의 차이를 알아보았는데, 다른 조사들도 서로 비슷한 의미를 지니지만 뉘앙스가 조금씩 달라서 구별해 써야 하는 것이 있다. 대표적인 것이 '조차'와 '마저'이다. 이 밖에 '-에 가다'와 '-로 가다'와 '-를 가다'가 약간의 의미 차이를 보이고, '-에 살다'와 '-에서 살다'도 구별된다. 또 보조사 '은/는'은 다른 조사나 어미 뒤에 붙기를 좋아하는데, 붙을 때와 붙지 않을 때 뜻이 달라지므로 가려 쓸 필요가 있다. 그 밖에 '에', '에게', '에게서', '(으)로부터'의 의미 차이와 '뿐'과 '밖에'의 쓰임 차이 등을 알아 두면 글을 쓸 때 고민하는 시간을 줄일 수 있을 것이다.

## 조차, 까지, 마저

우리는 흔히 '조차'와 '마저'를 혼동해 쓴다. 그리고 '마저'와 '까지'의 차이 역시 구별하기가 쉽지 않다. 이 차이만을 별도로 다룬 논문이 나왔을 정도다. 우선 '조차'와 '마저'의 차이를 알아보자.

'나조차 모른다'와 '나마저 모른다'는 모두 가능한 표현이다. 차이는 뭘까. 전자는 '나부터도 모른다'라는 뜻이고, 후자는 '나까지도 모른다'라는 뜻이다. 전자는 시작의 개념이고, 후자는 끝의 개념이다.

'그는 제 이름마저 못 쓴다.'를 보자. 이름을 쓰는 건 글쓰기의 첫걸음이다. 즉 시작의 개념이다. 따라서 이때는 '이름마저'보다 '이름조차'가 더 어울린다. 이번에는 '어린이조차 전쟁에 내보냈다.'라는 표현을 보자. 전쟁에 보내는 것은 어른이다. 어린이는 최악의 상황에서나 보내니, 끝의 개념이다. 따라서 '어린이조차'가 아니라 '어린이마저'다. '도둑이 10원짜리조차 탁탁 털어 갔다.'라는 표현은 가능할까? 설마 10원짜리까지 손댈까 했는데 그것도 가져간 것이다. 그러니까 마지막 개념이다. '10원짜리마저'로 해야 한다. 이번엔 '나는 10원마저 없다.'라는 표현을 보자. 가장 작은 단위인 10원도 없다는 뜻이니까 시작의 개념이다. '10원조차 없다.'로 해야 한다. 줄리우스 카이사르가 친구에게 배신을 당하고 외친다. '브루투스 너마저!' 믿었던 사람이 배신했으니 이 상황에선 '너마저'가 적합하다.

그렇다면 '마저'와 '까지'는 어떻게 구별될까. 앞에서 '마저'는 '까지도'에 가깝다고 했다. '까지'에 '도'의 뜻이 더해졌으니 강조의 개념이 들어 있다. 따라서 '브루투스 너까지!'라고 말하지 못할 이유는 없다. '너마저'보다 강조의 정도가 덜할 뿐이다. 다른 측면에서 보면, '까지'는 어느 한계 상황에 도달했을 때 쓰이고, '마저'는 한계 상황을 넘어 최후의 하나에 도달했을 때 쓰인다. 앞의 카이사르 예를 들면 주변 사람에 이어 믿었던 신하들도 배신했을 때에는 '너까지'를 쓸 수 있고, 믿었던 신하 모두뿐만 아니라 설마 그럴 리 없을 거라 믿었던 브루투스까지 배신하면 '너마저'를 쓸 수 있다.

'조차'와 '마저'와 '까지'의 차이를 다룬 논문을 보면 이들을 구별하는 기준이 매우 복잡하다. 하지만 일반적으로는 이처럼 간단한 기준만으로도 웬만한 것은 구별할 수 있을 것이다.

## 을/를, (으)로, 에

'그들은 왜 지리산을 올랐을까.' 필자가 제작에 참여하는 신문에 게재됐던 기사의 제목이다. 그 지면을 만들 당시 사내 편집회의에서 이 표현을 두고 짧은 토론이 펼쳐졌다. '산을 올랐다'로 할까 '산에 올랐다'로 할까.

먼저 다른 예를 보자. 동요 「산토끼」는 '산토끼 토끼야 어디를 가느냐'로 시작된다. 여기서 '어디를' 대신 '어디로'나 '어디에'로 부르면 어떨까. '어디로 가느냐'는 어느 곳을 향해 가느냐는 뜻이다. 방향성에 초점이 맞추어졌다. '어디를 가느냐'는 '무엇을 하러 어디로 가느냐'라는 뜻이 강하다. 목적성에 초점이 맞추어졌다. 위의 가사에 이어지는 뒷말은 '고개 너머에서 알밤을 줍겠다'이다. 목적성이 뚜렷하므로 '어디를'이 적절하다.

'어디에 가니'는 어떨까. '에'는 원래 방향성과 목적성을 둘 다 담고 있다. '그는 도서관에 갔다.'라는 말엔 '도서관'이란 방향성과 '공부하러'라는 목적성이 담겨 있다. 막연히 가는 목적보다 가는 곳이 더 궁금한 상황이라면 조사 '에'를 생략하고, '어디 가니'로 묻는 것이 낫다.

'을/를'과 '에'를 놓고 보면 '을/를'이 '에'보다 목적성이 더 강하다. 언젠가 야당이 시민 단체와 함께 촛불 시위에 나선 적이 있는데, 그때 그 당의 한 의원이 다음과 같이 말했다. "(시위하러) 청계 광장에 가는 것도 중요하지만, 그보다는 민심 현장에 찾아가야 한다." 여기서는 '민심 현장에'를 '민심 현장을'로 하는 게 더 적절할 듯하다. 그래야 민심 현장 사람들과 직접 부딪친다는 뜻이 살아난다. 이때의 '을'은 강조의 의미도 가진다.

'을/를'과 '에'의 차이점이 하나 더 있다. '오솔길을 걷는다'는 되고 '오솔길에 걷는다'는 안 된다. '을/를'은 한 장소 내에서 이동할 때 쓰이고, '에'는 한 장소에서 다른 장소로 이동할 때 쓰이기 때문이다. '계단을 올랐다'와 '계단에 올랐다'를 보면, 전자는 계단 내에서 계단을 오른다는 뜻이고 후자는 평지에서 계단에 올라선다는 뜻이다. 마찬가지로 '산을 오른다'는 말은 산에 들어선 상태에서 위로 올라간다는 뜻이다. '산에 오른다'는 말은 산 아닌 곳에서 산으로 오른다는 뜻이다.


## 에, 에서

앞에서는 '에'가 한 장소에서 다른 장소로 이동하는 개념의 동사와 잘 어울린다는 사실을 알아보았다. 그러나 이것이 '에'의 일반적인 특성은 아니다. 이어지는 동사가 동작성 띨 때에는 이동의 의미가 강하다는 것인데, '에'는 동작성을 띠지 않는 동사와도 잘 결합한다. '산에 있다', '대전에 산다'와 같은 형태이다. 그런데 이때는 또 '에서'와 혼동되기 쉽다. 예를 들어 보자. '나는 대전에 산다.'일까 '나는 대전에서 산다.'일까. 둘 다 맞다. 하지만 의미 차이는 있다. 전자는 단순히 사는 지역이 대전이라는 사실을 말해 준다. 이에 비해 후자는 대전에서 사는 행위를 한다는 뜻이 들어 있다. '에'는 단순히 장소를 밝혀 주는 반면, '에서'는 어떤 행위가 이루어지는 장소를 드러내기 때문이다. '나는 대전에 장사를 하면서 산다.'라고 하지는 않는다. 이럴 땐 '대전에'를 '대전에서'라고 해야 한다. 다른 예도 보자.

- 산에서 나무가 있다. (×)  산에 나무가 있다. (○)
- 산에 새가 지저귄다. (×)  산에서 새가 지저귄다. (○)

첫 번째와 두 번째의 차이점은 무엇일까. '나무가 있다'는 정적인 상태를 가리킨다. 이럴 땐 '에서'가 아닌 '에'를 넣어야 한다. '(새가) 지저귄다'는 동적인 행위를 가리킨다. 이럴 땐 '에'가 아닌 '에서'를 넣어야 한다. '에'와 '에서'가 이런 차이로만 구별되는 것은 아니다. 앞에서 예로 든 '도서관에 갔다'는 도착지가 정해져 있는 경우이고, 반대로 출발지가 정해져 있을 때는 '도서관에서 왔다'처럼 '에서'를 쓴다. '산에 오른다' 와 '산에서 내려온다'도 같은 예다.

## 에, 에게, 에게서, (으)로부터

> 1 그에게 편지를 보냈다.
> 2 한국이 일본에 패하였다.
> 3 독재 정권에게 김수환 추기경은 눈엣가시 같은 존재였다.

1과 2는 옳은 문장이다. 사람이나 동물을 나타내는 유정명사의 여격(행동이 미치는 대상을 나타내는 격)에는 '에게'를, 식물이나 무생물을 나타내는 무정명사의 여격에는 '에'를 쓴다. 2의 경우 '일본에게'로 하기 쉬우므로 주의해야 한다. 하지만 유정명사인지 무정명사인지 구분하기 애매한 것도 있다. '대통령'은 '대통령이라는 직책을 맡은 사람'을 뜻할 때도 있고, '대통령에 취임하다'에서처럼 직책 자체나 정치 기구를 뜻할 때도 있다. 이 때문에 간혹 신문 등에서 '대통령에 회부한다'라는 식으로 쓰기도 한다.

이와 반대로 단어 자체는 무정명사인데 유정명사인 것처럼 인식될 때도 있다. 3이 그러한 예다. '독재 정권'은 무정명사다. 따라서 조사로는 '에'가 와야 한다. 그러나 이 경우 '에'를 넣으면 의미 흐름이 이상해진다. '에게'를 넣어야 자연스럽다. 왜 그럴까. '독재 정권'이 '독재 정권을 휘두르는 사람들'의 뜻으로 읽히기 때문이다. 이런 시각에서 바라보면 '에게'를 넣는 게 합당해 보인다.

이번엔 '에게/에게서/(으)로부터'의 차이를 알아보자. 우선 '에게서'와 '로부터'를 생각해 보면, '회사에게서 통지가 왔다.'는 안 된다. '회사로부터 통지가 왔다.'라고 해야 한다. 즉 무정명사 뒤에는 '에게서'를 쓸 수 없다. 그러나 사람 등의 유정명사 뒤에는 둘 다 쓸 수 있다. 사전에는 '아버지에게서 편지가 왔다.'와 '아버지로부터 편지가 왔다.'가 동시에 예문으로 실려 있다. 다만 구어적인 표현으로는 '로부터'보다 '에게서'가 더 선호된다.

이제 '에게'와 '에게서'가 어떻게 구별되는지 생각해 보자. '아버지에게서 편지가 왔다.'는 자연스러운데 '아버지에게서 맞았다.'는 어색하다. 이때는 '아버지에게 맞았다.'가 더 적절하다. '편지가 오는 것'과 '때리는 것'이 다르기에 이런 차이를 보이는 것이다. 전자의 '아버지'는 편지의 출발 지점을 뜻한다. 후자의 경우, '아버지'는 때린 행위자이다. 이를 다른 예문에 적용해 보자.

- 선생님에게 꾸중을 들었다.
- 누구에게서 나온 이야기인가.

첫 번째 문장에서는 '선생님'이 행위자이기 때문에 '에게'가 어울린다. 두 번째에서는 '누구'가 이야기의 출발 지점을 뜻하기 때문에 '에게서'는 어울리고 '에게'는 안 어울린다.


## 에, 까지

- 원서 접수는 5일까지 마감한다. (×)  5일에 마감한다. (○)

'12시에 와라.'와 '12시까지 와라.'는 의미에 약간의 차이가 있다. 전자는 12시에 맞추어서 오라는 뜻이고, 후자는 12시 이전에 와도 되지만 늦어도 12시에는 와 있으라는 뜻이다. 즉 '에'는 어느 정해진 시점을 가리키고, '까지'는 가능한 마지막 시점을 가리킨다. 예문에서 서술어 '마감하다'의 '마감'은 '일을 마물러서 끝내는 때'을 뜻한다. 정해진 시점이다. 따라서 이때는 '에'가 더 적합하다. 예문에서 '까지'를 살리려면 '원서는 5일까지 받는다.'라고 해야 한다.

## 뿐, 밖에

- 남은 책이 한 권뿐이 없다. (×)  한 권밖에 없다. (○)

'밖에'는 '그것 말고는', '그것 이외에는'의 뜻을 지닌 말로, 뒤에 부정을 나타내는 말을 데리고 다닌다. 이에 비해 '뿐'은 '그것만이고 더는 없음'의 뜻을 지닌 말이다. 이미 '없음'의 의미를 가지고 있으니 뒤에서 따로 부정을 나타내지 않아도 된다.

## 이/가, 에게

1 어머니는 아이가 과일을 먹게 했다. (→ 에게)
2 남편은 언제나 큰아들이 일을 제대로 하도록 시켰다. (→ 에게)

'시켰다' 등 남에게 행동이나 동작을 하게 함을 나타내는 동사가 들어간 사동문의 경우, 사동의 대상을 주어로 만들 수도 있고 목적어로 만들 수도 있다. 즉 '어머니가 아이가 자게 한다.'와 '어머니가 아이를 자게 한다.'가 모두 가능한 표현이라고 본다. 하지만 전자의 경우 같은 문장 성분이 겹치므로 바람직하지 않다. 또 '하게 하다'가 들어가는 구문이 목적어를 절실히 필요로 하기 때문에 후자를 선호한다. 이런 이유 때문에 일반적으로 사동의 대상을 주어가 아닌 목적어로 만든다. 같은 관점에서 보면, **1**은 '어머니는 아이를 과일을 먹게 했다.'의 구문이 되어야 하는데, 이 경우에는 목적어가 겹친다. 이를 해결하는 방법으로 흔히 사동의 대상을 '에게'가 붙은 부사어로 바꾼다. 즉 '어머니는 아이에게 과일을 먹게 했다.'의 형태가 자연스럽다. **2**의 '하도록 시키다'도 '에게'가 들어간 형태를 선호한다. 예문 **2**의 조사를 그대로 쓰고 싶다면, 자연스러운 문장은 다음과 같은 것이다.

☞ 남편은 언제나 큰아들이 일을 제대로 하도록 거들었다.


## -ㄴ커녕

> **1** 고마워하기는커녕 아는 체만 하더라.
> **2** 밥은커녕 물밖에 못 마셨다.

조사 '-ㄴ커녕'은 뒤에 오는 부정적인 표현을 강조한다. 즉 뒷말이 부정의 뜻을 나타내야 한다. 따라서 위 예문들은 적절하지 않은 표현이다. **1**은 '고마워하기는커녕 아는 체도 안 하더라.'의 흐름이어야 논리에 맞고, **2**는 '밥은커녕 물도 못 마셨다.'가 적절하다. 그런데 **2**의 경우

논리가 잘못됐다고 단정할 수 있을지는 의문이다. 이 표현은 '밥은커녕 먹을 만한 것이 아무것도 없어서 물밖에 못 마셨다.'의 줄임꼴로도 볼 수 있기 때문이다. 비슷한 예로 '밥은커녕 물만 있더라.'는 '밥은커녕 아무것도 없고 단지 물만 있더라.'라는 뜻으로 볼 수 있다. 즉 부정어가 생략된 형태로 보는 것이다. 그런 점에서 이 표현도 용인될 여지는 있다. 다만 일반적인 언어 습관과는 거리가 있으므로, 'ㄴ커녕'을 쓸 때는 그 뉘앙스를 제대로 살려 주는 게 좋다. **2**는 다음과 같이 하면 흐름이 다소 편해진다.

☞ 밥은 고사하고 기껏 물밖에 못 마셨다.

| 요약 | 조사에 따라 달라지는 뉘앙스!

**첫째** '조차'는 시작의 개념일 때, '마저'는 끝의 개념일 때 사용한다.

**둘째** '마저'는 한계 상황을 넘어 최후의 하나에 도달했을 때, '까지'는 한계 상황에 도달했을 때 사용한다.

**셋째** 장소를 나타내는 명사 뒤의 '(으)로'는 방향성에 초점을 맞출 때, '을/를'은 목적성에 초점을 맞출 때 사용한다.

**넷째** 장소를 나타내는 명사 뒤의 '을/를'은 그 장소 내에서의 이동을 표현할 때, '에'는 한 장소에서 다른 장소로의 이동을 표현할 때 사용한다.

**다섯째** 장소를 나타내는 명사 뒤의 '에'와 '에서'는 각각 정적인 상태와 동적인 상태, 도착지와 출발지를 나타낸다.

**여섯째** 여격으로 쓰이는 '에'와 '에게'는 각각 무정명사와 유정명사에 사용한다.

**일곱째** 행동의 출발점이나 비롯되는 대상을 나타내는 유정명사에는 '에게서'와 '로부터'가 모두 사용될 수 있지만, 무정명사에는 '로부터'만 쓸 수 있으며, '에게서'와 '에게'는 각각 출발 지점과 행위자를 표현한다.

**여덟째** 시점을 나타내는 명사(구) 뒤의 '에'는 정해진 시점 자체를 나타내고, '까지'는 가능한 마지막 시점을 나타낸다.

**아홉째** '뿐'은 뒤에 부정을 나타내는 말을 수반하지 않고 '밖에'는 부정을 나타내는 말을 수반한다.

**열째** '시켰다' 등의 사역 동사를 쓴 문장에서 주어가 어떤 행위를 하도록 만드는 대상에는 조사 '에게'를 붙이는 게 자연스럽다.

**열한째** 'ㄴ 커녕' 다음에는 (문맥상 특별한 경우를 제외하고는 원칙적으로) 부정 표현이 뒤따른다.

# 같은 조사가 겹칠 때는 어떻게 고치나

"세계 수영 중장거리에서 10년 가까이 정상을 지켰던 그랜트 해켓이 베이징 올림픽에서 조용히 왕좌에서 내려왔다. 그를 장거리의 황제 자리에서 끌어내린 것은 스무 살도 채 안 된 한국의 앳된 청년 박태환이었다." 수영 선수 박태환이 2008년 베이징 올림픽 수영 400m에서 우승하자마자 인터넷에 뜬 글이다. 한데, 이 글을 쓴 사람이 반가운 소식을 급히 전하려다 보니 좀 흥분한 것 같다. 그 흔적은 "올림픽에서 조용히 왕좌에서 내려왔다."로 드러난다. '에서'가 연달아 나오니 읽기가 껄끄러운 것이다.

문장이 길어지다 보면 같은 조사가 여러 번 나올 수도 있다. '나는 도서관에 들렀다가 집에 갔다.'에서는 '에'가 겹쳤다. 그렇지만 어색하지는 않다. 한 문장에 같은 조사가 두 번 이상 들어가는 것 자체가 부자연스러운 것은 아니다. 그렇다면 어떤 경우에 조사의 중첩이 어색할까. 그건 바로 조사와 서술어가 1대 1로 짝을 이루지 않을 때다. 앞의 '도서관에 들렀다가 집에 갔다.'는 '도서관에'와 '들르다', '집에'와 '가다'가 각각 짝을 이룬다. 그러나 "올림픽에서 조용히 왕좌에서 내려왔다."를 보면, '왕좌에서'는 '내려왔다'와 짝을 이루지만 '올림픽에서'는 짝을 이루는 서술어를 찾기 어렵다.

1대 1 짝을 이룬다고 다 자연스러운 것도 아니다. '경찰이 서울광장에서 열린 촛불 시위에서 물대포를 쏘았다.'라는 문장을 보자. '서울광장에서'와 '열린'이 짝을 이루고, '시위에서'와 '쏘다'가 짝을 이룬다. 그런데도 읽기가 껄끄럽다. 두 개의 '에서'가 대등이 아닌 수식 관계로 맺어지면 음운 충돌이 일어나기 때문이다.

### 보조사 '은/는'이 겹칠 때와 주격 조사 '이/가'가 겹칠 때

- 나는 그녀를 안다. (주어 하나)
- 나는 그녀가 나에게 관심을 갖고 있다는 것을 안다. (주어 둘)
- 나는 그녀가 나에게 관심을 갖고 있다는 것을 알고 그녀가 좋아하는 꽃을 그녀에게 선물했다. (주어 셋)
- 나는 그녀를 알지만 그녀는 나를 모른다. (주어 둘)

첫 번째 문장만 주어가 하나이고, 나머지 세 문장은 주어를 둘 이상 갖고 있다. 하지만 모두 문장 구성이 완벽하다. 이는 주어가 둘 이상이라고 해서 반드시 글에 문제가 생기는 것은 아님을 보여 준다.
그렇다고 해서 주어를 남용하지는 말자. 주어가 많으면 글이 복잡해 내용을 이해하기 어렵다. 또 잘못 사용하면 문맥을 무너뜨리기도 한다. 주어를 남용했을 때 제일 문제가 되는 상황은 같은 조사가 겹쳐 나오는 경우다.

> 1 나는 그가 이곳에 올 것이라고 생각한다.
> 2 나는 그는 이곳에 올 것이라고 생각한다.
> 3 내가 그가 이곳에 올 것이라고 생각한다.

위의 세 문장은 조사만 다를 뿐인데도 각각 전달하는 뜻이 다르다. 1을 기본 문형으로 두고 비교해 볼 때 2에서 '그는'은 '다른 사람은 몰라도 그 사람만큼은'의 뜻을 강하게 드러내고, 3에서 '내가'는 '누가 그렇게 생각하냐면 바로 내가'의 뜻을 강하게 담고 있다. 말하는 사람이 이런 의도를 가진 것이라면, 위의 세 문장은 각각 전달하고자 한 뜻을 충실히 반영한 것이다.
그런데 만약 그런 의도가 아니라면 2와 3은 그저 어색한 문장일 수밖에 없다. 왜 그럴까. 뜻도 달라질뿐더러 연달아 같은 조사를 쓰는 바람에 음운이 충돌하게 되기 때문이다. 이처럼 '은/는'과 '이/가'를 빈갈아 쓰지 않고 '은/는'을 중첩하거나 '이/가'를 중첩하는 형태를 편의상 주격 연쇄형 문장이라고 부르겠다. 일반적으로 주격 연쇄형 문장이란 '이/가'가 붙은 주어가 연속으로 나오는 것을 말하지만 여기서는 '은/는'이 연속으로 나오는 것까지 포함하려고 한다.
먼저 보조사 '은/는'이 겹치는 경우를 보자. 일반적으로 '은/는'은 주어가 여럿일 때 대주어, 즉 문장의 핵심 주어에 붙는다는 사실을 이미 앞에서 보았다. 그러니 한 문장에 '은/는'이 여러 번 출현하면, 독자로서는 진짜 핵심 주어를 찾느라 길을 잃기가 쉽다. 게다가 같은 음의 반복에 따른 음운 충돌 현상도 간과할 수 없다.

- 나는 그는 아프다고 생각한다.

예문에서 대주어는 '나'이고 '그'는 소주어다. 그러나 대주어, 소주어 구별 없이 모두 보조사 '는'을 사용했다. 물론 이때 '그는'이 '다른 사람은 몰라도 그 사람만큼은'이라는 뜻을 가지는 것일 수도 있다. 그러나 이런 특별한 경우가 아니라면 대주어에만 '은/는'을 붙이고 '그는'을 '그가'로 바꾸는 게 좋다.

☞ 나는 그가 아프다고 생각한다.

중첩된 '은/는'이 모두 주어에 붙은 게 아니라 하더라도 매끄럽지 않은 문장이 나오기는 마찬가지다.

4 세상에서는 흔히 가정은 사회의 축소판이라고 한다.
5 결국은 그는 떠났다.

4에서, '세상에서는'의 '는'은 주어에 붙은 것이 아니라, '세상에서'라는 부사어를 강조하는 것일 뿐이다. 그렇지만 주어부 '가정은'의 '은'과 음운 충돌 현상을 빚는다. 5 역시 첫 번째 '은'은 부사 '결국'을 강조하기 위한 것이지만 '그는'의 '는'과 충돌한다. 이 예문들을 다음처럼 고친 것과 비교하면 그 자연스러움의 정도 차이를 느낄 수 있을 것이다.

☞ 흔히 가정은 사회의 축소판이라고 한다.
☞ 결국 그는 떠났다.
☞ 결국은 그가 떠났다.

그런데 한 가지 주의할 점이 있다. 될 수 있으면 조사의 중첩을 피하자는 것이지, 중첩해서는 절대 안 된다는 뜻이 아니라는 점이다. 앞에서 봤듯 특별한 의도가 있어 의미를 정확히 전달해야 할 글에서는 필요한 조사를 맞게 넣어야 한다. '그는 학교에 가기는 했다.'와 같은 꼴을 보면 조사 '는'이 겹쳤지만 이 중 어느 하나를 생략하거나 바꾸면 의미가 확 달라진다. 단순히 음운 충돌을 피하려다 의미를 해쳤다면 빈대 잡으려다 초가삼간 태운 것이나 다를 바 없다.

'은/는'의 경우를 보았으니, 이제는 '이/가'의 차례다 '이/가'의 중첩은 속담에서 많이 보인다. 아래 속담에서 예문과 고침 문장을 비교해 보며 어떤 표현이 자연스러운지 판단해 보자.

● 도둑이 제 발이 저린다.
☞ 도둑이 제 발 저린다.
● 벼린 도끼가 이가 빠진다.
☞ 벼린 도끼가 이 빠진다.

이 같은 주격 연쇄형은 어찌 보면 우리 말글의 특징이기도 하다. '물이 얼음이 된다.'는 '물이 얼음으로 변한다.'보다 간단하기도 하고 자연스럽기도 하다. 그러므로 잘못된 글은 아니며, 억지로 피할 것도 없다. 다만 음운 충돌이라는 문제는 남는다. 글의 흐름에 약간 방해가 되기는 하는 것이다. 그러므로 달리 표현할 방도가 있다면 그쪽을 택하는 것도 생각해 볼 만하다. 아래에 주어가 연이어 나오는 문장과 이를 해소한 문장을 나열해 보았다.

- 너 감기가 든 것이 아니냐.
☞ 너 감기가 든 것 아니냐.
☞ 너 감기 든 것(이) 아니냐.

- 마음이 착한 소년이 있다.
☞ 마음 착한 소년이 있다.

- 환경 문제가 심각한 문제가 되고 있다.
☞ 환경 문제가 심각한 문제로 대두되고 있다.

어쩔 수 없이 '이/가'를 중첩해 써야 할 상황이라면 둘 사이를 멀리 떼어 놓아 충돌 현상을 다소 완화시키는 게 좋다.

- 경찰이 도둑이 도망가자 뒤쫓아 갔다.
☞ 도둑이 도망가자 경찰이 뒤쫓아 갔다.

- 행락객들이 서울시가 조성해 놓은 공원의 잔디를 훼손하고 있다.
☞ 서울시가 조성해 놓은 공원의 잔디를 행락객들이 훼손하고 있다.

'이/가'가 반복해 나오는 문장을 만들 때 주의해야 할 것은 중의적 표현이다. 자칫 두 가지 이상의 뜻으로 해석될 수 있으므로 정확성을 기하는 글에서는 피하는 게 좋다. 아래 문장을 보자.

- 젊은이들이 요구하는 바가 무엇인지 모른다.

이 문장의 주어부는 'A가 B하는 C가'의 형태다. 그런데 대개 이 형태에서 중의적 표현이 빈번하게 나온다. 이 문장은 아래의 두 가지 의미로 읽을 수 있다.

☞ 젊은이들이 무엇을 요구하는지 (사회는) 모른다.
☞ 젊은이들이, (사회가) 요구하는 바가 무엇인지 모른다.

위 문장은 흔히 첫 번째 뜻으로 이해된다. 그러나 굳이 구문을 놓고 따지자면 두 번째와 같은 해석도 가능하다. 문장이 길어지고 복잡해지면 이런 문제가 더 두드러질 수 있다. 중의성을 띠는 구문의 특징은 주어 A의 서술어가 선택적이라는 것이다. 주어 A에 해당하는 '젊은이들'의 서술어가 바로 뒤의 '요구하다'인지 끝부분의 '모른다'인지 구분하기 쉽지 않다. 서술어가 '요구하다'일 경우는 첫 번째와 같은 해석이 가능하고, 서술어가 '모른다'일 경우는 두 번째의 해석이 가능하다. 이런 문장 형태는 반점을 넣는 등의 방법으로 뜻을 명확히 해 주는 것이 좋다.

## 목적격 조사 '을/를'이 겹칠 때

한 문장 안에서 여러 번 쓰일 수 있는 또 다른 대표적 조사는 목적격 조사 '을/를'이다. 주격 조사보다는 쓰임새가 단순할 것 같지만, 이 역시 어설프게 중복되면 비문까지 만들지는 않더라도 글의 흐름을 끊을 수 있다. 다음은 '을/를'의 중복이 자연스러운 예다.

> 1 철수는 공부를 하고 영희는 피아노를 친다.
> 2 어른을 공경하고 어린이를 돌보아야 한다.
> 3 나를 지도해 주신 선생님께 선물을 보냈다.
> 4 인간은 문명의 이기를 사용하면서 환경을 고려하지 않았다.

1은 대등절로 이어진 문장이다. 2는 연결 어미 '하고'를 써서 두 개의 서술구를 이은 문장이고 3과 4는 각각 관형구, 부사구가 삽입된 문장이다. 이와 같은 예에서는 '을/를'이 여러 번 나와도 전혀 어색하지 않다. 그러나 다음의 예를 보자.

> • 학교에서는 그 학생을 이웃 사랑을 실천했다는 이유로 표창했다.

목적어 '학생을'과 서술어 '표창했다' 사이에 부사구 '이웃 사랑을 실천했다는 이유로'가 들어갔다. 그런데 그 부사구 안에도 조사 '을'이 들어 있다. 일단, 목적어와 서술어는 함께 붙어 다녀야 숨이 살아난다. 그러나 어쩔 수 없이 중간에 부사구를 넣어야 할 경우가 있는데, 그렇더라도 같은 목적격 조사를 연이어 넣는 것은 좋지 않다. 이를 다음과 같이 세 가지로 고쳐 볼 수 있다.

☞ 학교에서는 이웃 사랑을 실천했다는 이유로 그 학생을 표창했다.
☞ 학교에서는 그 학생에게 이웃 사랑을 실천했다는 이유로 표창장을 수여했다.
☞ 학교에서는 그 학생을, 이웃 사랑을 실천했다는 이유로 표창했다.

첫 번째는 '을'이 연달아 나오는 문제를 해소하기 위해 성분의 위치를 바꿨고, 두 번째는 '학생을'을 '학생에게'로 바꿨다. 세 번째는 목적어와 술어가 서로 떨어져 있음을 알린다는 측면에서 목적어 뒤에 쉼표를 넣은 것이다. 하지만 이 세 번째는 고육책이다.

우리의 언어 표현 가운데 흔히 나타나는 것이 포함 관계에 있는 이중 목적어다. 포함 관계란 뒤의 목적어가 앞의 목적어의 수량을 나타내거나, 그것의 한 부분 또는 한 종류를 나타내는 관계를 말한다. 이는 문법적으로는 용인되는 것이지만 글의 매끄러움을 고려한다면 바람직하지 않다.

- 어머니께서 나에게 용돈을 천 원을 주셨다.
- 순이가 철수를 손을 잡았다.

위의 두 문장에서는 특히 두 개의 목적어가 하나의 서술어를 공유하는데, 이 때문에 글의 흐름이 방해를 받는다. 첫 번째 문장의 경우, '용돈을'도 '천 원을'도 '주셨다'에 연결된다는 얘기다. 이럴 때는 대개 앞의 '을/를'을 생략하는 편이 자연스러우며 때에 따라서는 뒤의 '을/를'을 생략할 수도 있다.

☞ 어머니께서 나에게 용돈 천 원을 주셨다.
☞ 어머니께서 나에게 용돈을 천 원 주셨다.
☞ 순이가 철수 손을 잡았다.
☞ 순이가 철수의 손을 잡았다.
☞ 순이가 철수와 손잡았다.

한편, 동작성을 지닌 명사가 목적어로 쓰였다면 거기에 접미사 '하다'를 붙여 동사로 만들 수 있는 경우도 있다. '싸움하다', '칭찬하다', '적용하다', '사랑하다' 등이 그런 예다. 아래의 예처럼 '표창을 하다', '평가를 하다', '발전을 하다' 앞에 목적어가 있으면 서술어를 '명사+하다'의 형태로 만들어 '을/를'의 중복을 막을 수 있다.

- 학교에서는 그 학생을 표창을 했다.
- 사회 현상을 올바르게 평가를 해야 한다.
- 모든 사회는 그 사회를 구성하는 개인들과 사회 집단들이 서로 밀접한 상호 작용을 하면서 조화를 이루는 가운데 발전을 해 나간다.
- 나는 매일 그와 차를 함께 타고 회사로 출퇴근을 했다.

다시 돌아와서, 두 목적어가 하나의 서술어를 공유한다 해도 무조건 목적격 조사 하나를 생략해서는 안 되는 경우가 있다. 다음을 보자.

> • 당 이론에 밝고, 말재주가 뛰어난 그를 나이가 모자란다는 이유로 언제까지나 연락병을 시킬 수는 없었던 것이다.

조정래의 소설 『태백산맥』에 나오는 글이다. 이 문장에서 필요한 줄기만 모아 보면 '그를 연락병을 시킬 수는 없다'가 된다. 이때는 겹친 '을/를' 중 하나를 생략하는 게 불가능하다. 하지만 그렇다고 그대로 두면 문장의 흐름이 원활하지 못하다. 이럴 때는 다른 조사를 쓰거나 문장의 틀을 바꾸는 게 좋다. 아래의 고침 문장들이 그 같은 예이다.

☞ 그를 나이가 모자란다는 이유로 언제까지나 연락병만 시킬 수는 없었던 것이다.
☞ 그를 나이가 모자란다는 이유로 언제까지나 연락병 자리에만 박아 둘 수는 없었던 것이다.

첫 번째 고침 문장에서는 조사 '을'이 필요한 자리에 보조사 '만'을 넣었다. '만'은 여러 격에 두루 쓰이는데, 여기서는 '을' 대신 쓰여 목적격을 띤다. 그러나 이렇게 고쳤어도 두 개의 목적어가 하나의 술어를 갖기는 마찬가지다. 보다 자연스러운 것은 문장 성분을 바꾸어 목적어를 하나만 둔 두 번째 문장이다.
이 밖에 방향이나 처소를 나타내는 부사격 조사 '에게' 대신 목적격 조사 '을/를'을 잘못 사용해 '을/를'의 중복을 초래하는 예가 왕왕 있다. 이 경우 제 기능을 가진 조사를 넣어 주기만 하면 문제가 쉽게 해결된다.

- 그가 나를 더 좋은 것을 주었다.
☞ 그가 나에게 더 좋은 것을 주었다.


## 보조사 '도'가 겹칠 때

보조사 '도'는 관형사를 제외한 각 품사에 두루 붙어 여러 격으로 쓰인다. 특히 두 가지 이상의 사물이나 사실을 병렬로 나열할 때는 '…도 … 도'의 꼴을 쓰는 것이 일반화되어 있다.

- 집도 절도 싫다.
- 크지도 작지도 않다.
- 노래도 잘하고 춤도 잘 춘다.

여기서는 '도'의 중첩이 강조의 효과를 내면서 표현에 생동감을 준다. 그러나 글을 쓰다 보면 나열이 아닌데도 '도'를 중첩하는 예가 많다.

- 태양계에는 자전과 공전을 동시에 하는 행성이 많다.
지구도 자전하면서 태양의 주위도 공전한다.

'도'의 가장 일반적인 기능은 선행어에 '역시'라는 뜻을 더해 주는 것이다. 위 문장의 경우 중첩된 '도'가 이런 뜻을 지니면서 각자의 위치에서 나름의 기능을 한다. 그렇지만 이때 중첩된 '도'는 앞의 예에서처럼 병렬로 나열하는 '도'가 아닌 만큼 표현에 생동감을 주지 못한다. 오히려 탄력이 떨어진다. 이럴 때는 앞뒤 문맥을 살펴 '도'가 반드시 필요한 쪽만 남기고 나머지 한쪽 '도'는 다른 꼴로 바꾸거나 생략하자. 여기서는 뒤에 나오는 '주위도'를 '주위를'로 고치는 게 좋다. 물론 뉘앙스의 차이는 다소 있겠지만 그것이 의미의 흐름을 크게 해치지 않는다면 바꾸는 게 바람직하다.

- 그 여자도 가끔 자식이 생각나면 몰래 눈물을 짓기도 했다.
☞ 그 여자도 가끔 자식이 생각나면 몰래 눈물을 짓곤 했다.

- 나도 거기에 가끔 가기도 했다.
☞ 나도 거기에 가끔 갔다.
☞ 나도 거기에 가끔 가기는 했다.

## 부사격 조사 '(으)로'가 겹칠 때

부사격 조사 '(으)로'는 가히 만능이라 할 만큼 쓰임새가 다양하다. 예를 들면 '집으로 가다'처럼 움직임의 방향을 나타낼 때, '말썽꾼으로 변하다'처럼 변화의 방향을 나타낼 때, '톱으로 나무를 베다'처럼 수단·도구를 나타낼 때 등등에 두루 쓰인다. 이 밖에도 원인·이유(병으로 죽다), 신분·자격(회장으로 뽑히다), 시간(조석으로 문안드리다) 등을 나타낼 때도 사용된다. 이들 용례를 보면 '(으)로'가 명사 뒤에 붙어 부사어를 만든다는 것을 알 수 있다. 부사(어)는 뒤에 놓인 동사나 형용사를 꾸민다. 즉 용언의 뜻을 분명하게 한정하는 것이다.

사전상으로는 '(으)로'가 이 정도 기능만 하는 것으로 되어 있지만, 실제 글에서는 다른 용도로도 쓰인다. 예를 들면 '그는 시골 농부 출신으로, 서울에 올라와서 장사를 하여 큰돈을 벌었다.'와 같은 꼴이다. 이때의 '(으)로'는 뒤에 놓인 동사나 형용사를 꾸미지 않는다. 그렇다고 뒷문장 전체를 꾸미는 것도 아니어서, 과연 부사격 조사가 맞는지 의문스럽기까지 하다. 이때의 '(으)로'는 앞뒤 문장을 연결하는 '인데', '이며'와 비슷한 뜻을 가진다.

이런 식으로 '(으)로'가 거의 만능처럼 쓰이다 보니 다른 조사의 영역을 침범하기도 한다. 심지어 똑떨어지는 표현을 제쳐 두고 '(으)로'를 사용하기도 한다. 십자 홈에 일자 드라이버를 넣고 돌리는 격이다. 예를 들어 '이번 사건은 악랄한 범죄자의 소행이므로 가볍게 넘겨선 안 된다.'라는 표현을 '이번 사건은 악랄한 범죄자의 소행으로 가볍게 넘겨선 안 된다.'로 하는 것이다. 이럴 경우 의미 전달력은 아무래도 떨어진다. 그런데 이처럼 쓰임 범위가 넓다 보니 한 문장에 두 번 이상 나오는 경우가 심심찮게 생긴다.

1 천민으로 태어나서 귀족으로 생을 마감했다.
2 그가 북으로 넘어갔다는 이유만으로 그를 매도해서는 안 된다.
3 한 직원의 고백으로 구청 공무원 사회에 촌지를 받는 관행이 성행한 것으로 드러났다.
4 철수가 기어가는 자세로 밖으로 나갔다.
5 그는 변호사 출신으로, 대학교를 수석으로 졸업했다.

위의 문장들은 문법상 특별히 흠을 잡을 만한 구석이 없다. 그렇지만 읽어 내려갈 때 껄끄러운 것이 있다. 3, 4, 5가 그것이다. 다섯 개의 문장 모두 '으로'를 두 번씩 썼는데, 1, 2는 자연스럽고 3, 4, 5는 부자연스러운 것이다. 어떤 차이가 있을까.

1은 각각의 '으로'가 바로 뒤의 서술어를 꾸민다. '천민으로'와 '태어나서', '귀족으로'와 '마감했다'가 짝을 이룬다. 2도 1과 유사한 형태다. 즉 앞의 '으로'가 바로 뒤의 서술어를 꾸미고, 뒤의 '으로'도 한 단어 건너에 있는 서술어를 꾸민다. 다만 1과 다른 점이 있다면, 1은 각각의 '으로'가 독립성을 띠면서 나란히 이어진 '병렬형' 나열인 반면, 2는 앞의 '으로'가 뒤의 '으로'에 안겨 있는 '종속형' 나열이라는 것이다.

하지만 3, 4, 5는 글의 구조가 1, 2와 매우 다르다. 3은 '-(으)로 -(으)로 드러났다'의 형태인데, 각각의 '으로'가 마지막에 있는 술어 '드러났다'를 동시에 수식한다. 이때는 앞의 '으로'가 무엇을 꾸미는지 쉽게 파악되지 않는다. 꾸미는 말이 너무 뒤에 있기 때문이기도 하지만, 그 꾸미는 말을 찾아가는 중에 '으로'가 또 한 번 나와 글의 맥이 뒤틀렸기 때문이다. 4도 3과 마찬가지다. 5는 앞의 '으로'가 '인데' 혹은 '이며'와 비슷한 뜻을 만들기 때문에 뒤의 '으로'와는 성분이 다르다. 하지만 음운상의 불협화음을 초래하기는 마찬가지다.

☞ 한 직원의 고백으로 인해 구청 공무원 사회에 촌지를 받는 행위가 빈번한 것으로 드러났다. (앞의 '으로'에 호응되는 서술어를 넣은 예. 이 문장은 외래어 투에 가까우므로 권장할 만한 건 아니다.)

☞ 한 직원의 고백으로 구청 공무원 사회에 촌지를 받는 행위가 빈번하다는 사실이 드러났다. (뒤의 '으로'를 고친 예)

☞ 철수가 기어가듯 밖으로 나갔다.

☞ 변호사 출신인 그는 대학교를 수석으로 졸업했다.

|요약| 같은 조사가 여러 번 나올 때의 해결법!

**첫째** 주어에 붙는 보조사 '은/는'은 가능한 대주어에만 붙인다.
**둘째** 주격 조사 '이/가'는 생략이 가능한 쪽의 것을 빼거나 안 되면 둘 사이의 거리를 멀리 떼어 놓는다.
**셋째** 목적어 두 개가 서술어 하나를 공유할 때, 대개는 앞의 목적어에 붙은 목적격 조사 '을/를'을, 때에 따라서는 뒤의 목적어의 '을/를'을 생략한다.
**넷째** 어느 한쪽의 '을/를'을 생략하는 것이 불가능할 경우, 문장 성분을 바꾸어 준다.
**다섯째** 부사격 조사 등이 목적격 조사를 대신해 잘못 쓰인 경우가 아닌지 확인한다.
**여섯째** 부사격 조사 '(으)로'가 연이어 나올 때는 연결되는 서술어와의 거리가 먼 '(으)로'를 다른 말로 바꾸어 준다.

# 이럴 땐 조사를 빼는 게 좋다

## 조사를 생략하는 게 더 나은 경우

우리말은 조사나 어미 등이 붙어야 문장이 완성되는 교착어다. 그런데 상황에 따라서는 조사를 생략해도 될 때가 있다.

1 마음(이) 가는 대로, 발(이) 닿는 대로 몸을 움직였다.
2 비(가) 오는 날에는 빈대떡을 부쳐 먹는다.

1은 주격 조사를 생략하는 게 좋다. 체언에 주격 조사를 붙이면 그 체언이 관심의 초점으로 떠오르는데, 이 문장에서 '마음'이나 '발'은 그러한 초점 정보가 아니다. 일반적으로 문장의 중심 주어, 중심 목적어, 중심 서술어는 관심의 초점이 되고, 1처럼 부사절에 들어 있는 주어, 목적어, 서술어는 관심의 초점에서 멀어진다.

2는 '비가 오는'이 '날'을 꾸미는 형태인데, 수식어가 절로 된 가분수형 구조여서 불안정하다. 주격 조사 '가'를 생략하여 '비 오는 날'로 하면 '비 오다'가 한 단어처럼 느껴져 뒷말을 수식하기가 편해진다.

'번지 없는 주막', '앙꼬 없는 찐빵', '이 빠진 도끼' 등도 주격 조사가 생략되었는데, 이 역시 가분수형 구조를 회피하려는 언어 습관에서 비롯된 것으로 해석할 수 있다. 그러나 가분수형 구조라고 해서 늘 주격 조사를 생략해야 하는 것은 아니다. 해당 주어가 관심의 대상인 경우에는 넣어 주는 게 낫다. 예를 들면 '비가 안 오는 날도 있네.'와 같은 꼴이다.

    3 이것저것 신경(을) 쓸 일이 한두 가지가 아닌데 이런 일까지 터지다니.
    4 산(을) 따라 물(을) 따라 여행했다.
    5 너는 절대 관심(을) 갖지 마라.

목적격 조사도 생략해야 흐름이 부드러울 때가 있다. 3의 '신경을 쓸 일'은 '목적어+서술어'로 된 구가 '일'을 꾸미는 형태다. 이런 형태도 해당 목적어가 관심의 초점이 되지 않는다면 목적격 조사를 생략하는 게 좋다. 4 역시 목적어 '산'과 '물'이 부사구 내에 있는 목적어이므로 관심의 초점은 아니다. 5는 부사어 '절대'라는 강조어가 뒷문장 전체를 수식하는 만큼, 그 일부에 속한 목적어 '관심'은 관심의 초점에서 다소 떨어져 있다.

이 밖에 관형격 조사 '의'도 불필요할 때가 있다. '우리 민족'이나 '청와대 비서실'을 '우리의 민족'이나 '청와대의 비서실'로 쓰지 않는 것이 그 예다. 이에 관한 논의는 뒤의 관형어 항목으로 넘긴다.

### 조사를 생략할 수 없는 경우

1 비(가) 오니까 우산(을) 쓰고 학교(에) 가라.
2 철수(가) 감히 나를 놀리다니.
3 누가 우니? 철수(가) 우니?
4 집(에서) 학교(까지) 10분 걸린다.
5 손을 호주머니(에) 넣고 다니지 마라.
6 철수(가) 어머니를 불렀다.
7 돌(로) 머리를 때렸다.

1은 주격 조사, 목적격 조사, 부사격 조사를 모두 생략한 것이다. 물론 모두 다 살려도 무방하다. 그러나 2와 3에서는 주격 조사 '가'를 생략할 수 없다. 이는 이 문장에서 '가'가 가진 의미상의 기능을 살려야 하기 때문이다. 이때의 '가'는 '다른 사람과 구별되는 사람으로서의 철수'라는 뜻을 강하게 암시한다. 그러므로 '가'를 빼면 '철수'가 주어임이 드러나지 않는다.

4는 부사격 조사 '에서'와 '까지'를 생략해서는 안 된다는 점을 보여 준다. 생략하면 앞뒤 단어의 연결 관계가 흐트러진다. 5에서도 부사격 조사를 생략하면 다소 어색한데, 이는 '넣다'라는 단어가 조사 '에'가 붙은 선행어를 필요로 하기 때문이다. 일반적으로 부사격 조사 '에게/에서/로/부터' 등은 생략하기가 어렵다.

6에서는 주격 조사 '가'를 생략하면 '철수의 어머니를 불렀다.'라는 뜻이 된다. 7도 부사격 조사 '로'를 생략하면 '돌 머리'가 되어 버린다.

이상의 내용을 종합하면, 조사를 생략해서는 안 되는 경우를 두 가지로 나눌 수 있다. 첫째는 해당 조사가 만드는 의미 구조를 살려야 할 필요가 있을 때다. 둘째는 조사를 생략할 경우 의미 흐름이 달라질 소지가 있을 때다.

지금까지는 주격, 목적격, 부사격 등의 격조사를 생략하기 어려운 경우를 살펴보았다. 이와 쓰임이 좀 다른 것으로 보조사가 있는데, 보조사는 앞말에 특별한 의미를 부여하기 때문에 일반적으로 생략하기 어렵다. 예컨대, '너마저'와 '너조차', '너까지', '너도' 등의 조사들은 각자 특정한 의미를 가지므로 생략하면 그 뜻이 사라지게 된다. 다만, 보조사 중에서도 '은/는'은 생략할 때가 더러 있다. '그 사람(은) 나빠.', '그 말(은) 거짓이야.' 등에서처럼 말이다. 이처럼 보조사를 생략할 수 있는 경우는 대개 '은/는'이 붙은 주어가 문두에 놓일 때로 한정된다. 이때는 '은/는'을 생략해도 해당 주어가 주어로서의 위상을 잃지 않기 때문이다.

하지만 '은/는'이 문장 중간에 놓일 때는 상황이 달라진다. 특히 '은/는'은 연결 어미에 붙기도 하는데, 이때는 생략할 경우 글의 흐름이 왜곡된다.

- 국회의원님들, 국가 발전을 위해 상생의 정치가 필요합니다.

이 문장은 '위해(위하여)'의 쓰임이 불안하다. '위해'와 '위해서는'의 차이를 고려해야 하는데, 둘은 다음과 같은 차이가 있다.

- 책을 사기 위해 책방에 갔다.
- 책을 사기 위해서는 책방에 가야 한다.

두 번째 문장은 '책을 사려면 책방에 가야 한다.'와 같은 뜻이다. 즉 '…하기 위해서는'은 '…하려면'과 유사한 의미를 지닌다. 첫 번째 문장의 경우 '책을 사기 위해서는 책방에 갔다.'로 할 수 없는데, 그 이유는 '하기 위해서는' 대신 '하려면'으로 바꾸어 놓고 보면 알 수 있다.
비슷한 형태로서, '해서'와 '해서는'도 있는데, 우리는 흔히 이 둘을 구별하지 않는 경향이 있다.

- 학생을 담보로 해서 안 된다.
- 희망을 앗아 가는 말을 절대로 해서 안 된다.

이는 의미 구조가 왜곡된 문장이다. '-서'는 '가서 놀다'처럼 시간적 선후 관계를 나타내거나 '눈이 와서 미끄럽다'처럼 이유나 근거를 나타내는 연결 어미다. 그리고 '해서는'의 '는'은 제약을 나타내는 보조사다. '-서'의 의미를 고려할 때, 예문 '학생을 담보로 해서 안 된다.'는 자칫 '학생을 담보로 하기 때문에 안 된다.'라는 의미로 읽힐 수도 있다. 조사를 생략할 땐 늘 의미 변화가 있는지를 살펴야 한다. 아래 예문도 마찬가지다.

- 그 일은 정책 결정자의 의지만 가지고 안 된다. (→ 가지고는)

한편, 조사를 넣어도 되고 빼도 되지만, 글의 완성도 측면에서 넣는 게 바람직한 경우도 있다.

- 온실 가스는 생산 시설 규모를 줄이면 감축 가능하다.

여기서는 '감축 가능하다'와 '감축이 가능하다'를 다 쓸 수 있다. 하지만 '감축이 가능하다'가 더 자연스럽다. '-하다'는 결합하는 단어가 적을수록 안정감이 있다. '가능하다', '감축 가능하다', '완전 감축 가능하다'를 놓고 보면, 첫 번째가 가장 안정되고 세 번째가 가장 불안정하다. 세 번째는 '완전한 감축이 가능하다'로 풀어 주는 방법을 생각해 볼 만하다. 결과적으로 이 상황에서는 글이 좀 늘어지더라도 조사를 넣는 게 낫다. 논지를 벗어나서 덧붙이건대, 이 문장은 '감축이 가능하다'를 '감축할 수 있다' 혹은 '감축된다'로 바꾸면 더 깔끔해진다.

| 요약 | 조사를 생략해도 될지 판단하는 법!

**첫째** 문장 내에서 해당 조사가 붙은 체언(주어, 목적어)이 관심의 초점이 되지 않을 때는 그 조사를 생략할 수 있다.
**둘째** 해당 조사가 만드는 의미 구조를 살려야 할 필요가 있을 때는 생략하지 않는다.
**셋째** 조사를 생략해서 뜻이 달라질 수 있을 때는 생략하지 않는다.
**넷째** 보조사 '은/는'은, 떼어 놓고 보았을 때 의미가 달라지거나 호응 관계가 무너질 경우에는 생략하지 않는다.

## 되짚어 보기

**(1) 아래 문장에서 '은/는', '이/가'의 쓰임을 점검해 보자.**

㉮ <u>형은</u> 9시 20분쯤에 퇴근을 했다. 형과 ㉯ <u>내가</u> 내일 도배를 하기 위해서 먼저 도배지를 규격에 맞게 잘랐다. 방 치수도 채고 도배지를 알맞게 잘랐다. 그렇게 도배지를 자르다가 ㉰ <u>내가</u> 지쳐서 구석에서 잠을 잤다. 그래서 ㉱ <u>형은</u> 혼자서 도배지를 잘랐다. 다음 날 일어나서 ㉲ <u>나는</u> 형에게 "몇 시까지 했어?"라고 물어보니까 형이 1시 30분까지 했다고 했다. ㉳ <u>나는</u> 12시도 안 돼서 잤는데, 형에게 너무 미안했다.

**(2) 다음은 동화의 첫 부분이다. 괄호 안의 조사를 굵게 표시한 것으로 선택한 후 조사의 선택 기준에 대해 토의한 내용으로 적절하지 않은 것은?** (2009년 고교 전국 모의고사 문제)

---

㉮ 옛날 어느 마을에 한 할아버지(**가**/는) 살고 있었습니다. ㉯ 할아버지(가/**는**) 동물을 좋아했습니다. 특히 개와 고양이를 귀여워했지요. ㉰ 그러나 돼지(를/**는**) 무척 싫어했습니다. ㉱ 할아버지에게(**는**/도) 말썽꾸러기 돼지 한 마리가 있었기 때문입니다. ㉲ 말썽꾸러기 돼지(가/**는**) 다른 동물들과 달랐습니다. 개처럼 말을 잘 듣지도 않았고, 고양이처럼 애교가 많지도 않았습니다.

---

① ㉮에서는 주어 '할아버지'가 이야기에서 처음 나타난다는 사실을 생각해야 해.
② ㉯에서는 주어 '할아버지'가 앞문장에 나타났다는 사실을 생각해야 해.
③ ㉰에서는 목적어 '돼지'를 다른 동물과 대조하고 있다는 사실을 생각해야 해.

④ ㉣에서는 앞문장에 '할아버지'가 '돼지'를 싫어한다는 내용이 있다는 걸 생각해야 해.
⑤ ㉤에서는 앞문장에 '말썽꾸러기 돼지'가 나오고, 뒷문장에 다른 동물과의 차이점이 소개된다는 것을 생각해야 해.

**(3) 아래 예문은 이어진문장이다. 조사의 쓰임이 어색한 것을 찾고, 이유를 생각해 보자.**

㉮ 개미는 일을 하고 베짱이는 논다.
㉯ 개미는 일을 하는 동안 베짱이는 논다.
㉰ 개미가 일을 하는 동안 베짱이는 논다.
㉱ 개미는 일을 하는 동안 베짱이가 논다.

**(4) 다음 문장이 자연스럽도록 주어에 붙은 조사를 바꾸어 보자.**

㉮ 그는 오기 전에 나는 떠났다.
㉯ 도둑은 사라짐으로써 온 동네가 평온해졌다.
㉰ 이 밤은 가도 나는 그대 곁에 머물러 있을 것이다.
㉱ 만일 그대는 지금도 행복하고, 앞으로도 행복하고자 한다면, 한시도 부모님 은혜를 잊지 말라.
㉲ 김 씨는 예금 증서를 처분하기 위해 은행을 찾아가 확인해 본 결과 예금 증서는 가짜로 판명되었다.
㉳ 조 박사 팀은 우리나라와 일본 사람들의 염색체를 분석한 결과, 보통염색체는 5.86퍼센트, 성염색체는 4.74퍼센트 차이가 있는 것으로 나타났다.
㉴ 사고 즉시 검찰 방호원들은 최 씨에게 하차를 요구했으나 최 씨는 승용차 문을 잠근 채 계단을 향해 차를 몰았다.

**(5) 밑줄 친 조사 '는'의 쓰임에 대해 생각해 보자.**

코스닥 지수는 세계 1위, 코스피 지수는 세계 4위의 상승률을 기록한 우리나라 증시는 규모 면에서 세계 증시 랭킹 15위로 발돋움했다.

**(6) 다음 문장을 자연스런 흐름이 되게 고쳐 보자.**

오늘은 회의의 주제를 나눔과 섬김 운동에 초점을 맞췄습니다.

**(7) 다음 문장에서 부적절하게 쓰인 조사를 찾아 알맞게 고쳐 보자.**

㉮ 나는 골목길에 돌아서 집으로 갔다.
㉯ 철수는 엘리베이터에 타면 현기증이 난다.
㉰ 일단 집에서 떠나고 나면 그 뒤는 고생이다.
㉱ 개에 물렸다고 해서 동물 병원에 찾아갈까.
㉲ 방에는 가방뿐이 없다.
㉳ 나 방금 서울로 도착했다.

🔎 **답과 풀이**

(1) ㉮ '형은'과 '형이' 둘 다 가능. ㉯ 나는. ㉰ 나는. ㉱ 형이. ㉲ 내가. ㉳ 나는
㉮는 필자가 어떤 의도를 가지고 썼는가에 따라 선택이 달라진다. '형은'을 선택했을 때는 형이 퇴근한 시점에 비중을 두거나 동생인 '나'와 대조해서 썼다고 볼 수 있다. 반면 '형이'를 선택했을 때는 '형'을 관심의 초점으로 삼았다고 볼 수 있다. ㉯는 관

심의 초점이 술어 쪽에 있으므로 '나는'이 어울린다. ㉰는 형과 대조되는 주어로서의 '나'를 부각시킬 필요가 있으므로 '나는'이 더 자연스럽다. 관심의 초점이 술어 쪽에 있기도 하다. ㉱는 대조보다는 관심의 초점 쪽에 무게를 두어 '형이'를 쓰는 게 더 좋으며, 관심의 초점을 고려할 필요가 없다면 격조사를 생략하고 '형 혼자서'로 하는 것이 좋다. ㉲는 '나'가 문장의 대주어가 아니므로 '내가'가 더 자연스럽다. ㉳는 관심의 초점을 술어에 두어야 한다는 점에서 '나는'이 더 낫다.

(2) ④가 답이다. ㉱는 '다른 사람과 비교했을 때 할아버지에게는 말썽꾸러기 돼지 한 마리가 있었기 때문입니다.'라는 뜻으로 이해할 수 있다. 즉 이 경우의 '는'은 대조 혹은 한정의 기능을 한다.

(3) ㉮는 자연스럽다. 대등적으로 이어진 문장에서는 '은/는'이 양쪽에 다 들어가도 괜찮다. 각각의 주어가 각각의 술어와 호응을 이루기 때문이다. ㉯는 앞의 문장이 뒤의 문장에 종속적으로 이어졌다. 종속적으로 이어진 문장의 주어는 대주어와 소주어로 나뉜다. 여기서 대주어는 '베짱이'이고, 소주어는 '개미'다. 소주어에는 '은/는'을 붙이지 않으므로 '개미는'을 '개미가'로 해야 한다. ㉰는 자연스러운 구문이다. ㉱는 ㉯와 마찬가지로 소주어 '개미'에 '은/는'이 붙어 있으므로 흐름이 불안하다. ㉯과 달리 대주어 '베짱이'에 '가'를 붙였는데, 대주어에는 '이/가'를 붙여도 되고 '은/는'을 붙여도 된다. 글의 구조상으로는 문제가 없으며, 뉘앙스 차이만 있을 뿐이다.

참고로, 대등적으로 연결된 문장과 종속적으로 연결된 문장을 어떻게 구별하는지 생각해 보자. '나는 가고 그는 온다.'에서 '나는 간다'와 '그는 온다'는 완전 대등성을 보인다. 그러나 '내가 생각해 보니, 잘못은 우리에게 있다.'라는 문장에서 '내가 생각해 본다'와 '잘못은 우리에게 있다'는 대등성이 현저히 떨어진다. '철수가 울음을 멈추자 온 집 안이 조용해졌다.'에서 '울음을 멈추었다'와 '집 안이 조용해졌다'는 대등성을 보이는 것 같지만 실제로는 인과 관계의 흐름이다. 따라서 이 역시 종속적으로 연결된 문장으로 본다.

(4) ㉮ 그는→그가, ㉯ 도둑은→도둑이, ㉰ 이 밤은→이 밤이, ㉱ 그대는→그대가, ㉲ 김 씨는→김 씨가, ㉳ 조 박사 팀은→조 박사 팀이, ㉴ 방호원들은→방호원들이.

(5) 조사 '는'이 세 개 겹쳐 흐름이 껄끄럽다. 문장의 전체 주어가 '증시'이므로 앞부분의 '는'을 달리 처리하는 게 좋다. '가'로 바꾸면 한결 부드러워진다. 이 경우 관형절의 주술 구조는 '…코스피 지수가 세계 4위를 기록한 우리나라 증시는'으로 되는데, 'A가 B한 C는'의 구조가 그리 탄탄하지는 않다. 관형어가 절로 되어 있어 가분수 구조를 띠기 때문이다. 관형어를 구로 만들 수 있다면 그 방법을 택하는 것이 낫다. 따라서 이때는 조사 '가'를 아예 생략하는 방법을 고려할 만하다. '사과가 천 원, 배가 이천 원 하는 가게는 별로 없다.'를 '사과 천 원, 배 이천 원 하는 가게는 별로 없다.'로 바꾸는 것과 마찬가지다.
☞ 코스닥 지수 세계 1위, 코스피 지수 세계 4위의 상승률을 기록한 우리나라 증시는 규모 면에서 세계 증시 랭킹 15위로 발돋움했다.

(6) 목적어가 두 개인데, 첫 번째 목적어는 호응되는 서술어를 가지지 못했다. 목적어를 하나로 줄이는 방법을 생각해 볼 수 있다. 아래 첫 번째 고침 문장은 주 목적어인 '주제'를 살리고 보조 목적어 '초점'을 다른 문장 성분으로 바꾼 것이다. 그리고 두 번째 고침 문장은 주 목적어를 없애고 보조 목적어를 살린 것이다. 하지만 이 문장은 주술 구조가 '주제는 …맞추었다'가 되어 엉성하다. 세 번째 문장은 이 문제를 해소한 것이다.
☞ 오늘은 회의의 주제를 나눔과 섬김 운동으로 정했습니다.
☞ 오늘 회의의 주제는 나눔과 섬김 운동에 초점을 맞추었습니다.
☞ 오늘 회의는 나눔과 섬김 운동에 초점을 맞추었습니다.

(7) ㉮ 골목길에→골목길로, 골목길을. 둘의 의미는 좀 다르다. '골목길로 돌아서'는 '다른 길을 두고 골목길로 돌아서'라는 뜻이 강하고, '골목길을 돌아서'는 '(굽은) 골목길을 돌아서'라는 뜻이 강하다.

㉡ 엘리베이터에 → 엘리베이터를 ㉢ 집에서 → 집을 ㉣ 개에 → 개에게, 동물 병원에 → 동물 병원을 ㉤ 가방뿐이 → 가방밖에 ㉥ 서울로 → 서울에

# 3

문장계의 중매쟁이, 연결 어미 바로 쓰기

들어가자마자 쓰러진다

허! 이,이럴 수가…

"나는 밥을 먹었다. 나는 학교에 갔다." 이 두 문장을 하나로 합쳐 보자. 이때 우리는 대개 연결 어미 '-고'를 사용한다. "나는 밥을 먹고 학교에 갔다." 연결 어미는 동사나 형용사 뒤에 붙어 그것을 뒤에 오는 말에 연결하는 기능을 한다. 특히 두 문장을 하나로 합칠 때 유용하다. 연결 어미는 종류에 따라 여럿으로 나뉜다. '먹고, 먹으며, 먹지만, 먹을뿐더러' 등에 붙은 것과 같이 앞뒤 요소를 대등적으로 연결하는 대등적 연결 어미가 있고, '먹으면, 먹으러, 먹으려고, 먹더라도, 먹을지언정' 등에 붙은 것과 같이 앞말이 뒷말의 조건, 이유, 전제, 목적 등이 되도록 연결하는 종속적 연결 어미가 있다. 그러므로 상황에 맞는 연결 어미를 쓰는 게 글을 구성하는 관건이 된다.

남녀 단둘이 엘리베이터를 탔는데 둘이 동시에 방귀 기운이 있다. 남자 쪽이 더 급하다. 레이디 퍼스트라며 양보할 겨를도 없어 먼저 실례를 했다. 여자도 급히 대처했는데, 그 상황을 여러 형태로 표현할 수 있다. 첫째 남자가 뀌고 여자도 뀐다. 이건 자유 방임형이다. 둘째, 남자가 뀌니까 여자도 뀐다. 이건 물 타기형이다. 셋째, 남자가 뀌면 여자도 뀐다. 이건 기회주의형이다. 넷째, 남자가 뀌자마자 여자가 뀐다. 이건 천생연분형이다. 똑같은 글에다가 연결 어미 '-고', '-니까', '-면', '-자마자' 등만 갈아 끼웠을 뿐인데 이처럼 글의 뉘앙스가 완연히 다르다. 우리말 연결 어미의 막강한 표현력을 보여 준다. 하지만 연결 어미를 잘못 쓰면 문맥이 안 통하기도 한다. '남자가 뀌지만 여자도 뀐다.'라거나 '남자가 뀌는데도 여자도 뀐다.'라고 하면 논리적이지 않다. '-지만', '-ㄴ데도'는 앞말과 뒷말이 반대되는 상황일 때 쓰이므로 여자는 방귀를 뀌면 안 된다.

# 연결 어미의 제일 과제는 앞뒤를 매끄럽게 잇는 것

'산은 높다.'와 '물은 깊다.'를 한 문장으로 연결해 보자. 대개 '산은 높고 물은 깊다.'라고 할 것이다. 이를 '산은 높아도 물은 깊다.'나 '산은 높지만 물은 깊다.'라고 하면 논리적으로 호응이 안 된다. '높다'의 반대말은 '낮다'이기 때문이다. (물론 문맥에 따라 다를 수도 있다.) 그러므로 연결 어미를 선택할 때는, 그것이 앞뒤를 매끄럽게 연결해 주는가를 먼저 고려해야 한다. 즉 상황에 알맞은 연결 어미를 선택하는 것이 제일 과제다.

1 네가 나선다고 <u>해서</u>, 일이 좀 풀릴 것 같다.
2 그가 <u>오거든</u> 일이 잘될 것이다.

우리말을 제대로 구사할 줄 아는 사람이라면 1, 2에서 밑줄 친 부분의 연결 어미가 잘못 쓰였다는 것을 알 수 있을 것이다. 이들은 각각 '하니', '오면'으로 고쳐야 흐름이 매끄럽다. 그렇지만 글을 쓰다 보면 이처럼 똑떨어지는 연결 어미가 잘 생각나지 않기도 한다. 또 부적절한 연결 어미를 사용하고도 '읽는 사람이 알아서 이해하겠지.'라며 그냥 넘어가는 수도 있다. 상황에 맞는 연결 어미를 사용하지 않으면 흐름이 부자연스러울 뿐만 아니라 내용이 원래 의도와 다르게 왜곡될 수 있다. 다른 예를 살펴보자.

- 미련한 사람은 쉽게 화를 내지만, 슬기로운 사람은 모욕을 참는다.

『성경』의 「잠언」을 보면 이처럼 앞뒤 문장을 대구로 이어 가면서 연결 어미 '-지만(지마는)'을 넣은 문장이 많이 나온다. 그러나 이때는 '-지만'의 쓰임이 어울리지 않는다. 다음처럼 해야 한다.

☞ 미련한 사람은 쉽게 화를 내고, 슬기로운 사람은 모욕을 참는다.

그 이유를 알아보자. 의미의 흐름 측면에서 보건대, '-고'는 앞뒤 말을 대등한 관계로 이어 준다. 즉 독립적 의미 단위를 갖는 두 문장을 나란히 이어 주는 것이다. 각 절이 독립적이므로 앞절과 뒷절을 바꾸어도 뜻이 통한다. 반면 '-지만'은 앞뒤 말을 주종 관계로 잇는다. 앞절이 종이고 뒷절이 주이다. 즉 글의 주된 취지가 뒷절에 담겨 있는 것이다. 이때는 앞절과 뒷절을 바꾸면 뜻마저 뒤바뀐다. 예컨대 '그는 갔지만 그

의 예술은 살아 있다.'를 '그의 예술은 살아 있지만 그는 갔다.'로 바꾼
다고 생각해 보자. 의미가 달라진다.

- 힘든 생활에 찌들어 유머 감각을 잃지 말아야 한다.

이 문장은 우선 중의적이어서 마뜩지 않다. 비슷한 예로 '공부를 게을
리 하여 낙오되는 결과를 낳지 말아야 한다.'라는 문장을 보자. 상식적
인 의미 흐름은 '공부를 게을리 하지 말라, 그리하여 낙오되지 말라.'
라는 뜻이지만, 글의 짜임 면에서 보자면 반드시 그렇게만 해석되지는
않는다. 즉 '공부를 게을리 하라, 그리하여 낙오되지 말라.'라는 뜻으로
읽히기도 하는 것이다. 예문 역시 정황상으로는 '힘든 생활에 찌들어
있기는 하다, 그렇더라도 유머는 잃지 말자.'라는 뜻이지만, '힘든 생활
에 찌들지 말자. 그래서 유머 감각을 잃지 말자.'라고도 해석된다.
중의적인 문장이 된 이유는 '찌들다'에 붙은 연결 어미 '-어'의 성격 때
문이다. '-어'는 구나 절을 논리적 모순 없이 이유, 원인, 조건 따위의
관계가 되도록 순조롭게 잇는 역할을 한다. 부사로 치면 '그래서' 등과
역할이 비슷하다. 그러나 예문은 이와 달리 앞뒤 두 개의 절이 '양보 관
계'로 이어져야 의미가 제대로 전달된다. 비록 앞의 내용을 인정한다
할지라도 뒤의 내용이 중요하다는 것을 강조해야 하는 것이다. 그런데
양보 관계의 글에 순접 관계로 이어 주는 연결 어미를 사용하다 보니,
뜻이 제대로 통하지 않게 되었다. 연결 어미는 문장이 담고 있는 상황
에 맞게 넣어야 한다. 제대로 된 양보절을 만들려면 다음처럼 하는 게
좋다.

☞ 힘든 생활에 찌들더라도 유머 감각을 잃지 말아야 한다.
☞ 힘든 생활에 찌들어 있지만, 그래도 유머 감각을 잃지 말아야 한다.

## 연결 어미도 호응 관계가 중요하다

상황에 맞는 연결 어미를 선택했더라도 그 연결 어미 뒤에 이어지는 글이 호응되지 않으면 바른 문장이 될 수 없다. 연결 어미의 성격, 즉 앞의 내용과 뒤의 내용을 대등 관계로 잇느냐 또는 종속 관계로 잇느냐에 따라 뒤에 나오는 글의 구조가 결정되기도 한다. 이를 고려하지 않으면 문장이 흐트러지게 된다.

- 기존 인력이 가지고 있는 업무상의 노하우가 지속적으로 이어질 수 있도록 신규 인력 충원을 지체하면 안 된다.

'-도록'은 앞의 내용이 뒤의 내용의 목적이나 결과, 방식, 정도 따위가 됨을 나타내는 연결 어미다. 그러므로 '-도록'에 연결되는 서술어로는 '…하다'나 '…하여야 한다' 등이 와야 자연스럽지, 위 예문처럼 '안 된다'와 같은 부정형이 연결되면 어색하다. 아래 두 문장 가운데 첫 번째가 두 번째보다 훨씬 자연스러워 보이는 것도 이런 이유 때문이다.

- 나무가 잘 자라도록 거름을 주어야 한다.
- 나무가 잘 자라도록 거름을 주지 않으면 안 된다.

따라서 예문도 '기존 인력의 노하우가 지속적으로 이어질 수 있도록 신규 인력을 계속 충원해야 한다.'로 고치는 게 좋다.

- 불경기에 4000원짜리 국밥 값도 아끼느라 음식점 매출이 급격히 줄었다.

'-느라(고)'는 절과 절을 이어 주는 연결 어미다. 앞의 내용이 뒤의 내용의 목적이나 원인이 됨을 나타낸다. 사전에 보면 다음과 같은 예문이 나온다.

- 영희는 웃음을 참느라고 딴 데를 보았다.
- 철수는 어제 책을 읽느라고 밤을 새웠다.
- (네가) 먼 길을 오느라고 힘들었겠구나.

이상의 예문에서 공통점을 추출할 수 있다. 앞절과 뒷절의 주어가 일치한다는 것이다. 즉 '-느라(고)'로 연결되는 문장은 기본적으로 1주어 2술어 형태를 띤다. 그런데 위의 예문은 그렇지 않다. 앞절의 주어는, 생략되긴 했지만 '사람들'이다. 그리고 뒷절은 다른 주어로 이어졌다. 굳이 '-느라(고)'를 택할 것 같으면 뒷절을 앞절의 주어에 호응되게 바꾸어야 한다. 이는 앞서 주술 관계의 호응을 다룬 부분에서도 본 것이다.

☞ 불경기에 4000원짜리 국밥 값도 아끼느라 음식점을 찾지 않는다.

한편 이 문장의 핵심 정보가 뒷절 '매출이 급격히 줄었다'라는 점을 감안해 이 부분을 살릴 만도 하다. 그렇다면 연결 어미를 바꾸는 방법을 생각해야 한다.

☞ 불경기에 사람들이 4000원짜리 국밥 값도 아끼기 때문인지 음식점 매출이 급격히 줄었다.

| 요약 | 상황에 맞는 연결 어미 선택법!

**첫째** 앞뒤 절이 대등적으로 연결되었을 때, 즉 앞절과 뒷절을 바꾸어도 뜻이 전혀 바뀌지 않을 때는 '-고', '-며'를 쓴다.
**둘째** 연결 어미 '-아/어'는 앞뒤 절을 이유, 원인, 조건으로 이어 주므로 '-더라도'와 같은 의미의 양보절에는 사용하면 안 된다.
**셋째** 연결 어미는 문장의 전체 술어와도 긴밀히 호응되어야 한다. 예컨대 '그는 공부를 잘할뿐더러 노래도 잘하는지는 모른다.'의 경우 '-ㄹ뿐더러'를 '-지만'으로 바꾸는 게 좋다.
**넷째** 연결 어미에 따라서는 앞뒤 절의 주어를 일치하도록 요구하는 것이 있고, 그렇지 않은 것이 있다. 종속성이 강한 연결 어미일수록 주어의 일치를 요구하는데, '-려고' 등이 그런 것이다. 반대로 대등성이 강할수록 일치에 대한 요구도가 떨어지며 대표적인 것으로는 '-고'나 '-며'가 있다.

# 연결 어미끼리도 짝이 맞아야 한다

한 문장에 여러 개의 절을 담을 때는 연결 어미도 여러 개 들어가게 되는데, 이때에는 연결 어미들 사이의 호응 관계 역시 간단치 않은 문제로 등장한다.

> 1 노래를 부르고 춤을 추니 마음이 풀린다.
> 2 여기서 노래를 부르고 춤을 추면 안 된다.

1은 자연스럽고, 2는 부자연스럽다. '노래를 부르고 춤을 추다'에서 '-고'는 시간의 순서와 상관없이 어떤 행위나 상태가 번갈아, 혹은 함께 진행됨을 표시한다. 1은 그러한 상황을 묘사했지만 2는 그렇지 않다. '노래와 춤을 동시에 즐기면 안 된다'는 뜻이 아니라는 말이다. 그보다는 선택적으로 이루어지는 상황 쪽이다. 그러니 '(부르)고' 대신 '(부르)거나'를 사용하는 게 좋다.

> 3 잠을 잤<u>더니</u> 정신은 상쾌해졌<u>는데도</u> 몸은 여전히 무겁다.
> 4 잠을 잤<u>더니</u> 정신은 상쾌해졌<u>는데</u> 몸은 여전히 무겁다.
> 5 잠을 자고 나<u>니까</u> 정신은 상쾌해졌<u>는데</u> 몸은 여전히 무겁다.

밑줄 친 것들이 연결 어미다. 예문들이 모두 연결 어미를 둘씩 가지고 있고, 이 연결 어미를 기준으로 각 문장이 세 개의 구나 절로 나뉘어 있다. 논의의 편의상 이를 1구절, 2구절, 3구절이라고 부르겠다. 여기서는 3구절에 문장의 주성분이 들어 있다.

**3**에서 2구절 '정신은 상쾌한데도'는 부사절이다. 부사어는 그것을 생략해도 문장의 구조가 무너지지 않는 성분이다. 따라서 부사절을 빼 보면, 이 문장은 '잠을 잤더니, 몸은 여전히 무겁다'의 흐름으로 읽힌다. 이는 비논리적이다.

**4**는 이와 조금 다르다. 4에서 2구절 '정신은 상쾌한데'는 부사절이 아닌 서술절이다. 3구절 '몸은 무겁다'와 대등적으로 이어졌다. 그리고 1구절 '잠을 잤더니'는 의미상 2구절까지만 영향을 미친다. 단, 대등적으로 이어진 문장이라 하더라도 순접 기능을 하는 '-고/-며'는 형식상으로나 의미상으로나 완전히 대등하게 구절을 잇고, 역접 기능을 하는 '-나/-지만/-ㄴ데' 등은 형식만 대등하고 의미는 불완전한 관계로 잇는다. 후자의 경우 문장의 핵심 내용이 뒤의 구절에 있다는 얘기다. 이렇게 불완전 대등성을 지닐 때는 간혹 1구절이 3구절까지 영향을 미치기도 한다. 다만 **3**처럼 종속적으로 연결된 문장에서보다는 영향력이 작다. 그래서 **4**가 언뜻 보기에는 이상하게 느껴지지 않는 것이다. 그런데 앞에 놓인 '-더니'가 문제다. '-더니'는 다른 연결 어미에 비해 3구절, 즉 문장의 주성분에까지 영향을 미치려는 속성이 크다. 즉 '-더니'는 불완전 대등성을 보이는 '-ㄴ데'와 병립하기는 어려운 측면이 있다. **5**가 차선의 대안인데, 여기에 쓰인 연결 어미 '-니까'는 '-더니'보다 3구절에까지 미치는 영향이 작다.

- 방이 차서 보일러를 틀었지만 전혀 따뜻하지 않았다.
- 방이 차서 보일러를 틀어 본들 전혀 따뜻하지 않았다.

위의 두 문장은 구문의 결합 관계가 다르다. 첫 번째는 2구절과 3구절이 대등적으로 이어졌고(역접 관계이므로 불완전 대등성을 지님), 두 번째는 종속적으로 이어졌다. 첫 번째가 두 번째보다 자연스럽다.

☞ 잠을 잤어도 정신만 상쾌해질 뿐이고 몸은 여전히 무겁다.

이 문장은 위 **3, 4, 5** 구문의 불안정감을 해소한 것이다. 고침 문장의 의미를 따져 분석해 보면 1구절 '잠을 자다'는 피로를 풀기 위한 행위다. 그런데 3구절의 '몸이 무겁다'는 기대 밖의 결과를 표현하고 있다. 따라서 양자를 의미상으로 이어 주려면 역접형 연결 어미를 사용해야 한다. 이에 어울리는 연결 어미가 '-어도'이며 이와 유사한 것으로는 '-ㄴ데도/-지만/-건만' 등이 있다.

> **6** 고통이 극심해지자 병원을 찾았으나 치료가 어렵다는 비관적인 진단을 받았다.
>
> **7** 고통이 극심해져서 병원을 찾았으나 치료가 어렵다는 비관적인 진단을 받았다.

**6**에서 선행 연결 어미 '-(하)자'는 앞의 상황이 뒤 상황의 동기임을 나타낸다. 그러므로 뒷말을 역접으로 이끌지는 못한다. 따라서 2구절까지만 영향을 미치는 연결 어미를 선택해야 하는데, **7**처럼 '-서'를 택할 수 있다.

> **|요약|** 연결 어미가 두 개 나올 때 주의할 점!
>
> **첫째** 연결 어미가 2구절에만 영향을 미치는지 3구절까지 영향을 미치는지 살펴야 한다.
>
> **둘째** 첫 번째 연결 어미가 3구절까지 영향을 미칠 경우 1구절과 3구절이 의미상 잘 호응되도록 해야 한다.
>
> **셋째** 두 번째 연결 어미가 종속성을 띨수록 첫 번째 연결 어미가 3구절에 더 얽매이게 된다.

# 연결 어미마다 원하는 문장의 꼴이 따로 있다

앞서 얘기했듯, 연결 어미는 뒤에 이어지는 구절(후행절)의 구성에 일정한 제약을 가한다. 어떤 연결 어미는 부정형을 필요로 하는가 하면, 어떤 연결 어미는 의문형을 필요로 한다. 또 특정한 부사가 뒤에 따라 주어야만 제 기능을 하는 것이 있고, 선행절과 후행절의 주어를 동일하게 해 주어야 안정감을 띠는 것이 있다. 이는 연결 어미가 선행절의 성격을 양보, 조건, 이유, 목적 등으로 각각 규정함에 따라 이에 호응되는 후행절을 필요로 하기 때문이다. 이런 특성을 외면하고 후행절을 아무렇게나 엮어 나가면 논리적 호응이 이루어지지 않는다. 이 같은 제약이 두드러진 것 몇 개를 살펴보자.

## -ㄹ지언정

> **1** 그것은 무모한 행동일지언정 용감한 행동은 아니다.
> **2** (차라리) 죽을지언정 항복하지 않겠다.

'-ㄹ지언정'은 두 가지 기능을 한다. 하나는 **1**처럼 '-이기는 하더라도'와 비슷한 뜻을 지니는 것이다. 즉 뒷절의 내용을 강하게 강조할 목적으로 그것과 대립적 가치를 지니는 앞절의 내용을 일단 인정하는 기능을 한다. 다른 하나는 **2**처럼 화자의 행동 의지가 강하게 담긴 표현에 쓰이는 것이다. '차라리 -ㄹ망정'과 비슷한 뜻을 지닌다. 즉 의지를 강하게 강조할 목적으로 그것보다 더 부정적인 상황을 전제하는 기능을 한다. 두 경우 모두 뒷절은 부정어와 결합하는 경향을 띤다. 위의 예문은 둘 다 바른 문장이다. 그렇다면 아래 문장은 어떠한가?

- 차라리 죽을지언정 항복할 수야 있겠는가.

'-ㄹ지언정'은 반어형에는 잘 쓰지 않는다. 일반적으로 의지를 나타내는 부정 표현은 반어적 표현으로 변형해도 무리가 없다. 예컨대 '항복할 수는 없다'를 '항복할 수야 있겠는가'로 바꿀 수 있는 것이다. 그렇지만 **2**를 그처럼 변형하면 흐름이 껄끄러워진다. '-ㄹ지언정'뿐만 아니라 문두에 놓인 '차라리'도 역시 반어형을 수반하지 않는다.

## -ㄹ망정

- 머리는 나쁠망정 일은 잘한다.
- 시골에서 살망정 세상 물정을 모르지는 않는다.
- 시험에 떨어질망정 남의 것은 베끼지 않겠다.

'-ㄹ망정'은 앞말의 내용을 수용하고 인정한 후 뒷말에서 그에 대립되는 다른 사실을 말할 때 사용한다. '비록 …하지만 그러나'의 뜻이다. '-ㄹ지언정'과 비슷한 쓰임을 보이는데, '-ㄹ지언정'보다는 느낌이 약하고 쓰임에도 차이가 있다.

1  나는 고생을 할망정 너는 편히 살아야 한다.
2  나는 고생을 할지언정 너는 편히 살아야 한다.

1은 자연스럽고, 2는 부자연스럽다. 그 까닭은 '-ㄹ망정'은 주어가 동일하지 않아도 되지만, '-ㄹ지언정'은 앞뒤 절의 주어가 동일해야 하기 때문이다.

3  동냥은 못 줄망정 쪽박을 깨지는 마라.
4  동냥은 못 줄지언정 쪽박을 깨지는 마라.
5  값이 비쌀망정 꼭 하나 사겠다.
6  값이 비쌀지언정 꼭 하나 사겠다.

'-ㄹ망정'과 비교해 '-ㄹ지언정'은 1인칭 화자의 강한 행동 의지를 담을 때 주로 쓴다. 그런데 **4**는 이와 달리 1인칭 화자가 2인칭 청자에게 당부하는 내용이고, **6**은 1인칭 화자가 상황에 대해 판단하는 내용이다. 그러므로 이 상황에서는 **3**과 **5**처럼 '-ㄹ망정'을 쓰는 게 좋다.

'-ㄹ지언정'과 '-ㄹ망정'을 구별하는 방법이 또 하나 있다. 일반적으로 '-ㄹ지언정'은 '차라리'와 자주 어울린다. 그러므로 '차라리'를 넣어 보아서 흐름이 어색하다 싶으면 '-ㄹ망정'을 택하는 것도 하나의 방법일 수 있다. 그러나 이것이 어느 경우에나 다 적용된다고 볼 수는 없다.

## -거든/-거늘

> **1** 짐승도 은혜를 알거든, 하물며 사람이랴.
> **2** 짐승도 은혜를 알기든, 하물며 사람이다.
> **3** 짐승도 은혜를 알거든, 하물며 사람은 더욱 은혜를 알아야 한다.
> **4** 짐승도 은혜를 알거든, 사람이랴.
> **5** 동생이 저토록 효성스럽거든, 그 형이야 더 말할 나위가 없다.

'-거든/-거늘'은 앞의 사실과 뒤의 사실을 견주어 앞의 사실이 이러하니 뒤의 사실은 더욱 당연히 어떠하다는 뜻을 나타내는 연결 어미로서, 주로 '하물며'와 결합하며, 반어형을 수반한다. **1**이 이 조건을 채운 문장이다. 그러나 항상 이 조건을 충족시켜야 하는 것은 아니며, 예문 **5**처럼 후행절을 '하물며 -랴'와 비슷한 의미를 지니는 표현, 즉 앞의 사실과 비교해 뒤의 사실이 더 강하게 긍정되는 표현으로 대체할 수도 있다. 이와 달리 **2~4**처럼 표현하면 호응 관계가 어그러진다. **4**가 어색한 이유는 '사람이랴'에 '하물며'의 뜻이 거의 담기지 않았기 때문이다.

## -ㄹ뿐더러

> 1 그녀는 아름다울뿐더러 마음씨도 곱다.
> 2 그녀는 아름다울뿐더러 마음씨까지 곱다.
> 3 그녀는 아름다울뿐더러 마음씨가 곱다.
> 4 그녀는 아름다울뿐더러 마음씨가 곱지 않다.
> 5 그녀는 아름다울뿐더러 마음씨까지 고운가?

'-ㄹ뿐더러'는 어떤 일이 그것만으로 그치지 않고 나아가 다른 일이 더 있음을 나타내는 연결 어미로서, '뿐만 아니라'와 비슷한 용법으로 쓰인다. '뿐만 아니라'의 '뿐'은 명사 뒤에 오면 조사로 보아 붙여 쓰고, 용언 뒤에 오면 의존 명사로 보아 띄어 쓴다. 이에 비해 '-ㄹ뿐더러'는 연결 어미이기 때문에 앞의 용언과 붙여 쓴다. 이들은 더함의 의미를 가지는 '-도/까지' 등과 주로 결합한다. 따라서 3처럼, '도/까지'를 쓰지 않으면 호응도가 약해진다. 또 4처럼, '아름답다'라는 긍정적 요소 이외에 또 다른 긍정적 특징이 있음을 나타내지 않고 '마음씨가 곱지 않다'라는 부정적 요소를 연결하는 것도 옳지 못하다. 이렇게 상반된 요소를 나열할 때에는 연결 어미 '-지만' 등을 사용해야 한다. 5는 '-ㄹ뿐더러'가 의문형과는 어울리지 않음을 보여 준다. 특히 1과 3의 차이점을 이해하고 있다면, 비교적 사소한 문제지만, 다음 문장을 고침 문장처럼 바꾸는 데 주저하지 않을 것이다.

- 세계의 주요 문자 가운데 한자는 가장 오랫동안 생명을 유지하고 있을뿐더러 가장 많은 글자로 이루어져 있다.
☞ 세계의 주요 문자 가운데 한자는 가장 오랫동안 생명을 유지하고 있을뿐더러 가장 많은 글자로 이루어져 있기도 하다.

'-ㄹ뿐더러'와 쓰임이 비슷한 연결 어미로는 '-려니와', '-거니와' 등이 있는데, 이들 역시 '-ㄹ뿐더러'와 비슷한 결합을 한다.


## -ㄴ들

1 겉이 검은들 속까지 검으랴/검겠는가/검을쏘냐.
2 네가 나선 본들 별 수 없다.
3 출전권을 따 낸다 한들 대회에 나가면 망신만 당할 게 뻔하다.
4 겉이 검은들 속까지 검어서는 안 된다.
5 겉이 검은들 속까지 검지는 않다.

'-ㄴ들'은 어떤 조건을 양보해 인정한다고 해도 그 결과로서 기대되는 내용은 부정적임을 나타내는 연결 어미다. 1처럼 반어형 의문문으로 자주 연결된다. 후행절이 기대되는 내용의 부정을 표현한다 해서 꼭 부정문이 와야 하는 것은 아니고, 3처럼 부정적인 의미를 포함한 평서문도 사용할 수 있다. 그러나 4처럼 금지성 부정이 와서는 안 된다. 5는 합당한 표현인지 아닌지 구별하기가 다소 어렵다. 다만 이 문장은 '겉은 검지만(검어도) 속까지 검지는 않다.'가 더 자연스럽다는 점에서 볼 때 권장할 만한 표현은 아니다. 기실 이 문장의 '겉이 검다'는 기대와 다름을 표현하기보다는 현실 인정 성격이 강하므로 이 문장에 '-ㄴ들'을 사용하는 것은 바람직하지 않다. '-ㄴ들'과 비슷한 연결 어미로는 '-ㄴ다고 할지라도', '(아무리)-기로' 등이 있으며, 이들도 '-ㄴ들'과 비슷한 결합을 한다.

### -다손

> 1 아무리 어렵다손 치더라도 물러설 수야 있는가.
> 2 철수가 다 자랐다손 해도 아직 어른은 아니다.
> 3 철수가 키가 크다손 치자. 그렇다고 어른일 수는 없다.
> 4 아무리 어렵다손 물러서서야 되겠는가.

'-다손'은 앞의 내용이 사실임을 인정해 양보하는 뜻을 나타내며 바로 뒤이어 '치더라도'와 자주 결합한다. 1이 그런 예다. 이 밖에 사전에서는 '해도' 꼴로 변형된 '하다'와도 결합한다고 설명하고 있다. 2의 경우가 그러하다. 그러나 '해도'는 '치더라도'와 비교할 때 결합력이 약하다. 그러므로 깔끔한 흐름을 생각한다면 '해도' 꼴의 결합 형태는 피하는 게 좋다. 사전은 또 3처럼 '치자' 꼴과도 결합한다고 했지만, 이 역시 '치더라도'보다는 매끄럽지 않다. '크다손 치자'보다는 '크다고 치자'가 더 어울린다. 4에서는 '치더라도'를 생략했는데, 사전은 이를 가능한 표현으로 보고 있다. '…임에도 불구하고'에서 '불구하고'를 생략하려는 것과 같은, 일종의 간결화 차원으로 볼 수 있다. 하지만 아직까지는 우리의 굳어진 언어 관습과 다소 거리가 있어 보인다.

|요약| 연결 어미가 원하는 특정한 문장 형태!

**첫째** '-ㄹ지언정'은 행위자의 강한 의지를 드러낼 때 쓰인다. 부정형과 주로 결합하며 반어형과는 잘 어울리지 않는다.

**둘째** '-ㄹ망정'은 주장이나 견해를 강하게 드러낼 때 쓰인다. '-ㄹ지언정'은 대개 앞뒤 절의 주어를 일치시켜야 하는 반면, '-ㄹ망정'은 일치시키지 않아도 된다. 앞에 '차라리'를 넣었을 때 흐름이 자연스러우면 '-ㄹ망정' 대신 '-ㄹ지언정'을 사용한다.

**셋째** '-거든/-거늘'은 부사어 '하물며'와 주로 결합하며 반어형을 수반한다. 뒷절에 평서형이 오면 흐름이 어색해진다.

**넷째** '-ㄹ뿐더러', '-려니와', '-거니와' 등은 더함의 의미를 가지는 '-도/-까지' 등과 주로 결합한다. 앞말이 긍정이면 뒷말도 긍정이어야 하고, 그 반대일 때도 마찬가지다.

**다섯째** '-ㄴ들'은 부정형과 주로 어울리고, 반어형을 수반하기도 한다. 그러나 금지형과는 잘 결합하지 않는다.

**여섯째** '-다손'은 양보의 구문에 쓰이며 '치더라도'와 잘 어울린다. 부정형이나 반어형을 주로 수반한다.

# 연결 어미 '-고/며'를 쓰는 법

### '-고'의 다양한 기능

초등학교에 다니는 철수가 반에서 1등을 했다고 엄마에게 자랑한다. '제가 1등이고, 영희가 2등 했어요.' 이 표현은 바람직할까. 점수로 친다면 70점쯤 되겠다. '제가 1등이고, 영희가 2등이에요.'라고 해야 100점짜리다.

위의 문장에서 눈여겨볼 것은 '1등이고'의 '-고'다. '-고'는 앞뒤 말을 대등하게 연결해 준다. 이때는 앞뒤 말이 같은 형태의 절로 되어야 한다. '철수는 1등이고, 영희는 2등이다.'를 보면 앞말 서술어의 '-이고'와 뒷말 서술어의 '-이다'가 일치한다. 만약 이 문장에서 앞말이 '-했고'로 끝나면 뒷말도 '-했다'로 해야 한다. 또 앞뒤의 형태뿐 아니라 내용도 연관성이 짙어야 한다. '철수는 1등이고, 영희는 학생이다.'가 이상한 이유는 내용의 연관성이 약하기 때문이다.

'-고'가 꼭 연결 기능만 하는 건 아니다. '우리 반 2등은 영희야. 나는 1등이고.'에서 '-고'는 연결 기능보다 종결 기능이 강하다. 또 '맞습니다, 맞고요.'의 '-고'는 뒤에 이어질 말을 생각하면 연결형 같기도 하고, 자체만으로 보면 종결형 같기도 하다. '출근 좀 일찍 하고! 어제 시킨 일은 해 놨겠지?'의 '-고'도 같은 예다.

이런 형태의 '-고'는 주로 대화체 입말에 쓰인다. 글로 문장을 만들 때는 피하는 게 좋다. 비근한 예가 하나 있는데, 바로 서울 지하철 승강장마다 비치된 조명등의 안내글이다.

'비상시 아크릴 보호판을 깨뜨려서 사용하시고, 무단 사용 및 훼손시 소방관련법에 의하여 처벌을 받습니다.'

이때의 '사용하시고'는 '맞습니다, 맞고요.'의 '-고'와 같은 형태다. 입말이라면 모르겠지만 글말로서는 70점도 안 된다. 여기서 '-고'는 연결 기능으로 쓰인 게 아닌데, 입말에서라면 모를까 글로 써 놓으면 비문이 되고 만다. 이럴 때는 차라리 문장을 둘로 가르는 게 좋다.


## '-고'와 '-며'의 쓰임 차이

문장과 문장을 연결할 때 가장 흔히 쓰이는 연결 어미가 '-고'와 '-며'다. '-고'는 아래 예문 중 위의 두 개처럼 둘 이상의 행위가 시간의 흐름에 따라 순서대로 일어날 때 쓰고, '-며'는 아래의 두 개처럼 둘 이상의 행위가 동시에 일어날 때 쓴다.

- 나는 밥을 먹고 학교에 갔다.
- 언니는 오늘 새 옷을 입고 출근을 했다.
- 그녀는 땅을 치며 통곡을 했다.
- 그녀는 음악을 들으며 공부를 했다.

하지만 시간의 선후 관계로 맺어지지 않은 단순 사실이 병렬 관계로 이어질 경우에는 '-고'나 '-며'가 구분 없이 쓰인다.

- 그 아이는 운동도 잘하고 공부도 잘한다.
- 그 아이는 운동도 잘하며 공부도 잘한다.
- 그 일을 누가 저질렀고 왜 저질렀는지 캐물었다.
- 그 일을 누가 저질렀으며 왜 저질렀는지 캐물었다.

그러나 앞뒤 문장이 대립 또는 대등 관계일 때는 '-고'만 쓴다. 아래의 두 예문에 쓰인 '-고'를 '-며'로 대체하면 어색해진다.

- 철수는 학생이 아니고 직장인이다.
- 여름에는 비가 내리고 겨울에는 눈이 내린다.

대등과 대립 관계일 때는 '-고'를 쓰고, 단순 병렬 관계일 때는 '-고'와 '-며'를 같이 쓸 수 있다고 했지만, 현실적으로 대등과 대립, 병렬 관계를 구별하기는 어렵다. 문장이 길어질 경우에는 더욱 그렇다. 이 때문에 '-고'가 와야 할 자리에 '-며'를 씀으로써 흐름을 깨뜨리는 수가 있다. 대표적인 오류를 한 형태만 들어 보자.

- 남편은 친절하고 부인은 상냥한 가정이다.
- 남편은 친절하며 부인은 상냥한 가정이다.

여기서 첫 번째는 자연스럽고, 두 번째는 부자연스럽다. 왜 그럴까. 이와 비슷한 형태인 '오고 가는 정'과 '높고 낮은 산봉우리'를 보자. 이들을 각각 '오며 가는 정', '높으며 낮은 산봉우리'로 바꿀 수는 없다. '오고 가는'이 '정'을 수식하고, '높고 낮은'이 '산봉우리'를 수식하는 구조인데, 이렇게 연결 어미 앞뒤의 용언이 동시에 뒤의 체언을 수식하는 구조에서는 '-고' 꼴이 자연스럽다. 두 번째 구조는 자칫 '남편은 친절하며, 부인은 (상냥한) 가정이다.'라는 엉뚱한 뜻으로 읽히기 쉽다.

- 명문대를 졸업했으며 미국 뉴욕에서 미술을 공부 중이던 그녀는 교통사고를 당한 것이 아니라 자살한 것으로 밝혀졌다.

이 역시 '명문대를 졸업'과 '뉴욕에서 공부'가 동시에 '그녀'를 수식하고 있다. 이때는 '-며' 대신 '-고' 꼴이 와야 하니, 이 문장은 '명문대를 졸업하고 미국 뉴욕에서 미술을 공부 중이던 그녀'로 해야 한다.

한편, 수식 구조 없이 '남편은 친절하며 부인은 상냥하다.'라고 써도 바람직하지는 않다. 일단 앞뒤 문장의 주어가 서로 다른데 행위를 나타내는 동사가 서술어로 왔을 때는 '-고'만 쓸 뿐 '-며'는 쓸 수 없다. '나는 가고 너는 온다.'와 같은 예가 그것이다. 하지만 앞의 예문처럼 상태를 나타내는 형용사가 서술어로 왔을 때는 '-며'를 쓰는 것도 허용될 여지가 있다. 다만 이때도 '-고'로 바꾸어 쓰면 한결 부드러워진다.

이번엔 '-고/며' 뒤에 연결되는 용언이 부정 표현일 때 그 부정 표현이 앞에 오는 용언과 어떤 결합 관계를 갖는지 알아보자.

● 선행에 따른 희생은 아름답고 무의미하지 않다.

신문에 실린 칼럼 글이다. '선행에 따른 희생은 아름답다.'와 '그 희생은 무의미하지 않다.'라는 두 내용을 하나로 묶은 것이다. 그러나 위의 문장은 원래의 의미와 다른 뜻을 전달한다. 오히려 원래의 앞문장과는 반대의 뜻을 갖는 것이다. 즉 '희생은 아름답지 않고 무의미하지 않다.'가 되어 버렸다. 대등적 연결 어미 '-고/며'는 대개 앞뒤 두 용언을 묶어 그 뒤에 나오는 부정어에 동시에 연결하기 때문이다. 글의 의미를 제대로 전달하려면 다음과 같이 해야 한다.

☞ 선행에 따른 희생은 아름답고 의미가 있다.

이제까지는 '-고'와 '-며'의 차이에 대해 알아보았다. 이와 비슷하면서 성격이 좀 다른 것으로는 '-라고(-다고)'와 '-라며(-다며)'가 있다. 우선 두 표현의 차이를 보자.

1 철수는 "공부하기 싫다."라고 말했다. (철수는 공부하기 싫다고 말했다)
2 철수는 "공부하기 싫다."라며 말했다. (철수는 공부하기 싫다며 말했다)

1은 우리가 흔히 쓰는 표현이다. 그런데 2처럼 표현하면 어떨까. 어색하다. '-라며'는 '-라고 (말)하며'의 준말이다. 그러므로 '-라며 말했다'는 '라고 말하며 말했다'가 되는 셈이다. 즉 '-라며'는 '말하다' 류의 단어를 꼬리에 달기 어렵다. '빨리 가라며 등을 떠밀었다'의 '떠밀었다'처럼 행위 동사를 달아야 한다. '-라며'가 들어간 구문의 특징은, 그것이 인용문을 만들고, 뒤에는 행위 동사를 이끈다는 점이다.

그렇다면 '-라고'는 어느 때 쓰는가. 크게 두 가지 용법으로 나눌 수 있다. 첫째, '-라며'와 마찬가지로 인용문 뒤에 붙는다. 1의 문장은 직접인용문이고, 괄호 안에 들어 있는 문장은 간접인용문이다. 이때 '-라고' 뒤에는 '말하다'가 붙는다. '주장하다, 언급하다, 토로하다, 외치다' 등 '말하다'를 대체할 만한 표현이 올 수도 있다. 둘째, 인용문이 아니지만 인용문과 흡사한 형태를 보이는 문장에 붙는다. 즉 직접 말을 하지는 않았지만, 말을 한 것과 같은 효과를 얻도록 행동한 상황에서 쓴다. 그러한 예로는 '그가 저 멀리서 오라고 손짓했다.' 같은 표현을 들 수 있다. 그가 오라고 직접 말하지는 않았지만(아니, 말을 했는지 안 했는지 확실치는 않지만) 손짓으로써 오라는 표시를 한 것이다. '빨리 가라고 등을 떠밀다', '잘 자라고 토닥이다', '싫다고 뿌리치다', '먹으라고 (숟가락을) 떠 넣어 주다' 등이 이런 범주에 든다. 이들의 공통점은 말이 아닌 행동으로 명령하거나 권유하는 상황을 표현한 것으로, 서술이는 '말하다' 류가 아닌 행위 동사를 사용한다는 것이다. 이를 편의상 간접행위문이라고 불러 본다.

이제 '-라고'와 '-라며'의 차이를 두 가지로 정리할 수 있다. 하나는, '-라고'와 달리 '-라며' 뒤에는 '말하다' 류가 올 수 없다는 점이다. 다른 하나는, 뒤에 행위 동사가 왔을 때, '-라며'는 앞말을 인용문으로 만드는

데 반해 '-라고'는 간접행위문을 만든다는 점이다.

그런데 여기서 주목할 만한 것이 있다. '-라고'의 두 번째 용법을 설명하면서 '빨리 가라고 등을 떠밀다'라는 예를 들었는데, '-라며'의 용례에 '빨리 가라며 등을 떠밀다'라는 비슷한 구문이 있는 것이다. 또 함께 예로 든 '잘 자라고 토닥이다', '싫다고 뿌리치다' 등에서도 '-라고'를 '-라며'로 바꿀 수 있다. 그렇다면 이들은 뜻도 같을까. 이들 예문 중 하나를 선택해 살펴보자.

> **1** 그는 빨리 가라며 내 등을 떠밀었다.
> **2** 그는 빨리 가라고 내 등을 떠밀었다.

위의 두 예문은 둘 다 문법에 어긋나지 않는 표현이다. 그러나 뜻은 조금 다르다. **1**은 간접인용문을 품은 문장이고, **2**는 간접행위문이다. 의미를 풀어 본다면 각각 다음과 같이 할 수 있을 것이다.

- 그는 빨리 가라고 말하며 내 등을 떠밀었다.
- 그는 빨리 가라는 뜻으로 내 등을 떠밀었다.

이런 점을 이해했다면 다음 문장의 뜻 차이도 알 수 있을 것이다.

- 굴 까는 것을 구경하고 서 있자니까 먹어 보라고 주었다. (먹어 보라는 뜻으로)
- 굴 까는 것을 구경하고 서 있자니까 먹어 보라며 주었다. (먹어 보라고 말하며)

이제까지 좀 장황하다 싶을 정도로 설명을 늘어놓은 이유는 '-라고'와 '-라며'를 잘못 사용하는 예를 알아보기 위해서다.

1  그는 집에 가고 싶다며 책가방을 싸 들었다.
2  그는 집에 가고 싶다고 책가방을 싸 들었다.

2가 어색하다. 이유를 살펴보자. 2에서 '(책가방을) 싸 들었다'는 행위 동사다. 앞에서 설명한 바에 따르면 행위 동사가 올 때 '-라고'는 간접행위문을 만든다고 했다. 그런데 이 문장의 뜻은 간접행위문의 성격이 약하다. 간접행위문이 되려면 '가고 싶다는 뜻으로 책가방을 싸 들었다'로 해석돼야 하는데 의미 구성도가 떨어진다. 그보다는 '가고 싶다며 책가방을 싸 들었다'가 더 와 닿는 표현이다. 즉 인용문에 가까운 것이다.

> ● 아이가 사고 싶은 물건이 있다며 졸라 댔다.

이 문장에서 '있다며'는 합당한 표현인가. '있다고'가 더 적합한 건 아닌가. 답은 '둘 다 어색하다'이다. '있다며'는 '있다고 (말)하며'의 준말이다. 그런데 '졸라 대다'는 '말하다' 류에 가깝다. 즉 '-라고'와 결합하기를 좋아한다. 덧붙여, '졸라 대다'의 '조르다'는 끈덕지게 요구한다는 뜻이므로 '무엇을 요구하는지'가 앞에 나와야 한다. 여기서는 '그 물건을 사 주기'를 요구하는 것이므로 이를 밝혀 주어야 한다. 그러므로 아래의 두 문장처럼 고쳐야 한다.

☞ 아이가, (사고 싶은) 물건을 사 달라고 졸라 댔다.

☞ 아이가 사고 싶은 물건이 있다며, 그걸 사 달라고 졸라 댔다.

## '-고/며'가 함께 나올 때와 겹쳐서 나올 때

의미상으로는 '-고'와 '-며'를 구별할 필요가 없어도 흐름상 구별해야 하는 경우가 있다. 특히 한 문장 안에서 '-고'나 '-며'를 중첩하거나 번갈아 쓸 경우에는 일정한 법칙을 따라야 한다.

- 산은 높고, 물은 맑으며, 나무는 푸르다.
- 산은 높고, 물은 맑고, 나무는 푸르다.

위의 두 문장은 흔히 쓰이는 형태로서 어느 것이 더 나은 표현이라고 하기 어렵다. 읽는 이에 따라서는 두 번째와 같은 꼴이 감칠맛 난다고 느낄 수도 있다. 예컨대 서정성 짙은 문체에서는 '-고'의 겹침이 일종의 각운(脚韻) 기능을 해 운율상의 맛을 더하기도 하는 것이다.

1 산은 높으며, 물은 맑고, 나무는 푸르다.
2 산은 높으며, 물은 맑으며, 나무는 푸르다.
3 산은 높고, 푸르고, 아름답다.

하지만 대등절로 이어진 문장에서 '-고'와 '-며'가 의미나 용법상 구별되지 않는다 해도, 둘을 번갈아 쓸 때의 순서는 무언의 약속처럼 정해져 있다. 다시 말해 1과 같이 '-며'가 '-고'에 앞서 나오는 형태는 잘 쓰지 않는다. 또 **2**처럼 '-고' 대신 '-며'만 중첩시키는 것도 바람직하지 않다. **3**의 문형은 동일한 주어 '산은'을 생략한 꼴인데, 이 같은 경우에는 '-고'와 '-며'의 교차 사용보다 '-고'의 중첩이 더 자연스럽다.

그러나 이어진문장이 대등절끼리의 결합 형태를 띤다 하더라도 내용 면에서 대등절로 연결될 성질의 것이 아닐 때는 겹쳐 쓰인 '-고'가 매우 어색하다. 이 같은 예는 흔히 기사체 문장에 많이 보인다. 다음의 예를 보자.

- 아무개는 기자 회견을 갖고 그같이 말하고 분통을 터뜨렸다.
- 정부 당국자들은 회의를 열고 이 같은 방안을 확정하고 곧 시행에 들어가기로 했다.

이 두 문장은 비슷한 구조의 구문이다. 우선 첫 번째 문장만을 놓고 보면, 아무개가 '기자 회견을 가진 것'과 '그같이 말한 것'과 '분통을 터뜨린 것'이 대등적인 내용이라고 볼 수 없다. 기자 회견을 가진 자리에서 말하면서 분통을 터뜨린 것이기 때문이다. 여기서 대등적이란 말은 내용상 유사성을 지님을 말한다. 다음의 문장이 대등적으로 이어진 문장의 예다.

- 아무개는 기자 회견을 갖고, 방송에 출연하고, 신문에 기고를 했다.

결과적으로 위의 예문들은 다음과 같이 바꾸는 것이 좋다.

☞ 아무개는 기자 회견에서 그같이 말하면서 분통을 터뜨렸다.

☞ 아무개는 기자 회견을 갖고 그같이 말하면서 분통을 터뜨렸다.

☞ 정부 당국자들은 회의를 열어 이 같은 방안을 확정한 뒤 곧 시행에 들어가기로 했다.

☞ 정부 당국자들은 회의에서 이 같은 방안을 확정하고 곧 시행에 들어가기로 했다.

한편 아래 예문은 이들과는 성격을 약간 달리한다.

> **4** 우리나라는 선진국 진입을 눈앞에 <u>두고</u> 기술 개발을 제일의 과제로 <u>삼고</u> 있다.
>
> **5** 잘사는 나라는 근검 절약에 혼신의 힘을 <u>쏟고</u> 있는 지금 우리는 돈을 호주머니에 <u>넣고</u> 온 세계를 <u>누비고</u> 다니면서 흥청망청 <u>쓰고</u> 있으니 큰일이다.

**4**의 첫 번째 나오는 '-고'는 절을 이끄는 연결 어미이지만 두 번째의 '-고'는 선행 동사의 상태를 나타내는 연결 어미. **5**도 첫 번째, 세 번째, 네 번째의 '-고'는 선행 동사의 상태를 나타내는 연결 어미이고, 두 번째는 절을 이끄는 연결 어미. 이같이 '-고'의 격이 다를 경우에는 중복됐어도 어색함의 정도가 크지 않지만, 그래도 역시 중복되지 않게 고치는 것이 좋다.

☞ 선진국 진입을 눈앞에 둔 우리나라는 기술 개발을 제일의 과제로 삼고 있다.

☞ 잘사는 나라는 근검 절약에 혼신의 힘을 쏟는 지금 우리는 돈을 호

주머니에 넣고 온 세계를 누비면서 흥청망청 써 대니 큰일이다.

| 요약 | '-고'와 '-며'를 구별하는 법!

**첫째** '-고'는 행위와 행위가 시간의 흐름 속에 일어날 때 쓰고, '-며'는 두 행위가 동시에 일어날 때 쓴다.

**둘째** 시간의 선후 관계로 맺어지지 않은 단순 사실이 병렬 관계로 이어질 경우에는 '-고'나 '-며'가 구분 없이 쓰인다.

**셋째** '-고'는 두 가지 이상의 사실을 대등하게 벌여 놓을 때나, 대립적인 사실 관계를 나타낼 때 쓴다.

**넷째** '높고 낮은 산봉우리'처럼, 두 용언이 동시에 뒷말을 수식하는 구조일 때는 '-고' 꼴만 가능하고, '-며' 꼴은 불가능하다.

**다섯째** '-라고'는 '말하다'와 잘 어울리지만 '-라며'는 그렇지 않다.

**여섯째** '-라고'나 '-라며' 뒤에 '말하다' 이외의 행위 동사가 올 때, '-라고'가 들어가면 간접행위문이 되고, '-라며'가 들어가면 간접인용문이 된다.

**일곱째** 대등절이 셋 이상 나열된 문장에서는 '-고'와 '-며'를 섞어 쓰지만, '-며'를 '-고' 앞에 놓지는 않는다. 또 '-고' 대신 '-며'만 중첩시키는 것도 피한다.

**여덟째** 대등적으로 이어진 문장이라도 내용이 대등적이지 않을 때 '-고'를 중첩시키면 어색하다.

# 연결 어미 '-아/어/여'를 쓰는 법

### '-아/어/여'의 쓰임

연결 어미 '-아/어/여'는 크게 세 가지 기능을 한다. 첫째, '잡아 버리다'에서처럼 용언의 어간에 붙어 보조 용언으로 연결하는 기능을 한다. 둘째, '물이 얕아 건너기 쉽다'에서처럼 까닭이나 근거를 나타내는 데 쓰인다. 셋째, '안아 일으키다'에서처럼 동사의 어간에 붙어 시간상의 선후 관계를 나타내기도 한다.

1 나는 돈이 없어(서) 생계가 막막하다.
2 도서관을 지어(서) 지역 사회에 헌납했다.

3 과로하여(서) 병이 났다.
4 그녀는 무척 아름다워 보인다.

1에서 '-아/어/여'는 까닭이나 근거를, 2에서는 시간상의 선후 관계 혹은 방법을 나타낸다. 3에서는 까닭이나 근거뿐만 아니라 선후 관계까지 나타낸다. 그리고 4에서는 보조 용언으로 연결하는 기능을 한다. 이런 쓰임 차이는 구문의 구조에도 영향을 미친다. 까닭이나 근거를 나타낼 때는 '-아/어/여'의 앞과 뒤에 놓이는 주어가 같을 수도 있고 다를 수도 있다. 1은 주어가 다른 2주어 2술어 형태이고 3 역시 주어가 생략되긴 했지만 2주어 2술어 형태이다. 그런데 선후 관계 혹은 방법을 나타내는 2의 경우 주어가 하나다. 즉 1주어 2술어 형태가 된다. 이 때문에 거꾸로 구문에서 '-아/어'가 어떤 뜻으로 쓰였는지도 알 수 있다. 다른 예문을 통해 알아보자.

- 공무원이 나라 땅을 건설업자에게 싸게 팔아 그 업자가 큰 이익을 남겼다.
- 공무원이 나라 땅을 건설업자에게 싸게 팔아 그 업자에게 큰 이익을 남겼다.

두 예문 모두 가능한 표현이다. 그러나 '팔아'가 뜻하는 뉘앙스는 좀 다르다. 첫 번째는 2주어 2술어 형태이므로 까닭이나 근거를 나타낸다. 즉 '팔아'가 '파는 바람에' 혹은 '팔았기 때문에'라는 뜻으로 쓰였다. 두 번째는 1주어 2술어 형태이다. 이때의 '팔아'는 '파는 방법으로'의 뜻을 지닌다. 바꾸어 생각하면 어떤 의도냐에 따라 문장의 형태가 달라진다. 즉 '건설업자가 큰 이익을 남겼다'는 쪽에 초점을 맞추려면 첫 번째의 형태를 취해야 하고, '공무원이 비리를 저질렀다'는 쪽에 초점을 맞추려면 두 번째의 형태를 취해야 한다. 참고로, 이 예문은 신문 기사에서 뽑은 것인데, 그 기사의 문장은 첫 번째의 형태를 취했다. 하지만 기사의 의도를 보면 '공무원이 이런 비리를 저지르다니' 쪽에 가까웠다. 어색한 표현이 된 셈이다.

한편, 이런 현상은 문장을 꼬이게 만드는 주범이 되기도 한다. 즉 '-아/어/여'가 선후 관계나 방법을 나타내는데도 2주어 2술어 형태를 띤다면 십중팔구 구문의 흐름이 어색해진다. 아래 두 예문을 보자.

- 사람은 죽어서 가죽이 남는다 (☞ 사람은 죽어서 가죽을 남긴다.)
- 내가 고기를 구워서 그녀가 먹었다. (☞ 내가 고기를 구워서 그녀에게 먹였다.)

이 문장들에서 '-아(서)/어(서)'는 까닭이나 근거를 나타내지 않는다. 그럼에도 2주어 2술어 형태를 취했으니 어색해진 것이다. 물론 시간상의 선후 관계나 방법을 나타낼 때도 또 다른 주어가 아예 올 수 없는 것은 아니다. 다만 그래도 마지막 술어는 앞의 주어에 종속돼야 한다. 아래 예문이 그것이다.

- 나는 고기를 구워서 그녀가 맛있게 먹도록 했다.

## '-아/어/여'가 겹칠 때

앞서 논의한 연결 어미 '-고'와 마찬가지로 홑문장을 연결해 이어진문장을 만들다 보면 '-아/어/여'를 중첩해 쓰는 예가 많다. 그럴 경우, 일단 의미상 문제점은 없다 하더라도 글이 늘어져 어색해진다.

- 노사가 합동으로 안전팀을 구성하여 예상되는 문제를 점검하여 재해를 사전에 막자는 취지이다.
☞ 노사가 합동으로 안전팀을 구성, 예상되는 문제를 점검하여 재해를 미리 막자는 취지이다.
☞ 노사가 합동으로 안전팀을 구성하여 예상되는 문제를 점검, 재해를 미리 막자는 취지이다.

일반적으로 기사체 문장에서는 늘어짐의 문제를 해결하기 위해 중복된 것 가운데 한쪽을 명사형으로 처리하면서 뒤에 쉼표를 넣기도 한다. 위의 고침 문장들이 그런 방식으로 바꾼 것이다. 그러나 기사체가 아닌 문장에서는 이러한 '명사형 + 쉼표'의 사용을 자제하는 편이 좋다. 이럴 때는 내용을 해치지 않는 범위 내에서 중복된 연결 어미 중 하나를 달리 사용해 보자.

☞ 노사가 합동으로 안전팀을 구성하여 예상되는 문제를 점검함으로써 재해를 사전에 막자는 취지이다.

|요약| '–아/어/여'의 의미에 따라 바뀌는 문장의 형태

**첫째** '–아/어/여'가 까닭이나 근거를 나타낼 때의 문장은 2주어 2술어의 형태를 띨 수 있다.

**둘째** '–아/어/여'가 시간상의 선후 관계 혹은 방법을 나타낼 때의 문장은 일반적으로 1주어 2술어의 형태를 띤다. 단 마지막 술어가 앞의 주어와 호응한다면 또 다른 주어가 놓일 수도 있다.

## 되짚어 보기

**(1) 다음 문장에서 잘못 사용된 연결 어미를 찾아 알맞게 고쳐 보자.**

㉮ 수많은 사람들이 취업난에 허덕이고 있으면서도 3D 업종은 외면당하고 있다.
㉯ 성매매특별법이 시행된 지 1년여가 지나자 이들 법률의 성과에 대해 의견이 분분하다.
㉰ 그동안 각자 살아온 이야기를 나누며 마치 옛날로 돌아간 느낌이었다.
㉱ 화제가 자녀들에게로 돌려지면서 그 친구는 딸들에게 검도를 가르치고 있다고 했다.
㉲ 그가 끈질기게 요구한 끝에 그녀가 답변을 했다.

**(2) 다음 문장에서 연결 어미의 쓰임을 보고 뒤에 이어지는 내용을 자연스럽게 고쳐 보자.**

㉮ 어려운 문제는 출제하지 <u>않겠다더니</u> 주관식 문제만 나왔다.
㉯ 고서점을 두루 돌아다니며 한국에 대한 자료를 <u>찾아봤더니</u> 관동진재에 관한 문서를 발견했다.
㉰ 내가 공원으로 <u>향하는데</u>, 머리카락을 어깨까지 늘인 청년과 함께 걷게 되었다.
㉱ 북측이 남측 공동취재단 한 사진기자의 북측 출입국사무소 촬영을 문제 <u>삼아</u> 1시간 동안 귀환이 지연되는 소동을 빚었으나, 해당 기자가 유감을 표명하고 미화 500달러를 건네면서 일단락됐다.

**(3) 아래 문장에서 밑줄 친 부분의 연결 어미를 흐름에 맞게 고쳐 보자.**

㉮ <u>피곤하지만</u> 그날 일을 다 끝내는 습관을 <u>들이면</u> 성공할 수 있다.
㉯ 어려운 문제는 출제하지 <u>않겠다더니</u> 주관식 문제만 낸 걸 <u>보면</u> 선생님은 거짓말쟁이임에 틀림없다.
㉰ 졸면서 <u>들었더니</u> 생각나는 게 별로 <u>없는데도</u> 머릿속엔 지식이 들어찬 기분이다.
㉱ 복슬이는 우리 형이 길에서 버스를 <u>기다리는데</u> 웬 조그만 강아지가 추위에 떨고 있는 걸 <u>보고</u> 데리고 온 것이다.
㉲ 며칠 전부터 날씨가 쌀쌀해지자 긴 팔 옷을 입은 사람은 <u>늘었어도</u> 외투를 입은 사람은 없었다.

**(4) 아래 예문들은 '-고'나 '-며'의 중첩이 어색한 것들이다. 적절히 고쳐 보자.**

㉮ 고향을 떠나 이곳저곳 전전하며 고생하며 살았다.
㉯ 우리는 어느 한쪽에도 치우치지 않고 다양한 상호 작용 관계를 인식하고, 조정과 타협을 통해 갈등을 극복함으로써 참다운 조화를 이루도록 노력해야 하겠다.

**(5) 다음 문장에서 원뜻을 해치지 않고 '-아/어'의 중첩을 피하는 방법을 생각해 보자.**

㉮ 대기 성층권에는 오존이 밀집해 있어, 태양 광선 중에서 생물체에 해로운 강한 자외선을 흡수하여 지구상의 생물체에 대한 보호막 구실을 한다.
㉯ 결국 이태식의 설득으로는 안 되어 출판과장까지 동원되어 조원제는 마

음을 바꾸게 되었다.
㉻ 일본은 1909년 철도 개설권을 얻는 대가로 간도 지방을 청에 넘겨주어 간도는 중국의 영토가 되어 현재에 이르고 있다.

## 🔍 답과 풀이

(1) ㉮에 쓰인 '–면서도'는 앞절을 뒷절에 종속적으로 이어 준다. 따라서 앞절에 나온 대주어가 뒷절의 수식어를 관장해야 한다. 하지만 이 문장은 뒷절에 주어가 따로 있다. 뒷절의 주어를 살리려면 앞절과 대등 관계로 맺어 주는 연결 어미로 바꾸어야 한다. '허덕이면서도'를 '허덕이고 있지만'으로 고치면 된다. ('있으면서도'를 그대로 살리려면 뒷절의 주어를 없애고 '3D 업종은 외면하고 있다'로 고친다.) ㉯의 '–하자'는 행위가 끝난 후 곧 뒤의 행위가 시작됨을 표현하는 말이다. 또 앞의 상황이 원인이나 동기임을 나타내기도 한다. 하지만 이 문장은 이 두 조건을 충족시키지 않는다. '지나자'보다는 '지나면서'가 낫다. ㉰에서 '–하며'는 두 행위가 대등한 자격을 지닐 때 쓰는데, 이 문장은 뒷말이 앞말의 결과를 나타내는 종속 관계로 맺어졌다. '나누며'를 '나누다 보니'로 바꾸면 자연스럽다. ㉱는 ㉮와 같은 형태다. '돌려지면서'를 대등 관계의 연결 어미로 바꾸어 '돌려지자'로 바꾸면 자연스럽다. ㉲에서, '끝에'의 '–에'는 대주어가 앞뒤 절의 술어를 다 관장하도록 하는 기능을 한다. 하지만 이 문장은 뒷절의 주어가 따로 있다. 그에 적절한 연결 어미는 '(요구)하자'이다. ('끝에'를 살리려면 뒷절을 대주어에 호응시켜 '마침내 그녀의 답변을 얻어냈다'로 한다.)

(2) ㉮에서, 연결 어미 '–더니'를 쓰려면 대주어가 앞뒤 서술어를 다 끌어안도록 해야 한다. 그러자면 뒷절의 술어를 '주관식 문제만 냈다'로 고쳐야 한다. (연결 어미를 대등적인 '(않겠다고 했)는데'로 바꾸어 양쪽 주어를 다 살리는 방법도 있다.) ㉯의 '–더니'는 ㉮의 '–더니'와는 쓰임이 다르다. ㉮의 '–더니'는 '…라고 해 놓고'라는 뜻에 가

깝고, ㉯의 '–더니'는 '…한 결과'라는 뜻에 가깝다. ㉯의 '–더니'는 뒷절에 다른 주어를 세워야 자연스럽다. 뒷절을 '관동진재에 관한 문서가 나왔다'로 고치면 된다. (뒷절을 살리려면 연결 어미를 '찾다가'로 바꾼다.) ㉰는 뒷절에 주어를 따로 세운다. 즉 '청년이 나와 나란히 걷고 있었다.'로 하면 된다. (뒷절을 살리고 '향하는데'를 '향하다가'로 바꾸어도 된다.) ㉱는 뒷절의 술어를 대주어에 일치시킨다. 즉 '귀환을 지연시키는'으로 한다. (뒷절을 살리려면 '문제 삼아'를 '문제 삼으면서'로 한다.)

(3) ㉮~㉱는 연결 어미와 연결 어미 간의 호응 관계가 어긋난 문장들이다. ㉮는 '…하더라도 …하면'의 꼴이 자연스럽다. ㉯와 ㉰는 '–더니'가 문장 끝까지 영향을 미친다는 점을 간과한 것이다. 중간까지만 영향을 미치도록 하려면, ㉯의 '않겠다더니'를 '않겠다고 해 놓고'나 '않겠다면서도'로 바꾼다. ㉰는 '들었더니'를 '들어'나 '듣는 바람에'로 바꾼다. ㉱는 '–ㄴ데'와 '–고' 간의 흐름이 어색하다. 뒷부분의 '떨고 있는 걸 보고'를 '떨고 있기에'로 바꾼다. 뒷부분을 살리려면 '기다리는데'를 '기다리다가'로 한다. ㉲는 '며칠 전부터 날씨가 쌀쌀해진 이후 긴 팔 옷을 입은 사람은 늘었어도 외투를 입은 사람은 없었다.'로 고치면 자연스럽다.

(4) ㉮ 고생하며 → 고생스럽게  ㉯ 치우치지 않고 → 치우치지 않는 가운데

(5) ㉮는 앞부분 '있어'를 '있는데'로 바꾸고, 뒤에 '이 오존층은'이라는 주어부를 따로 세운다. 서두를 '대기 성층권에 밀집해 있는 오존층은'으로 하는 방법도 있다. ㉯는 뒷부분 '동원되어'를 '동원되고 나서야'로 바꾼다. ㉰는 의미의 흐름으로 볼 때 두 문장으로 가르는 것이 좋다. 즉 '일본은 간도 지방을 청에 넘겨주었다. 이때부터 간도는 중국의 영토가 되었다.'로 하면 매끄럽다.

# 4

문장의 맛을 더하는 양념, 부사의 쓰임새

아… 이제야
보고서를 받았…

보고서를
이제야
제출합니다

문장이 음식이라면 부사는 맛을 더해 주는 조미료에 해당한다. 조미료가 적당히 들어가면 음식의 맛이 풍부해지는 것과 마찬가지로 글에서도 부사를 적절히 쓰면 글맛이 살아난다. 하지만 고추장을 넣어야 할 곳에 간장을 넣으면 오히려 음식을 망치게 되는 것처럼 적절한 부사를 넣지 않으면 글이 망가진다. 이 외에도 부사를 쓸 때는 그것이 놓일 위치를 잘 잡아 주어야 한다. 엉뚱한 곳에 부사를 넣으면 애초 하려던 말과는 전혀 다른 뜻이 되기도 한다.

철수 씨가 회사에서 중요한 프로젝트를 맡게 됐다. 며칠 밤을 새운 끝에 상당한 양의 보고서를 작성해 과장에게 올렸다. 시일이 급한 일이라며 그렇게 재촉을 하더니 과장은 보고서를 받고서도 들여다볼 생각을 않는다. 애가 타지만 소심한 철수 씨, 과장이 언제쯤 부장에게 보고서를 제출하려나 동태를 살폈다. 그러던 중, 부장이 과장에게 보고서가 왜 이리 늦느냐고 호통을 친다. 과장 왈, "이제야 보고서를 받았는데, 제출하려고 합니다."라고 한다. 아무리 소심해도 철수 씨, 가만히 있을 수가 없다. "과장님, 제가 보고서 올린 지가 언젠데요!!" 그러자 과장이 눈치를 보더니 자기 말을 정정한다. "보고서를 받았는데 이제야 제출하려고 합니다."

# 부사어마다 좋아하는 자리가 있다

부사어는 일반적으로 용언을 꾸민다. 때문에 용언 바로 앞에 위치하게 된다. 어떤 것은 문장 전체에 대한 판단을 내리기도 하는데 그럴 때는 문장의 맨 앞에 놓인다. 또 구나 절 앞에 놓여 구나 절 전체를 꾸미기도 한다. 이처럼 문장 내에서 비교적 자유롭게 이동하는 게 부사어다. 그러나 그 위치에 따라 수식하는 범위가 달라진다는 점을 고려할 필요가 있다.

1 어머니는 아들이 뒤늦게 합격했다는 사실을 알았다.
2 어머니는 아들이 합격했다는 사실을 뒤늦게 알았다.
3 어머니는 뒤늦게 아들이 합격했다는 사실을 알았다.

이 예문은 부사어의 위치에 따라 그것이 수식하는 범위가 달라진다는 점을 알아보기 위한 것이다. 1에서는 부사어 '뒤늦게'가 '합격했다'를 꾸민다. 반면 2에서는 '알았다'를 꾸민다. 부사어의 위치에 따라 의미가 크게 달라지는 것이다. 이에 비해 3은 중의성을 띤다. 1의 의미로도 2의 의미로도 읽힐 수 있다. 다음 예문을 보자.

- 나는 그를 진짜 사랑한다.
- 나는 진짜 그를 사랑한다.

첫째 문장은 '그를 얼마나 사랑하느냐' 하는 문제에 초점을 맞추었고, 둘째 문장은 '사랑하는 대상이 그 사람이냐 아니면 다른 사람이냐' 하는 데 관심을 두고 있다.

이처럼 부사어의 위치에 따라 문장 전체의 의미가 바뀔 수 있으므로 위치가 자유롭다고 해서 이를 아무 데나 놓아서는 안 된다. 특히 문장의 첫머리에만 놓이거나 용언의 바로 앞에만 놓이는 등, 문장 내 위치가 고정적인 부사어들도 있다. 이러한 특성을 무시하고 아무 데나 배치하면 의미의 명확성을 해치거나 문장의 자연스러운 흐름을 방해하게 된다.

- 장미꽃이 매우 아름답다.
- 매우 장미꽃이 아름답다.
- 그 일만은 제발 하지 말아 다오.
- 제발 그 일만은 하지 말아 다오.

부사어 '매우'와 '제발'의 쓰임 차이를 알아보고자 설정한 예문들이다. 두 번째와 네 번째 예문을 비교해 보자. '제발'은 문장 맨 앞에 놓여도 문제가 없는 반면 '매우'는 그렇지 못하다. '제발'은 문장 전체를 꾸밀 수 있지만, '매우'는 특정 단어만을 꾸미기 때문이다.

부사(어)는 놓이는 위치나 수식하는 범위에 따라 세 가지 부류로 나눌 수 있다. 첫째는 정도나 상태, 모습 등을 나타내는 부사인데, 이들은 대개 꾸미는 용언 바로 앞에 놓인다. 이에 해당하는 것으로는 몹시, 빨리, 천천히, 간단히, 멀리, 매우, 제일, 아주, 가장, 너무, 기쁘게, 슬프게, 아름답게 등이 있다. 둘째는 시간, 공간을 나타내는 부사다. 이들은 위치 이동이 비교적 자유로워서 주어나 목적어 앞에 놓이기도 한다. 지금, 벌써, 아직, 요즘, 먼저, 갑자기, 당분간, 어느덧 등이 있다. 셋째는 문장 전체를 꾸미는 부사로서 대개 문장의 맨 앞이나 앞부분에 놓이는데, 일부 구절만 꾸밀 때는 문장 중간에 놓이기도 한다. 만일, 가령, 설령, 아마, 하여튼 등이 있다.

이동이 비교적 자유로운 부사들은, 특히 부사어는 하나인데 서술어는 둘인 문장에서 그 위치가 중요해진다. 이때는 수식 범위나 자체의 성격에 따라 자리가 결정된다.

- 다행히 첫 문제를 풀고 나니까 종이 쳤다.
- 첫 문제를 풀고 나니까 다행히 종이 쳤다.

'다행히'는 위치 이동이 비교적 자유롭다. 첫 번째 문장에서는 맨 앞에 놓였고, 두 번째 문장에서는 중간에 놓였다. 첫 번째 문장의 '다행히'는 앞의 서술어 '풀다'를 직접 수식하고 뒤의 서술어 '(종이) 쳤다'를 간접

수식한다. 두 번째 문장의 '다행히'는 뒤의 서술어만 수식한다. 위치가 다르기 때문에 문장의 의미도 완전히 다르다. 첫 번째 문장은 한 문제라도 푼 것이 다행이라는 뜻이고, 두 번째 문장은 종이 친 것이 다행이라는 뜻이다.

- 실컷 울고 나니까 마음이 좀 가라앉는다.
- 낯선 이에게 친절하게 목적지까지 가는 길을 알려 주는 모습이 보였다.

첫 번째의 '실컷'은 앞의 '다행히'와 달리 이동이 부자유스럽다. 정도를 나타내는 부사로서 수식하는 용언 바로 앞에 놓인다. 수식 범위도 다르다. 앞의 서술어인 '울다'만 수식할 뿐 뒤의 서술어 '가라앉다'에는 전혀 영향을 안 미친다. 두 번째의 '친절하게'도 '실컷'과 같은 성격을 띤다. 따라서 그것이 직접 수식하는 서술어 앞에 위치시키는 게 좋다. 그러려면 '알려 주는'의 앞에 오도록 바꿔야 한다.

| 요약 | 쓰임에 따라 달라지는 부사의 위치 세 가지!

**첫째** 정도나 상태, 모습을 나타내는 부사는 대개 그것이 꾸미는 용언 바로 앞에 놓는다.

**둘째** 시간과 공간을 나타내는 부사는 놓이는 위치가 비교적 자유롭다.

**셋째** 문장 전체를 꾸미는 부사는 문장의 맨 앞이나 그것이 꾸미는 절 앞에 놓는다.

# 부사어는 항상 서술어를 짝으로 맞는다

부사어는 용언, 즉 서술어를 수식한다. 그러나 막상 글에서는 이런 원칙이 무시될 때가 많다. 엉뚱하게 체언을 꾸미게 만들기도 하는 것이다. 또 글이 복잡하다 보면 부사어와 서술어를 여러 개씩 나열하기도 하는데, 이런 상황에서는 어느 부사어가 어느 서술어에 호응되는지 분간하기가 어렵기도 하다. 이들의 관계를 정확히 맺어 주지 않으면 불완전한 글이 된다.

- 요즘은 1학기 수시에 합격하면 반드시 1개 대학에 등록이 의무화돼 2학기 수시와 정시 모집에 지원 자체가 불가능하다.

대학 입시의 모집 방식을 설명한 것이다. 뜻은 대강 알겠는데 표현이 구렁이 담 넘듯해 명쾌하지 않다. 문제는 명사형 표현을 고집하려다 호응을 무너뜨리고 말았다는 점이다.

'(수시 모집 합격시 1개 대학) 등록 의무화'와 '(2학기 수시와 정시 모집) 지원 불가능'이 핵심 내용이므로 필자는 문장 속에서도 이 명사형 표현을 살리고자 한 것 같다. 그렇지만 이 문장에서는 이 같은 명사형이 어울리지 않는다. 이들 앞에 위치한 부사어 '대학에' 및 '정시 모집에'가 명사형을 받아들이지 못하기 때문이다. 부사어는 주로 용언, 즉 동사나 형용사를 수식한다. 명사형을 살리려면 앞의 부사어까지 명사형으로 바꾸어야 한다. 이를 쉽게 풀이하면 다음과 같다.

**1 명사형 조합**
- 대학 + 등록이 (의무화된다)
- 정시 모집 + 지원이 (불가능하다)

**2 부사형 조합**
- 대학에 + 등록해야 한다
- 정시 모집에 + 지원할 수 없다

이 중 부사형 조합을 살릴 경우, 이 문장은 다음처럼 고쳐야 자연스럽다.

☞ 요즘에는 1학기 수시에 합격하면 반드시 1개 대학에 등록해야 하므로 2학기 수시와 정시 모집에 지원할 수 없다.

그런데 만약 정확성을 요하는 문서를 이런 식으로, 즉 부사어에 명사형을 붙인 꼴로 작성한다면 큰 문제를 낳을 수도 있다. 예를 들어 A라는 사람이 B라는 사람에게서 물건을 산 뒤 다음해 3월에 대금을 지급하겠다는 내용의 약정서를 다음과 같이 작성했다고 치자.

- 물품 대금 1억 원은 내년 3월 30일에 지불을 약속한다.

'내년 3월 30일에 대금을 지불한다'라는 게 합의의 내용이지만 이 문장은 그렇게 해석되지 않는다. 지불하는 날짜가 아닌, 지불할 것을 약속하는 날짜가 3월 30일이라는 내용으로 읽힌다. 부사어는 용언을 수식하므로 '3월 30일에'가 '약속한다'로 연결되는 탓이다. 즉 물건을 산 사람 쪽에서 정작 대금 지급 날짜는 정해지지 않았다고 주장해도 할 말이 없을 것이다. '지불을 약속한다'를 '지불하기로 약속한다'로 바꾸면 시빗거리가 사라진다.

- 서울에는 한강을 가로지르는 다리가 25개다.

이 문장은 일견 자연스러워 보인다. '서울에는'이 주어이고 술어는 '다리가 25개다'인 것처럼 보이기 때문이다. 그렇지만 '서울에는'은 주어가 아니다. '서울에'라는 부사어에 보조사 '는'이 들어간 형태인데, 이때의 '는'은 주격이 아닌 부사격 조사로 쓰였다. 따라서 '서울에는'은 부사어다. '서울에는'을 빼도 문장의 틀이 어그러지지 않는데, 이는 그것이 부사어이기 때문이다. 부사어는 문장 내에서 반드시 필요한 성분이 아니다. 하지만 일단 그것이 들어가 있으면 호응되는 서술어를 만들어 주어야 한다. 예문은 '서울에는'에 호응되는 서술어를 가지고 있지 않으므로 불안하다.

☞ 서울에는 한강을 가로지르는 다리가 25개 있다.

이처럼 고치면 자연스럽다. 이 경우 부사어 '서울에는'을 받쳐 주는 서술어는 '있다'가 된다.

---

|요약| **부사어를 쓰기 위한 조건들!**

**첫째** 부사어는 용언, 즉 서술어를 꾸민다. 그러므로 꾸미는 대상이 체언이거나 명사형 어구이면 안 된다.
**둘째** 일단 문장 내에 부사어가 들어가 있으면 그에 호응되는 서술어가 반드시 있어야 한다.

# 부사어도 뜻이 맞는 서술어하고만 결합한다

**부사어와 서술어의 어울림**

부사어가 서술어를 꾸민다 해서 아무 서술어나 막 꾸미지는 않는다. 예컨대 '매우 아름답다'는 가능한 표현이지만 '잘 아름답다'는 불가능하다. 부사어와 서술어가 의미상 맞게 제대로 결합되어야 문맥이 매끄럽다.

- 말다툼하는 친구들을 말린다고 끼어들었다가 말을 잘못해서 되레 친구들과 다투게 되는 경우가 있다. 그러다 보면 틀림없이 친구들과의 관계가 서먹해질 수도 있다.

2005년 대학 수능 시험 언어 영역 문제에 나온 예문이다. 혹시 이상한 곳이 없는가. 두 번째 문장에 나오는 '틀림없다'는 '거의 100퍼센트 확신한다'라는 뜻이다. 그런데 서술부의 '…해질 수 있다'는 '그럴 확률도 있다'라는 뜻으로 '거의 100퍼센트 확신'과는 거리가 있다. 부사어와 서술어의 의미가 서로 달라 호응되지 않는다. 그렇기 때문에 '틀림없이'를 빼야 한다는 것이 이 문제를 푸는 핵심이었다.

1 그 문제는 도저히 풀 수가 없다.
2 나는 도저히 용서하지 못한다.
3 그 문제는 도무지 모르겠다.
4 이 고추는 도무지 맵지가 않다.
5 나는 도저히 용서하지 않겠다.

'도저히'와 '도무지'는 우선 둘 다 '아무리 -해도'라는 뜻을 지닌다는 점에서 비슷하다. 이 중 '도저히'는 '할 수 없다'와 같은 불능(不能)에 가까운 의미와 자주 결합한다. 1과 2가 그런 예다. 이에 비해 '도무지'는 보통 '알지 못하다'와 같은 무지(無知)에 가까운 의미와 자주 결합한다. 3이 그런 예다. 그리고 4에서처럼 '도대체'라는 뜻으로도 쓰인다. 이 밖의 차이를 보자면, '도저히'는 '나는 도저히 할 수 없다.'처럼 1인칭 주어 문장에 주로 쓰이는 반면, '도무지'는 '나는 도무지 모르겠다.'처럼 1인칭 주어 문장에도 쓰이지만 '그는 도무지 말을 안 듣는다.'처럼 2, 3인칭 주어 문장에도 자연스럽게 쓰인다.

그런데 5는 어색하다. 이 문장은 불능(할 수 없다)이 아닌 의지(하지 않겠다)를 표현했기 때문에 '도저히'가 어울리지 않는 것이다. 여기서는 '도저히'를 '절대'로 바꾸어야 한다. 한편, '무슨 영문인지 도저히/도무지 모르겠다.'에서는 '도무지'와 '도저히'를 다 사용할 수 있다. 그렇지만 뉘앙스는 좀 다르다 '도저히 모르겠다'는 '아무리 애를 써 봐도 모르겠다'는 뜻으로 불능 쪽에 가깝고, '도무지 모르겠다'는 '전혀 모르겠다'는 뜻으로 무지 쪽에 가깝다.

- 우리 야구팀이 중국 팀에 질 가능성은 거의 희박하다.

'거의'는 '어느 한도에 매우 가까움'을 뜻하는 말이다. 그러므로 그 뒤에 오는 말은 일정한 정도를 나타내는 말이어야 한다. 거의 모두, 거의 다, 거의 제로, 거의 꼭대기, 거의 2년 등의 예를 보면 뒷말이 모두 어느 한도임을 알 수 있다. 그러나 '희박하다'는 매우 부족하거나 약해서 '없음' 또는 '0의 한도'에 가깝기는 하나 미처 다다르지 못한 상태이므로 '거의'와 호응되지 않는다. 마찬가지로 '거의 드물다'도 부적절하다.

- 하필이면 쓸데없는 찌꺼기까지 만들 필요는 없지 않나 해서입니다.
☞ 굳이 쓸데없는 찌꺼기까지 만들 필요는 없지 않나 해서입니다.

'하필이면'은 '다른 방도를 취하지 않고 어찌하여 꼭'의 뜻이다. 즉 대안이나 더 나은 방법이 있을 경우에 쓰는 말이다. 하지만 위의 문장은 그게 아니라, 안 해도 될 일을 했음을 말하는 상황이다. 즉 '굳이'나 '구태여'가 더 어울리는 것이다.

## 쌍으로 다니는 부사어와 어미

부사어는 의미가 잘 어울리는 서술어하고만 결합할 뿐 아니라, 때로는 뒤에 오는 서술어의 어미에도 강한 영향을 끼친다. 이런 부사어와 어미는 문장 내에서 의미상 긴밀한 연결력을 지닌다. 이들은 한 묶음으로 사용되는 것이 일반적이며, 양보의 구문에서 특히 자주 나타난다. 경우에 따라서는 묶음말의 한쪽 단어를 생략할 수도 있지만, 이들의 짝을 제대로 맞추지 않으면 글이 어색해지고 논리가 어그러지는 결과를 낳는다.

- 아무리 그가 좋기로 간까지 빼 주랴.
- 내일은 아무리 비가 올지라도 반드시 떠나겠다.
- 그가 아무리 재주가 좋다지만 하늘을 날 수야 있겠는가.
- 아무리 튼튼한 사람이라면 감기에 걸린다.

이상에서 보듯 부사어 '아무리'는 '-기로(서니)', '-ㄹ지라도', '-다지만', '-라도' 등의 연결 어미와 짝을 이룬다. 이 같은 결합을 무시하면 문장 흐름이 어색해진다. 마지막 예문이 그러하다.
이 밖에 맥락상 부정적인 의미를 담고 있는 단어를 피수식어로 삼는 '가뜩이나'는 '-ㄴ데' 등과 자주 짝을 이룬다.

- 가뜩이나 모자란데 남을 주라니.
- 가뜩이나 어려운 판에 남의 식구까지 떠맡았으니.

|요약| 부사어에 어울리는 서술어와 연결 어미 몇 가지!

**첫째** 부사어 자체가 가진 의미가 그것이 꾸미는 서술어의 의미와 어울리는지 아니면 충돌하는지를 점검한다.

**둘째** 예를 들어, '도무지'는 '알지 못하다'와 같은 '무지(無知)'에 가까운 의미의 용언과 자주 결합하고, '도저히'는 '할 수 없다'와 같은 '불능(不能)'에 가까운 의미의 용언과 자주 결합한다.

**셋째** '아무리'는 양보의 구문에 자주 쓰이므로, '-기로(서니)/지만/ㄹ지라도' 등 특정한 어미와 짝을 이루어야 한다.

# 부정하길 좋아하는 부사어, 질문하길 좋아하는 부사어

부사어가 의미의 어울림에 따라 서술어를 취한다는 것은 나아가 어떤 부사어들은 부정문이나 의문문 또는 반어형 문장 등의 특정한 문형을 데리고 다닌다는 것을 의미한다. 예를 들어 '결코'는 '아니다', '못하다', '없다' 따위의 단어와 어울려 부정문을 이끈다. 또 '어찌'는 의문이니 반어의 표현을 수반한다. 이 같은 원칙을 어기고 문장을 쓰면 그 문장은 비문이 되기 쉽다.

- 그가 차마 그런 짓을 했단 말이오?

'차마'는 '부끄럽거나 안타까워서 감히'와 비슷한 뜻으로 뒤의 동사를 부정할 때 쓰인다. '차마 …할 수 없다/못하다'와 같은 형태로 쓰이며, 주로 부정형 문장을 이끈다. 이때는 불능의 의미를 나타내므로 '도저히'와 뜻이 비슷하다. 그런데 위 문장은 부정형이 뒤에 따르지 않아 어색하다. '차마'를 취하려면 '그는 차마 그런 짓을 할 수 없었다.' 등의 문장을 써야 한다. 이에 비해 '감히'는 의문형도 취할 수 있는데, 이는 위 예문에서 '차마'를 '감히'로 바꾸어 보면 알 수 있다.

- 딱히 꼬집어 말한다면 그는 사기꾼이다.

'딱히 갈 곳도 없다.' '딱히 뭐라 표현하기 어렵지만' 등처럼 '딱히'는 주로 부정어와 결합한다. 그러므로 위의 문장에서는 '딱히'를 없애는 게 좋다. 호응을 위해 '딱히 꼬집어 말할 수는 없지만'의 형태로 바꿀 수는 있지만, 그럴 경우 '사기꾼이다'라고 꼬집어 말한 뒷말과 논리가 충돌된다.

- 일이 그다지 힘들 줄은 미처 몰랐다.

'그다지'와 '그토록'은 반대 개념이다. '그다지'는 '그렇게까지는'의 뜻으로 부정어와 결합해 뒷말의 강도를 약하게 만들지만, '그토록'은 '그렇게까지나'의 뜻으로 뒷말을 강조한다. '그다지 힘들지 않다'와 '그토록 힘들 줄 몰랐다'로 구분된다. 뉘앙스의 차이로 보자면 '그다지'는 생각보다 약하다는 표현에 쓰이고 '그토록'은 생각보다 강하다는 표현에 쓰인다. 예문에서는 '그토록'으로 써야 한다.

- 그의 좌충우돌하는 행동이 여간 마음에 들지 않았다.

'여간' 역시 '아니다' 등의 부정어와 어울린다. 그런데 이 예문의 뜻을 보자. '여간 마음에 들지 않다'는 아주 마음에 든다는 뜻이다. 비슷한 예로 '여간 고마운 게 아니다'는 아주 고맙다는 뜻이다. 따라서 원문의 의미를 제대로 표현하려면 '여간 마음에 들지 않는 게 아니었다' 정도로 해야 한다. 이 표현이 늘어진다면 '여간 못마땅한 게 아니었다'로 바꿀 수 있다. 또 원문의 '여간 …않다'보다는 '여간 …아니다'의 형태가 더 자연스럽다.

이 밖에 '절대'는 금지문을, '아무러면', '얼마나'는 의문문을 수반한다. 또한 부정문을 수반하는 부사어로는 '그리', '그다지', '별로', '과히', '전혀', '도무지', '조금도', '도저히', '좀처럼' 등이 있다.

그런데 이렇게 부사어가 부정문과 어울릴 때에는 그 부정어도 정해진 위치에 놓여야 한다. 아래 부정어의 위치가 서로 다른 예문들을 보자.

**1** 좀처럼 가려고 하지 않았다.
**2** 좀처럼 가지 않으려고 했다.
**3** 좀처럼 안 가려고 했다.

모두 우리가 일상적으로 자연스레 쓰고 있는 표현들이다. 얼핏 보면 별 문제가 없어 보인다. 그러나 꼼꼼히 들여다보면 **2**와 **3**은 어법에 어긋나 있음을 알 수 있다. 차이를 알아보기 위해 구조를 갈라 보았다.

**1** 좀처럼 + 가려고 하지 + 않았다.

2 좀처럼 + 가지 않으려고 + 했다.

3 좀처럼 + 안 가려고 + 했다.

이처럼 문장을 해부해 놓고 보니 의미의 흐름이 1은 '좀처럼 …않았다'가 되고, 2와 3은 '좀처럼 …했다'가 된다. 즉 2와 3은 부사어 '좀처럼'이 요구하는 부정문 결합이 아닌 것이다. 예문을 하나 더 들어 보자.

- 그는 결코 남을 해칠 사람이 아니다.
- 그는 결코 남을 안 해칠 사람이다.

'결코'도 '좀처럼'과 마찬가지로 부정을 수반하는 부사이다. 그런데 두 번째 문장의 구조를 뜯어 보면 '결코 …이다'가 된다. 그렇다면 비문일 수밖에 없다. 사실 문장을 이같이 구조적으로 갈라 분석하는 방법이 타당하다고 단정할 수는 없다. 하지만 두 번째보다는 첫 번째가 더 정확한 표현인 것만은 틀림없다.

| 요약 | 특정 부사어가 요구하는 문장의 형태들!

**첫째** 부정문을 요구하는 부사들: 차마, 딱히, 그다지, 여간, 그리, 별로, 과히, 전혀, 결코, 절대로, 도저히, 도무지 등
**둘째** 의문문을 요구하는 부사들: 아무려면, 얼마나
**셋째** 부사어가 부정문을 요구할 때, 부정어가 부사어와 잘 호응될 수 있도록 그 위치를 잡아야 한다.

## 되짚어 보기

(1) 부사어와 서술어의 결합 관계에 유의하여 아래 예문의 문제점을 살펴보자.

㉮ 대통령은 청와대에서 언론사 논설위원들과 면담에서 이처럼 밝혔다.
㉯ 야당은 여당이 입장을 번복할 수 없도록 국정 조사 수용의 문서화 등을 요구했다.
㉰ 그 회사는 현장에서 공사 중단 사태를 우려하고 있다.
㉱ 미국 뉴욕대학교에서 수학 후 현재 대학에서 교수로 재직 중이다.
㉲ 이번 시책은 관련 부서와 협의를 거쳐 탄생했다.
㉳ 그 남자는 감옥으로부터 탈출을 시도했다.

(2) 다음 문장에서 부사의 쓰임이 적절치 않은 것을 찾아보자.

㉮ 오랜만에 모인 우리 여섯 식구는 베란다에 삼삼오오 둘러앉아 그간 있었던 일들을 이야기했다. ㉯ 그중에서도 단연 아버지의 인라인 스케이트 활동기는 가장 흥미로웠다. ㉰ 그간 몰랐던 아버지의 또 다른 모습이 우리 가족들에겐 적잖이 충격으로 다가왔다. ㉱ 그런데 아버지는 한창 당신의 영웅담을 펴시다가 말머리를 내게로 문득 돌렸다.

(3) 다음 문장에서 괄호 안의 부사어가 들어갈 적절한 위치를 생각해 보자.

㉮ 지금까지 겪어 보지 못했다. (전혀)
㉯ 떠나려니 눈물이 앞을 가린다. (막상)
㉰ 남을 배려하려는 생각이 없어진 탓이다. (너 나 할 것 없이)

㉔ 고래끼리 싸우는데 새우가 피해를 보았다. (엉뚱하게)


**(4) 다음 문장들에서 부사어와 어미의 호응 관계를 맞추어 보자.**

㉮ 관절이 쑤시면 영락없이 비가 올 것 같다.
㉯ 딱 한번 봐주십시오.
㉰ 만일 비가 와도 나는 거기에 가겠다.
㉱ 청소년 폭력은 집 근처, 학원가보다 학교 안에서 가장 빈번하게 일어난다.
㉲ 어젯밤에 어찌나 더워서 한숨도 못 잤다.
㉳ 그의 마음이야 오죽 답답했다.
㉴ 나는 거기에 가지 않겠다. 왜냐하면 그가 나를 싫어한다.
㉵ 하마터면 넘어지겠다.
㉶ 학생은 모름지기 공부를 열심히 할 뿐이다.
㉷ 하찮은 동물도 제 새끼를 사랑하는데 하물며 인간이다.
㉸ 북한이 주장하는 '우리 민족끼리'가 얼마나 허망한 망상에 지나지 않는지 깨달았다.
㉹ 나는 분명히 깨달았다. 그분이 있는 것이 얼마나 복된 일이라는 사실을.
㉺ 대학 축제는 더 이상 향락 문화에서 벗어나야 한다.


**(5) 다음 문장에 쓰인 부사를 문맥에 맞는 것으로 바꾸어 보자.**

㉮ 동아리에 가입하기 위해서는 절대로 직접 쓴 작품을 제출해야 한다.
㉯ 일본과의 축구 경기는 절대로 이겨야 한다.
㉰ 그 사람이 설사 나까지 의심할까.
㉱ 응당 네 말이 맞구나.

156

## 🔍 답과 풀이

(1) ㉮는 '청와대에서'와 '면담에서'가 다 같이 서술어 '밝혔다'를 공유하다 보니 흐름이 껄끄럽다. 서술어를 따로따로 갖도록 하는 게 좋다. 또 '논설위원들과'도 서술어를 필요로 하는데 '면담'이라는 명사를 세웠다. '면담하다' 혹은 '면담을 가지다' 형태가 되어야 한다. '대통령은 청와대에서 언론사 논설위원들과 면담을 갖고'의 흐름이 자연스럽다. ㉯는 부사어 '없도록'과 호응되는 서술어가 뚜렷하지 않다. 서술어 '요구했다'가 있지만 이는 '없도록'과 잘 어울리지 못한다. 왜냐하면 '-도록'이 쓰인 문장은 앞문장이 뒷문장의 이유나 근거를 나타내기 때문이다. 따라서 '없도록'에 맞는 서술어를 따로 내세워야 한다. 즉 '번복할 수 없도록 국정 조사 수용을 문서화하자고 요구했다'로 하면 '번복 불가'가 '문서화'의 이유가 되므로 의미 흐름이 자연스럽다. ㉰는 '현장에서'에 호응되는 서술어가 없다. '공사 중단 사태가 벌어질까' 혹은 '공사가 중단되는 사태가 벌어질까'로 하면 된다. ㉱는 '대학교에서'에 호응되는 서술어를 만들어 주기 위해 '수학 후'를 '수학한 후'로 고친다. ㉲는 ㉮와 비슷한 형태다. '관련 부처와의 협의를 거쳐' 혹은 '관련 부처와 협의한 뒤'로 고친다. ㉳는 '감옥으로부터의 탈출'로 해야 한다. 하지만 '-로부터의'는 잘 쓰지 않는 표현이다. '감옥에서 탈출하려고 (시도)했다'처럼 다른 형태로 바꾸는 방법을 생각해 볼 수 있다.

(2) ㉮에서는 '삼삼오오'가 상황에 어울리지 않는다. '삼삼오오'는 세 명 혹은 다섯 명씩 떼를 지어 있는 상태를 뜻한다. 빼는 게 낫다. ㉯에서는 '단연'이 필요 없다. '단연'과 '가장'이 의미 중복을 일으킨다. '가장'을 빼고 '단연'을 넣는 방법도 있지만, 그럴 경우 '단연 흥미롭다'가 어색하다. '단연 으뜸이다' 꼴이 자연스럽다. ㉰에서는 '적잖이'를 '적잖은'으로 바꾸어야 한다. '적잖이'를 쓰려면 뒷부분을 용언 형태인 '충격적이었다'로 바꾼다. ㉱에서는 '문득'의 위치가 적절치 않다. '말머리'를 앞에 놓여야 자연스럽다. 또 '한창'보다 '한참'이 더 어울린다.

(3) ㉮ '겪어' 앞. '전혀'는 꾸미는 용언과 가까이 붙어 있으려는 성질이 강하다. 문장 부사가 아니므로 문두에 오기는 힘들다. ㉯ '떠나려니' 앞. '막상'은 그것이 강조하는 대상 앞에 놓인다. '내가 막상 떠나려니'는 떠나는 행위를 강조하고, '막상 내가 떠나려니'는 '내가' 떠나는 것을 강조한다. ㉰ '남을' 앞. '너 나 할 것 없이'는 '모두'라는 뜻이다. 의미 흐름을 볼 때 문두에 오는 게 좋다. ㉱ '새우가' 앞. 이 경우 '엉뚱하게'는 뒷문장 전체를 꾸민다. '피해를' 앞에 놓으려면 '엉뚱한'으로 바꾸는 게 좋다. 그렇더라도 '엉뚱한 피해'는 의미 결합이 긴밀하지 않다.

(4) ㉮ 비가 올 것 같다→비가 온다. '영락없이'는 '틀림없이'나 '반드시'와 같은 뜻으로서 일이 일어날 확률이 거의 100퍼센트이거나 100퍼센트 확신하는 상황에 쓰인다. ㉯ 한번→한번만 ㉰ 만일→설사 ㉱ 가장→더 ㉲ 더워서→더웠던지 ㉳ 답답했다→답답하겠는가, 답답하랴 ㉴ 싫어한다→싫어하기 때문이다 ㉵ 넘어지겠다→넘어질 뻔했다. 혹은 하마터면→잘못하면 ㉶ 열심히 할 뿐이다→열심히 해야 한다. ㉷ 인간이다→인간이랴 ㉸ 망상에 지나지 않는지→망상인지. '얼마나'를 없애고 '허망한 망상에 지나지 않음을 깨달았다'로 고쳐도 된다. ㉹ 얼마나→매우. '얼마나'를 살리고 뒤를 '복된 일인지를'로 바꾸어도 된다. ㉺ 더 이상→하루 속히. '더 이상'을 살리고 뒤를 '향락 문화가 되어서는 안 된다'로 바꾸어도 된다.

(5) ㉮ 절대로→반드시. '절대로'는 부정어나 금지어와 어울려야 제격이다. '절대로 필요하다.'에서처럼 평서문과 어울리기도 하나 예외적이다. ㉯ 절대로→반드시, 기필코 ㉰ 설사→설마 ㉱ 응당→과연

# 5

꾸미기의 일인자, 관형어를 쓰는 법

내 사진,
나를 찍은 사진,
내가 찍은 사진

제 사진 맞다니까요!
제가 찍었다구요!

관형어는 명사나 대명사, 수사를 꾸며 주는 문장 성분이다. 부사어와 마찬가지로 관형어를 쓸 때도 유념해 두어야 할 요소가 몇 가지 있다. 첫째는 그것이 체언(명사, 대명사, 수사)만 수식한다는 사실이다. 둘째는 체언을 수식하더라도 거기엔 일정한 제약 조건이 따른다는 사실이다. 예를 들어 체언이 두 개 연속으로 나올 때는 그중 어느 것을 수식하는지를 고려해야 한다. 이 밖에 관형어를 두 개 이상 연속으로 사용할 때 어느 것을 앞에 놓고 어느 것을 뒤에 놓을지도 고려할 사항이다.

짱구가 군대에 막 들어갔다. 고참인 맹구가 괴롭히는 바람에 생활이 구차하다. 그래서 꾀를 냈다. 어느 날 여배우 김태희처럼 생긴 여자의 사진을 맹구에게 보여 주었다. 맹구 입이 벌어진다. "여동생 사진이냐?" 짱구 답변 "정확히 말하면, 여동생의 사진이지요." "그 말이 그 말이지. 나한테 소개해라." "여부가 있나요." 그렇게 해서 맹구가 짱구 여동생과 연애편지를 주고받는 동안 짱구는 팔자가 폈다. 마침내 맹구가 제대하고 나서 고대하던 그 여자를 만났는데, 인물을 보니 전연 딴판이다. "어떻게 된 거야?" 맹구가 씩씩거리며 짱구를 다그친다. "아, 제가 언제 제 동생을 찍은 사진이랬어요? 제 동생의 사진이라고 했지. 동생이 찍은 친구 사진이란 말이었어요. 제 동생이 사진작가거든요."

# '체언+의'가 관형어로 쓰일 때

관형어는 형태 면에서 크게 세 가지로 나눌 수 있다. 첫째는 체언에 관형격 조사 '의'가 붙은 형태다. '나의 책', '사랑의 노래' 등에서 '나의'와 '사랑의'는 각각 대명사와 명사에 '의'가 붙은 관형어다. 둘째는 용언에 관형사형 어미가 붙은 형태다. '잠자는 사자', '아름다운 꽃'에서 '잠자는'과 '아름다운'은 각각 동사, 형용사가 관형어로 쓰인 예다. 셋째는 품사로 고정된 형태의 관형어, 즉 관형사다. 이것은 조사도 붙이지 않고 어미 활용도 하지 않으면서 독립적으로 관형어 노릇을 한다. '순 살코기'의 '순'과 같은 성상 관형사, '저 어린이'의 '저'와 같은 지시 관형사, '한 사람'의 '한'과 같은 수 관형사 따위가 포함된다. 여기서는 먼저 '체언+의' 형태의 관형어에 대해 살펴보자.

> **1** 그녀의 머리 / 그녀 머리
> **2** 그녀의 아름다움 / 그녀 아름다움
> **3** 나라 사랑 / 나라의 사랑

1은 '의'를 넣어도 되고 넣지 않아도 되는 예다. 2는 '의'를 꼭 넣어야 하는 예이고, 3은 넣지 말아야 하는 예다. 이처럼 체언과 체언이 수식 관계로 이어질 때 '의'를 넣는 상황은 각기 다르다. 이를 하나하나 따지는 것은 너무 복잡하므로 여기서는 간단히 원리만 생각해 본다.

체언과 체언의 의미상 결합 관계로 볼 때 1은 수식 구조다. 2는 '그녀가 아름답다'의 관계이므로 주술 구조다. 3은 '나라를 사랑하다'이므로 '목적어 + 서술어(목술)' 구조다.

수식 구조로 되어 있을 때는 대개 '의'를 넣어도 되고 빼도 된다. 빼는 게 자연스러울 때가 있고, 반대로 넣는 게 자연스러울 때가 있다. '우리말의 문법'이 전자의 예이고, '나라의 보물', '한국의 슈바이처' 등이 후자의 예이다. 주술 구조로 되어 있을 때는 '의'를 빼면 부자연스러워진다. '친구의 도움(친구가 돕다)', '주위의 충고(주위에서 충고하다)' 등이 그런 구조다. 목술 구조로 되어 있을 때는 반대로 '의'를 넣으면 부자연스러워진다. '군비 감축(군비를 감축하다)', '상장 수여(상장을 수여하다)', '고래 잡이(고래를 잡다)' 등이 그런 구조다.

'체언 + 의' 관형어에는 특수한 예가 있다. 체언 뒤에 조사가 붙고, 그 뒤에 다시 '의'가 붙은 형태다. '-와의', '-에의', '-로의' 등이 그러한 예인데, 이때는 '의'를 넣고 빼는 데 따라 구문의 완성도가 달라진다.

요즘 인터넷 악플이 문제다. 그래서 정부나 일부 의식 있는 네티즌들이 악플과 전쟁을 하겠다고 나섰다. 그런데 '악플과 전쟁을 선언한다.'라고 하는 사람도 있고 '악플과의 전쟁을 선언한다.'라고 하는 사람도 있다. 여기엔 '-과의'에 대한 부담감이 은근히 작용한다. '-에의/에서의/부터의' 등이 일본식 표현이고, '-과의'도 마찬가지라는 것. 그런데 '악플과 전쟁(을)한다'는 자연스럽지만 '악플과 전쟁을 선언한다'는 어색하다. 악플도 선언하고 전쟁도 선언한다는 얘기 같다.

'와/과'는 어떤 기능을 할까. 첫째로 '나와 너'처럼 같은 자격의 명사를 이어 준다. 둘째로 '책과 씨름하다'처럼 체언과 용언(동사, 형용사)을 이어 준다. '악플과 전쟁을 선언한다.'를 여기에 대비해 보자. 첫째 유형에 맞추면 '악플'과 '전쟁', 이 두 가지를 선언한다는 뜻이 된다. 비논리다. 둘째 유형에 맞추어 체언과 용언을 이어 주면 '악플과 선언한다'가 된다. '악플과 전쟁하다'여야 하는데 '악플과 선언한다'가 되어 버렸다. 이럴 땐 '악플과' 다음에 '의'를 붙여 명사 '전쟁'을 수식하도록 만들어야 한다. 같은 표현으로 '그 말은 사장님과 면담 때 나왔다.'에서 '사장님과 면담'도 어색하다. '사장님과의 면담'이 자연스럽다. 아니면 '사장님과 면담할 때'로 할 수도 있다.

'의'를 넣어야 할지 말아야 할지 애매한 경우도 있다. '아무개와 상의를 거쳤다'가 그것이다. 이때는 '아무개와 (상의를) 거쳤다'가 의미상 호응을 이룰 듯 말 듯하다. 결과적으로 서술어와 잘 호응되면 '의'를 빼고, 호응이 안 되면 '의'를 넣어 서술어 앞의 체언과 맺어 주는 것이 핵심이다. 하지만 서술어와의 호응도를 확실히 해서 '아무개와 상의했다'로 고치는 것이 최상의 방법이다.

요약하면 이렇다. '체언 + 와/과'가 뒤의 체언을 수식할 때는 '의'를 넣어야 한다. '와/과'에만 해당하는 것이 아니다. '에/에서/부터/로' 등도 마찬가지다. 이들은 모두 체언에 붙으면 부사어를 만든다. 그런데 부사어는 체언과 결합하지 못한다. 따라서 이 형태를 명사와 결합시키려면 다시 관형어로 만들어 주어야 한다. 그러자면 뒤에 '의'를 넣어야 한다. '죽음으로부터의 탈출', '공원에서의 만남', '미국으로의 도피' 등. 다만 일각에서는 이런 표현이 일본식이므로 쓰지 말라고 하기도 한다. 하지만 이 주장에 동조한다고 해서 모든 경우에 '의'를 생략해서는 의미를 제대로 전달할 수가 없다. 정 꺼림칙하면 차라리 문장의 틀을 달리하자. 예를 들어 보자.

> 4 그는 가상현실로의 도피를 시도했다.
>
> 5 그는 가상현실로 도피를 시도했다.
>
> 6 그는 가상현실 도피를 시도했다.
>
> 7 그는 가상현실로 도피할 것을 시도했다.
>
> 8 그는 가상현실로 도피하려고 (시도)했다.

**4**의 '가상현실로의'는 '도피'라는 명사를 수식하기 위해 **5**의 '가상현실로'를 관형어 형태로 만든 것이다. 어법상으로는 이게 옳다. 그런데 이 표현을 꺼려 **5**와 같은 형태로 만드는 사람이 있다. 하지만 이때 '가상현실로'는 부사어로 '시도했다'를 꾸며야 하니 어법에 어긋난다. 따라서 달리 표현해야 하는데, **6**과 같은 형태는 어떨까. 명사형으로만 나열했는데, 표현의 정확성이 떨어진다. '가상현실로 도피한다'는 것인지 '가상현실에서 도피한다'는 것인지 구분이 안 간다. 그러므로 문장의 틀을 바꾸어 **7**이나 **8**처럼 하는 게 좋다.

논의의 초점에서 벗어나기는 하지만 한 가지 더 생각해 볼 만한 게 있다. 그것은 '체언+의' 관형어 뒤에 오는 체언이 격조사를 필요로 할 때, 그 격조사를 생략하기 어렵다는 점이다.

- 칭찬의 말 할 때 다들 고개를 끄덕였다.

'그가 말했다.'의 '말하다'와는 달리, 이 문장에서 '말 하다'는 '말을 하다'를 줄인 형태다. '명사+하다' 형태의 동사가 아니다. 이때의 '말'은 동사의 일부가 아니라 목적어의 일부다. 그러므로 이렇게 줄이면 어색하다. 조사 '을'을 넣어야 한다. 이런 현상은 일반 관형어 형태에서도 나타난다. '아름다운 사랑 했다'는 '아름다운 사랑을 했다'가 자연스럽다.

|요약| '의'를 넣어야 할 때와 넣지 말아야 할 때!

**첫째** 체언과 체언이 주술 구조로 연결되어 있을 때는 관형격 조사 '의'를 넣어야 자연스럽다. (예: 친구의 도움, 그녀의 아름다움)

**둘째** 체언과 체언이 목술 구조로 되어 있을 때는 '의'를 넣으면 부자연스럽다. (예: 군비 감축, 상장 수여)

**셋째** 체언에 '와/과', '에', '로' 등이 붙은 부사어가 체언을 수식할 때 '의'를 넣지 않으면 불안한 짜임이 된다. '의'를 넣기가 꺼림칙하면 서술 방식을 바꾸어야 한다. (예: 범죄와의 전쟁, 외부로의 출구)

**넷째** '의' 관형어 뒤에 오는 체언이 주격이나 목적격 조사를 필요로 할 때, 그 조사를 생략한 채 '명사+하다' 형태로 줄여 쓸 수 없다.

# '용언+어미'가 관형어로 쓰일 때

앞에서 '잠자는 사자'의 '잠자는'과 '아름다운 꽃'의 '아름다운'이 '용언+어미'로 된 관형어임을 보았다. 전자는 동사형 관형어, 후자는 형용사형 관형어다. 이 형태에서 가장 간과하기 쉬운 것은 뒤에 나오는 명사와의 의미 호응 문제다. '잠자는'이 '코털'을 꾸밀 수는 없는 것이다. 이런 걸 틀리겠냐며 어이없어할 수 있지만, 이런 형태의 표현이 외외로 자주 나온다. 어떤 이유에서 '잠자는 코털'이라는 표현이 나오는 것인지 알아보자.

서울 도심에서 거리 미관을 이유로 노점상 단속이 시행된 일이 있다. 그러자 장사를 할 길이 막혀 버린 상인들이 시위 아닌 시위를 벌였다. 그때 그들이 내걸었던 대형 플래카드에 다음과 같은 글이 적혀 있었다.

- 단속으로 인한 노점상의 생계가 막막합니다.

여기서 '인한'은 '인해'로 바꾸어야 한다. '인한'이 어색한 이유는 무엇일까. 그것이 '(노점상의) 생계'를 꾸미기 때문이다. 그런데 '단속'과 '노점상의 생계' 사이에는 '인한'으로 이어지는 원인과 결과의 관계가 성립되지 않는다. 이때 '인한'을 '인해'로 바꾸면 무엇이 달라지는가. '인해'의 경우 부사어를 만들기 때문에 서술어 '막막하다'를 꾸미게 되는데, '단속으로 인해 (생계가) 막막하다'는 인과 관계가 성립된다. 그러므로 이 문장에서 '인한'은 어색하고 '인해'는 자연스러운 것이다. '인한'을 사용해 자연스럽게 하려면 '단속으로 인한 노점상의 고통' 정도로 바꾸어 인과 관계를 만들어 줘야 한다.

☞ 단속으로 인한 노점상의 고통이 엄청납니다.

이와는 달리 '인한'을 사용해도, '인해'를 사용해도 인과 관계가 성립되는 문장 형태가 있다. 다만 이때는 두 문장의 의미가 서로 다르다.

1 그는 실연으로 인한 알코올 중독자가 됐다.
2 그는 실연으로 인해 알코올 중독자가 됐다.

1은 실연이 원인이 된 알코올 중독자가 됐다는 뜻이다. 2는 실연 때문에 알코올 중독자가 됐다는 뜻이다. 1은 여러 원인 중에서도 특정하게 '실연'이 원인인 알코올 중독에 초점을 맞추었고, 2는 알코올 중독자가 된 원인 자체에 초점을 맞추었다. 그렇지만 일반적으로 알코올에 중독되었다면 왜 중독되었는지가 관심 사항일 뿐 원인을 따져 어느 하나를 거론하는 경우는 별로 없다. 즉 1은 우리가 일반적으로 쓰는 표현과는 다소 거리가 있다.

    3 화상으로 인한 흉터가 생겼다.
    4 화상으로 인해 흉터가 생겼다.

이 두 예문도 마찬가지다. 3은 화상이 원인이 된 흉터가 생겼다는 의미이고, 4는 화상 때문에 흉터가 생겼다는 뜻이다. 뉘앙스가 다른 것이다. 누군가 "웬 흉터니?"라고 물었다면 "화상으로 인한 흉터야."라고 대답할 수 있다. "흉터가 왜 생겼니?"하면 4처럼 "화상으로 인해 (흉터가) 생겼어."라고 말할 수 있다. 하지만 이 질문에 3처럼 "화상으로 인한 흉터가 생겼어."라고 말하는 경우는 거의 없다.

한편 1과 3은 또 다른 문제점도 가지고 있다. '인한'이 서술어를 제한적으로 받아들이기 때문에 생기는 문제. '인한'은 '생기다'와 '발생하다' 등의 뜻을 지닌 단어와는 잘 결합하지 않는다. 왜냐하면 '인한'이 '인하여 발생한'이라는 뜻을 이미 내포하고 있어서 의미가 중복될 수 있기 때문이다. 즉 '화상으로 인한 흉터가 생겼다.'는 '화상으로 인하여 생긴 흉터가 생겼다.'라는 의미로 읽히기 쉽다. 다음 예문은 서술어가 '발생하다'와 무관한 것들인데, 이 경우에는 의미 흐름이 자연스럽다.

- 실연으로 인한 알코올 중독자가 늘고 있다.
- 화상으로 인한 흉터가 아물지 않는다.

지금까지는 '인한'을 잘못 사용한 경우에 대해 살펴보았다. 이번에는 반대로 '인해'를 잘못 사용한 경우를 보자.

- 요즘 실연으로 인해 자살이 늘고 있다.

언뜻 보기에 무리가 없어 보인다. 그러나 함정이 있다. 우선 부사어 '인해'와 호응되는 서술어가 있는지 찾아보니 끝 부분의 '늘고 있다'가 있다. 그런데 진짜 '인해'가 '늘고 있다'와 호응되는가? 다른 예를 들어 보자.

- 외도로 인해 이혼자가 늘고 있다.

앞의 예와 똑같은 형태의 문장이다. 뜻을 잘 음미해 보자. 여러 이혼의 경우 중 특히 외도 때문에 이혼하는 경우가 늘고 있다는 것이다. 하지만 위의 문장은 이런 뜻이 아니다. 외도 때문에 모든 유형의 이혼이 늘고 있다는 뜻으로 읽힌다. 이 상황에 맞는 표현은 다음과 같다.

☞ 외도로 인해 이혼하는 사람이 늘고 있다.

즉 '인해'가 서술어 '늘고 있다'와 호응되지 않으므로 따로 호응되는 서술어를 만들어 주어야 하는 것이다. 이를 감안하면 위위 예문은 다음처럼 표현해야 한다.

☞ 요즘 실연으로 인해 자살하는 사람이 늘고 있다.

☞ 요즘 실연으로 인한 자살이 늘고 있다.

| 요약 | 용언 관형어가 낳기 쉬운 부적절한 표현!

**첫째** '인한', '따른'과 같은 관형어는 앞뒤 말이 인과 관계로 이어지지 않으면 의미 결합이 안 된다.

**둘째** 'A로 인한 B가 어찌하다' 꼴에서 '어찌하다'에 '발생하다'와 유사한 뜻의 단어가 놓이면 의미 흐름이 불안정하다. 이때는 'A로 인해 B가 발생하다' 꼴로 변환시켜 보자.

# 관형어가 여럿이면 이런 문제가

### 체언 관형어가 중첩될 때

우리말에서는 원래 '의'가 잘 사용되지 않았다. 예컨대 '나의 책'은 '내 책', '꽃의 향기'는 '꽃 향기' 식으로 생략하기를 좋아했으며, '한 그릇의 물'이라 하지 않고 '물 한 그릇'이라 썼다.

그러던 것이 일본어 문화가 들어오면서 점점 '의'를 많이 사용하게 되었다. 일본말에서 가장 흔히 그리고 여러 번씩 쓰는 것이 우리말의 '의'에 해당하는 'の'이다. 주로 '체언+의' 형태의 관형어로 많이 쓰인다. 예컨대 일본어에서는 '우리 집 뜰'이라 하지 않고 '우리의 집의 뜰'이라고 한다는 것이다.

'체언+의'를 쓰면 문장이 간결해지는 맛이 있다. '전통 문화를 보존하는 일'은 간단히 '전통 문화의 보존'으로 할 수 있다. '하나님이 비추어 주시는 영광의 빛줄기'는 '하나님의 영광의 빛줄기'로 줄일 만하다. 다만 '하나님의 영광의 빛줄기'는 '의'가 연속으로 나와 다소 부담스럽다. 간결할 수는 있지만, 같은 격조사가 연이어 나와 음의 충돌 현상이 빚어진다. 아래 예시글과 고침글을 비교해 보자.

- 드러날 듯 말 듯한 미소, 이것이 한국의 전형적인 여인의 미소다.
☞ 드러날 듯 말 듯한 미소, 이것이 전형적인 한국 여인의 미소다.

- 인신 매매는 인간의 문명 사회에서의 봉건 사회로의 회귀를 뜻한다.
☞ 인신 매매는 인간이 문명 사회에서 봉건 사회로 회귀함을 뜻한다.

- 그동안의 자신들의 배움을 평가 받게 될 것이다.
☞ 그동안 자신들이 배운 것을 평가 받게 될 것이다.

하지만 '의'의 중복을 반드시 피하라는 뜻은 아니다. 꼭 들어가야 할 곳에는 넣어야 한다.

- 소통하지 않는 정부의 버티기, 둘러대기, 발뺌 등이 반복되면서 국민의 불신의 골이 깊어졌다.
- 재협상 촉구 결의안 채택은 정상적인 국회 개원을 위한 우리의 최소한의 요구였다.

첫 문장에서 '불신의 골'을 줄여서 '불신 골'이라고 표현하면 어불성설이 된다. '국민이 갖는 불신의 골' 정도로 바꿀 수도 있지만, 억지로 바꾸려다 오히려 더 어색한 글을 만들 바에야 그냥 중복 형태로 가는 것이 낫다. 두 번째 문장도 중복된 '의' 가운데 어느 하나를 생략해서는 안 된다.

## 용언 관형어와 체언 관형어가 함께 나올 때

- 아름다운 아내의 친구가 집에 놀러 왔다.

체언 앞에 여러 개의 관형어가 동시에 나오는 것은 드문 일이 아니다. '아름다운 그녀의 코'에서는 '아름다운'과 '그녀의'가 관형어다. 이때 이 이중 수식 문구는 대개 두 가지로 해석된다. 아름다운 것은 '그녀'일 수도 있고, '코'일 수도 있다. 그렇다면 이를 어찌 구별할까. 대개는 정황이 말해 준다. 예를 들어 '사랑하는 사람의 친구'라 하면 '사랑하는'은 '사람'을 수식하고, '사랑하는 나의 친구'라 하면 '사랑하는'은 '친구'를 수식한다. 하지만 '아름다운 아내의 친구'는 정황을 파악하기가 간단치 않다.

그런데 '아름다운 아내의 친구' 대신 '아름다운 아내 친구'라 하면 어떨까. '아름다운'이 '친구'를 꾸밀 확률이 더 높다. '아내의 친구'와 '아내 친구'는 같은 뜻이지만 구조가 다르기 때문이다. 전자는 구(句)로 인식되고 후자는 한 단어(복합어)로 인식된다.

> • 청와대가 논란을 빚고 있는 각종 정부 보조금의 정비를 안건으로 제시했다.

이것도 모호한 표현이다. '논란을 빚고 있는 것'이 무엇인가. 정황상으론 '보조금'이지만 구조상으론 '정비' 쪽에 가깝다. 이럴 땐 '…논란을 빚고 있는 각종 정부 보조금을 정비하자는 안건을 제시했다.'로 풀어 쓰는 게 좋다.

## 용언 관형어가 중첩될 때

장문을 쓸 경우 용언 관형어가 둘 이상 겹치는 일도 흔히 있다. 문장에 따라서는 이런 표현이 무난할 수도 있고 혹은 기교상의 효과를 가져다 줄 수도 있지만, 거꾸로 어색할 때도 있다. 예를 들어 보자.

> **1** 이것은 결코 허황된 비현실적인 공상이 아니다.
> **2** 한국은 초고속 성장을 이룩한 한강의 기적을 일구어 낸 나라로 인식된다.
> **3** 깔끔한 외모에 지성미가 넘치는, 그러면서 누구에게나 웃음으로 대하는 여인을 나는 사랑한다.

1에서는 '허황된'과 '비현실적인'이 모두 '공상'을 수식한다. 본래 관형어는 바로 뒤에 명사를 이끌며 수식하는 게 관례인데, 이 문장에서 첫 번째 관형어 '허황된'은 그 관례에서 벗어났다. 수식하는 대상이 멀리 떨어져 있어 흐름이 끊긴다. 이를 해소하기 위해 앞의 관형어, 즉 '허황된' 뒤에 반점을 넣을 수 있다.

하지만 반점을 넣을 때는 글의 성격을 고려해야 한다. 수필 따위의 차분히 읽는 글에서는 반점을 흔히 사용하지만, 기사체 문장처럼 단숨에 읽어 내려가는 글에서는 호흡을 끊을 수 있어 잘 사용하지 않는다. 예컨대 **2**는 기사체 문장이므로 반점을 넣는다 해도 어색하게 느껴진다. **3**은 수필 문체이므로 제외하고, **1**과 **2**를 달리 표현한다면 다음과 같이 할 수 있다.

> ☞ 이것은 결코 허황되거나 비현실적인 공상이 아니다.
> ☞ 한국은 초고속 성장을 통해 한강의 기적을 일구어 낸 나라이다.

이처럼 두 개 이상의 관형어가 하나의 명사를 수식하는 예와 그것을 고친 문장들을 살펴보자.

> ● 너른 대지 앞에 펼쳐진 눈이 시리도록 푸른 하늘을 그녀는 마냥 바라보고만 있었다.
> ☞ 너른 대지 앞에 눈이 시리도록 푸르게 펼쳐진 하늘을 그녀는 마냥 바라보고만 있었다.
> ● 더욱 새로워진 밝은 모습으로 거듭나야 할 것이다.
> ☞ 더욱 새롭고 밝은 모습으로 거듭나야 할 것이다.
> ● 이곳 서낭제는 동제라고 부르는 평상제와 별신굿이라고 부르는 5년 혹은 10년에 한 번씩 지내는 임시대제가 있다.

☞ 이곳 서낭제는 동제라고 부르는 평상제와 별신굿이라고 부르는 임시대제가 있다. 임시대제는 5년 혹은 10년에 한 번씩 지낸다.

관형어 중복의 또 한 가지 유형은 '관형어+체언'으로 된 구가 겹쳐 나오되 앞의 구가 뒤의 관형어에 종속되는 경우이다. 이때는 각각의 관형어가 독립적으로 바로 뒤의 단어 즉 체언을 수식한다. 아래 예문을 보자.

- 정부는 산업 재해를 유발한 사업주에 대한 처벌 기준을 강화하기로 했다.

예문에서 첫 번째 나오는 관형어 '유발한'은 바로 뒤의 '사업주'를 수식한다. 또 뒤에 나오는 관형어 '대한'은 '처벌 기준'을 수식한다. 이와 함께 '유발한 사업주' 전체는 '대한'에 이어진다.

이런 유형의 글은 우선 어디에서 끊어 읽어야 할지부터가 명쾌하지 않다. 바로 앞에서 두 개의 관형어가 하나의 단어를 수식하는 예를 살펴보았거니와, 이때는 자연스럽게 첫 번째 관형어 앞에서 일단 끊었다. 이 같은 언어 습관에 따르다 보면 위 예문은 은연중 '유발한' 다음에서 잠시 끊어 읽게 된다. 그러나 이럴 경우에는 뜻이 통하지 않는다.

이처럼 읽는 이가 착오를 일으키게 되는 근본적인 원인은 문장에 관형어가 두 개 있고, 그 구조가 'A하는 B하는 C'로 되어 A와 B가 C를 수식하는 듯한 꼴로 되어 있기 때문이다. 이런 문장은 중간에 반점을 넣으려 해도 마땅한 곳이 없다. 이런 표현은 조사나 어미 한두 개를 교체한들 또 다른 문제점을 낳기 십상이므로 아예 문장의 틀을 바꾸는 게 좋다.

☞ 정부는 산업 재해를 유발한 사업주에게 더욱 엄격한 처벌 잣대를 들이대기로 했다.

아래 예문들은 이와 같은 구조의 글이다.

- 많은 사람에게 고통을 안겨 준 인재(人災)를 책임져야 할 국방부 장관이 이번 정부의 인사에서 교체되지 않은 것은 실망스럽다.
☞ 국방부 장관은 많은 사람에게 고통을 안겨 준 인재의 책임자로서 마땅히 교체돼야 하나 이번 인사에서 빠져 실망스럽다.
- 정부의 자동차 통행 규제 법안 마련은 더 이상 방관만 할 수 없는 대도시 교통 문제 해결을 위한 시의적절한 방안으로 평가된다.
☞ 정부가 자동차 통행 규제 법안을 마련한 것은, 대도시의 교통 문제가 더 이상 방관만 할 수 없는 지경에 이르렀다는 점에서 시의적절하다고 평가된다.

| 요약 | 이런 이중 관형어는 피하는 게 상책!

**첫째** '의'를 연속으로 사용하여 이중 관형어 형태를 만들려고 하지 말자. 우리말답지 않은 데다 음운 충돌 현상마저 빚어진다.
**둘째** 용언 관형어 바로 뒤에 '체언+의' 관형어가 나오는 이중 관형어 형태는 중의성을 띠기 쉬우므로 가급적 피한다.
**셋째** 나열된 두 개의 용언 관형어가 동시에 하나의 체언을 수식하는 형태도 피하는 게 좋다. 굳이 사용하려면 두 관형어 사이에 반점을 넣어 수식 관계를 명확히 해 준다.

## 되짚어 보기

**(1) 다음 문장들에서 불필요한 말을 찾아보자.**

㉮ 경주 보문단지에는 사철 수많은 관광객의 발길이 끊이지 않고 있다.
㉯ 뜻밖의 갑작스럽게 오신 손님을 맞이하느라 출발 시간이 늦어졌다.


**(2) 다음 문장들을 자연스러운 흐름이 되게 고쳐 보자.**

㉮ 우리의 첨단 기술이 다른 나라에 유출되었을 경우 예상 피해액은 1조 원이다.
㉯ 요즘 나오는 디지털 텔레비전은 좌우가 길고 고화질의 화면이다.


**(3) 다음 문장의 문제점을 찾고 대안을 모색해 보자.**

㉮ 청소년들을 상대로 유익한 책 읽기 운동을 펼치고 있다.
㉯ 동양에는 동양 미(美)가 있고, 서양에는 서양 미가 있다.


**(4) 다음 문장은 이중 수식 구조로 되어 있다. 이를 해소할 방법을 생각해 보자.**

㉮ 정부가 이라크에 지원하는 350만 달러 상당의 물자가 실린 트럭 14대가 현지 무장 세력에 의해 강탈당했다.
㉯ 서울로 가는 열차가 출발하는 시간을 알려 주세요.

(5) 다음 문장은 관형어 두 개가 동시에 명사 하나를 수식하는 구조여서 흐름이 불안정하다. 쉼표를 사용하지 않고 이러한 수식 구조를 해소하는 방법을 생각해 보자.

㉮ 이른 아침 서울을 출발한 그녀를 태운 기차가 부산에 도착하려면 아직 멀었다.
㉯ 실증적 연구 방법은 고도로 발달된 통계적인 분석 기술을 이용한다.
㉰ 현 정부의 각종 정책에 대한 반대 여론이 절반을 훨씬 넘는다.
㉱ 시애틀은 매년 선정하는 미국인이 살고 싶어 하는 도시 가운데 수위를 차지한다.
㉲ 이런 주장은 한쪽 측면만 바라본 균형 감각을 상실한 것이다.

(6) 다음 문장은 수식 구조가 불안하다. 바로잡아 보자.

전쟁이 빚은 참극 치유에 많은 시간과 돈이 투입되었다.

(7) 다음 문장을 자연스러운 흐름이 되게 고쳐 보자.

㉮ 시민과 경찰 사이의 실랑이가 있었지만 충돌로 이어지지는 않았다.
㉯ 어린 시절에 불렀던 노래 부르자 다들 눈을 감았다.
㉰ 그는 공부를 한 외에 게임도 했다.
㉱ 북한은 당장 핵계획을 포기하고 지원을 수용하는 외에 대안이 없다.
㉲ 그녀에게 관심을 끌려고 부단히 노력했다.

**(8) 다음 문장은 중의성을 띤다. 이를 해소해 보자.**

철수가 겸연쩍은 표정을 지으며 길 건너에 있는 영희에게 다가갔다.

**(9) 다음 문장이 비논리적인 이유를 생각해 보자.**

㉮ 세금 인상으로 인한 서민 가계가 말이 아닐 정도로 휘청거리고 있다.
㉯ 소득 향상에 따른 충동 구매가 늘어나고 있다.

**(10) 다음 두 문장의 뉘앙스 차이를 생각해 보자.**

㉮ 장마로 인한 홍수가 마을을 덮쳤다.
㉯ 장마로 홍수가 나서 마을을 덮쳤다.
㉰ 누전으로 인한 화재가 발생했다.
㉱ 누전으로 인해 화재가 발생했다.

### 답과 풀이

(1) ㉮의 경우 '발길이 끊이지 않고 있다'에 많다는 뜻이 들어 있으므로 관형어 '수많은'은 불필요하다. ㉯에서 '뜻밖의'와 '갑작스러운'은 뜻이 서로 비슷하다. 둘 중 하나를 빼는 게 좋다.

(2) ㉮ 예상 피해액 → 예상되는 피해액. 명사 '예상'을 용언 관형어 '예상되는'으로 만들어 주어야 부사어 '경우'와 호응된다. '경우'를 관형어 '경우의'로 바꾸어도 되지만,

그러면 관형어가 이중 수식 구조를 띠어 다소 불안정하다. ㉯에서는 '화면'을 수식하는 말이 두 개인데, 이들의 연결 구조가 비정상적이다. '요즘 나오는 디지털 텔레비전은 화면 좌우가 길고 화질도 높다.' 또는 '요즘 나오는 디지털 텔레비전은 좌우가 긴, 고화질의 화면을 갖추고 있다.'로 해야 바른 구조가 된다.

(3) ㉮는 '유익한 책'이 아닌 '유익한 책읽기'로 읽힐 수 있다. '유익한 책을 읽자는 운동' 등으로 풀어 주면 좋다. '유익한 책'을 홑따옴표로 싸 주는 방법도 있다. ㉯는 '동양 미'와 '서양 미'를 각각 '동양의 미'와 '서양의 미'로 한다. 예문의 '동양 미'는 '동양이 지니고 있는 미'라는 뜻으로 쓰였다. 나열된 두 명사가 주어+술어의 의미 결합일 때는 중간에 '의'를 넣어야 자연스럽다.

(4) ㉮는 여러 정보를 한 문장에 넣다 보니 수식어가 많아졌다. 문장을 나누는 게 좋다. '정부의 지원 물자를 실은 트럭 14대가 현지 무장 세력에 의해 강탈당했다. 트럭에는 350만 달러 상당의 물품이 실려 있었다.' ㉯는 의미 흐름엔 무리가 없으나 늘어지는 감이 있다. 간결하게 하려면 다음처럼 한다. '서울행 열차가 출발하는 시간을 알려 주세요.', '서울로 가는 열차의 출발 시간을 알려 주세요.'

(5) ㉮ 이른 아침 그녀를 태우고 서울을 출발한 기차가 부산에 도착하려면 아직 멀었다. ㉯ 실증적 연구 방법은 고도로 발달된 통계 분석 기술을 이용한다. ㉰ 현 정부의 각종 정책을 반대하는 여론이 절반을 훨씬 넘는다. ㉱ 매년 미국인이 살고 싶어 하는 도시를 선정하면 시애틀이 늘 수위를 차지한다. ㉲ 이런 주장은 한쪽 측면만 바라본 것으로서 균형 감각을 상실한 것이다. ㉲의 경우 '이런 주장은 한쪽 측면만 바라보았기 때문에 균형 감각을 상실한 것이다.'로 하면 의미가 조금 달라진다. 예문은 '한쪽 측면만 바라보다'와 '균형 감각을 상실하다'가 동격으로서 부연 설명하는 형태이다. '때문에'를 넣으면 동격이 아닌 인과 관계를 나타낸다.

(6) 관형어 '빚은'이 '치유'를 수식하는 것으로 해석될 수 있다. '참극'까지만 수식하도록 하자면 '참극 치유'를 '참극의 치유'로 한다. 더 명확히 하려면 '전쟁이 빚은 참극을 치유하는 데 많은 돈이 투입되었다.'로 한다.

(7) ㉮ 사이의→사이에 ㉯ 노래 부르자→노래를 부르자 ㉰ '그는 공부 외에 게임도 했다.' 또는 '그는 공부를 하기도 했지만 게임도 했다.' 또는 '그는 공부도 했고 게임도 했다.' ㉱ 수용하는 외에→수용하는 것 외에 ㉲ 그녀에게→그녀의

(8) 겸연쩍은 표정을 짓는 사람이 철수인지 영희인지 알 수 없다. 반점을 넣어 구분하는 방법이 있다. 반점을 '철수가' 뒤에 넣으면 영희가 겸연쩍은 표정을 짓게 되고, '지으며' 뒤에 넣으면 철수가 겸연쩍은 표정을 짓게 된다. 반점으로 처리하지 않는다면, '철수가 겸연쩍은 표정을 지으며 길 건너편 영희에게 다가갔다.'로 하거나, 반대로 '철수가 길 건너편에서 겸연쩍은 표정으로 서 있는 영희에게 다가갔다.'로 할 수 있다.

(9) '인한'은 앞과 뒤의 체언을 원인과 결과 관계로 이어 주는 말이다. 하지만 ㉮에서 '세금 인상'과 '서민 가계'는 원인과 결과의 관계가 아니다. 이 문장에서 결과를 나타내는 말은 '(가계가) 휘청거리다'라는 용언이므로 '인한'을 용언과 결합하는 '인해'로 바꾸어야 한다. ㉯ 역시 '따른'이 앞과 뒤의 체언을 인과 관계로 맺어 주는데, '소득 향상'과 '충동 구매' 사이에는 인과 관계가 성립되지 않는다. '충동 구매 현상이 늘어나는 것'이 '소득 향상'의 결과다. 그러자면 '따른'을 '따라'로 바꾸어야 한다.

(10) ㉮는 여러 종류의 홍수들 중 특히 장마가 원인이 된 홍수가 발생했다는 데 초점이 맞추어져 있다. ㉯는 장마가 닥쳤다는 것보다는 홍수가 마을을 덮쳤다는 데 초점이 맞추어져 있다. 하지만 홍수를 장마에 의한 홍수, 폭우에 의한 홍수 등으로 구분하여 표현하는 사례는 거의 없으므로 일반적으로 ㉯의 형태로 표현한다. ㉰와 ㉱도 ㉮와 ㉯의 경우와 동일한 차이를 보인다.

# 6

같은 말 여러 번 하지 말자

말이 너무 길다.

**잃어버린
진주 목걸이는
선물 받은
진주 목걸이**

한 문장 안에서 같은 단어를 두 번 이상 사용하는 것은 그리 권장할 바가 못 된다. 경제적이지 못하기 때문이다. 그러니 가급적 중첩되는 말을 줄여야겠지만, 그렇다고 무조건 중첩을 피해서도 안 된다. 불가피하게 같은 단어를 두 번 이상 사용해야 할 때도 있다. 단어의 중첩을 그대로 둘 것이냐 생략할 것이냐는 어떤 기준에 따라 일률적으로 판단할 수 있는 게 아니다. 어떤 경우에는 생략하지 않으면 글답지 않고, 어떤 경우에는 중첩하지 않으면 글이 안 된다. 또 어떤 경우에는 생략과 중첩이 모두 허용되기도 한다.

열애 중이던 청년이 여자 친구에게 진주 목걸이를 선물로 주었다. 그런데 얼마 후 여자 친구가 청년에게 말했다. "자기야, 실은 나 자기가 준 그 진주 목걸이 잃어버렸어." 그러자 청년이 놀라서 왈, "뭐야? 그 진주 목걸이가 얼마나 비싼 진주 목걸이인데!" 당황한 여자 친구가 물었다. "얼마나 비싼 진주 목걸이인데?" "네가 상상도 못할 만큼 비싼 진주 목걸이야." 두 사람이 주고받은 말을 다시 한 번 음미해 보자. 같은 상황에서 우리가 이들처럼 말할 가능성은 별로 없다. "그게 얼마나 비싼 건데!" "얼마나 비싼데?" "네가 상상도 못할 만큼." 정도로 짧게 말해도 될 것을, 매번 '진주 목걸이'를 넣어서 말하려니 정작 전달하고자 했던 의미는 약해지고 대화가 어색하고 답답해졌다.

# 같은 단어를 여러 번 쓰면 문장이 지루해진다

단어가 중첩되는 경우를 유형별로 나누어 보자. 첫째 유형은 홑문장에서 보이는 중첩이다. 대표적인 것이 '무엇은 무엇이다' 꼴이다.

> 1 이 책은 국어책이다.
> 2 이 시계는 비싼 시계다.
> 3 이것은 새로운 것이다.
> 4 가장 심각한 문제는 교통 질서 문제다.

이런 유형은 우리말의 특성 가운데 하나여서, 다소 부자연스럽기는 하나 어쩔 수 없는 표현으로 받아들여지기도 한다. 1은 굳이 고친다면 대명사를 사용해 '이것은 국어책이다.'라고 할 수 있지만, 어느 게 더 나은 표현이라고 딱히 꼬집어 말하기 어렵다. 그러나 2와 3은 달리 표현할 만한 여지가 충분하다. '무엇은 무엇이다' 꼴을 '무엇은 어떠하다' 꼴로 바꾸는 것이다. 2는 '이 시계는 비싸다.'로 하고, 3은 '이것은 새롭다.'로 할 수 있다. 그러나 무턱대고 이렇게 고칠 수는 없다. 뉘앙스가 달라질 수 있기 때문이다. 또 앞뒤 문장과의 관계도 고려해야 한다. 그러므로 이런 유형의 겹침은, 피할 수 있다면 피하되, 억지로 피하려 하지는 말자는 정도로 이해하는 게 좋겠다. 4는 '가장 심각한 것은 교통질서 문제다.'로 바꿀 만하다.

둘째 유형은 겹문장에서 보이는 중첩이다. 겹문장은 한 문장에 주어와 술어가 두 개 이상 들어 있는 형태를 말한다. 문장이 길어지다 보면 같은 말을 두 번 사용할 때가 적지 않다.

> 5 철수는 학교에 가서 학교 선생님의 가르침을 받는다.
> 6 이날 오전 그 은행의 주가는 5퍼센트가량의 하락세를 보였지만, 지주회사 전환을 미루겠다는 소식이 전해지면서, 그 은행의 주가는 급락세를 보이고 있다.

5에서는 뒤의 '학교'를 빼는 게 좋다. 6에서 '그 은행의 주가'를 두 번 쓴 것은 건망증 때문인 듯하다. 사실 우리말은 건망증이 있는 사람에게 특히 어렵다. 주어와 술어가 멀리 떨어져 있는 구조이기 때문이다. 주어 다음에 목적어, 부사어 등 잡다한 정보들을 집어넣다 보면, 막상 술어를 쓸 때는 '주어가 뭐였더라' 하고 거슬러 올라가게 된다. 주어를 돌아보지 않으면 자칫 주술 관계가 호응을 잃기 쉽다. 더구나 예문처럼 주어 하나에 술어를 둘 이상 달아맬 때는 두 번째 술어 앞에 또다시 주어를 넣기 십상이다. 그 결과 '철수는 학교에 가서, 철수는 공부를 했다.'와 같은 어색한 표현을 낳는 것이다.

중첩의 셋째 유형은 문장을 여럿 나열할 때, 문장에서마다 같은 말을 되풀이해 과잉 친절을 보이는 형태다. 일기를 쓰면서 '나는 밥을 먹었다. 나는 학교에 갔다. 나는 놀았다.' 식으로 '나는'을 계속 나열하는 것이 대표적이다. 여기서는 일기체라는 점을 감안해 '나는'을 모두 빼도 된다. 뜻을 해치지 않고 문맥도 해치지 않는다고 판단되면 생략하는 게 백번 낫다. 하지만 일반 글에서는 생략해야 할지 말아야 할지 판단하기가 쉽지 않다. 생략하기 부담스러울 때는 대체 용어를 사용하는 방법도 생각해 볼 수 있다. 어느 초등학생의 글을 보자.

> **7** 요즘에는 집집마다 차가 한 대씩 다 있다. **8** 우리 집도 마찬가지로 차가 있다. **9** 우리 집에 차가 생겨서 편하긴 한데 문제점이 많다. **10** 그중에서 가장 심각한 문제는 교통 질서 문제인 것 같다. **11** 교통 질서에는 여러 가지가 있다. **12** 빨간 불에는 멈춰 서기 등 많다.

**7**과 **8** 두 문장에는 '차'가 연달아 나온다. **8**을 '우리 집도 마찬가지다.'로 하면 겹침이 해소되고 흐름도 좋다. **8**과 **9**는 '우리 집'이 겹친다. **9**의 '우리 집'을 빼는 편이 전후 문맥도 더 잘 통한다. **9**와 **10**을 보면, **10**에 '문제'가 두 번 들어가 있고, **9**에도 '문제점'이 있다. **10**을 '그중에서 가장 심각한 것은 교통 질서 문제인 것 같다.' 정도로 고치는 게 좋다. **11**과 **12**를 보면, '여러 가지'와 '많다'가 결국 같은 뜻이어서 중복 표현인 셈이다. '교통 질서에는 여러 가지가 있다. 빨간 불에 멈춰 서기 등이다.' 정도면 충분하다.

이처럼 중복을 피하면 문장이 깔끔하고 매끄럽다. 그렇다고 단어가 중복될 때마다 알레르기 반응을 보여서는 안 된다. 예를 들어 **9**의 '차'는 **8**의 '차'와 겹치기는 하지만 생략해서는 안 된다. 단어가 중첩됐을 때는 그중 하나를 생략할 수 있는가를 먼저 고려해, 별문제가 없겠다 싶을 때만 빼야 한다.

- 세계는 식량 위기에 직면해 있다. 식량 위기의 근본적인 원인으로는 1배럴에 100달러에 육박하는 고유가를 들 수 있다.

위의 예문에서는 뒷부분의 '식량 위기의'를 대명사 '그'로 대체하는 게 좋다.

- 봄이 되어 동네 앞 정자나무에 잎이 피는 모양을 보고 어머니는 그해의 농사를 미리 안다. 동네 앞에 있는 정자나무가 해마다 같은 모양으로 잎이 피는 것 같아도 해마다 잎 피는 모양이 다르다. 올해는 남쪽 가지부터 잎이 피기 시작하는가 하면…….

어느 문인이 쓴 글이다. 앞뒤 문장에 중복된 말이 꽤 많다. 글이 산만하고 늘어지는 감이 있다. 다음처럼 다듬으면 깔끔해진다.

☞ 봄이 되면 동네 앞 정자나무에 잎이 돋아난다. 그 모양을 보고 어머니는 그해의 농사를 미리 안다. 해마다 같은 형태로 잎이 피는 것 같아

도 그렇지 않다. 올해는 남쪽 가지부터 피기 시작하는가 하면…….

| 요약 | 같은 단어가 중복될 때의 해결법!

**첫째** '무엇은 무엇이다' 꼴을 '무엇은 어떠하다' 꼴로 바꾸면 동어 반복을 피할 수 있다.

**둘째** 주어 하나가 각 술어들을 모두 관장하는 겹문장 형태라면 각각의 술어에 주어를 반복해서 넣지 않도록 한다.

**셋째** 서로 이웃하는 문장에 같은 단어나 구절을 반복해 쓰면 자칫 중복 표현이 될 수 있다. 뒷문장에 있는 것을 생략하거나 다른 표현으로 바꾸어 주는 게 좋다.

**넷째** 중복을 피한답시고 무조건 하나를 생략하다간 자칫 구문을 흩뜨릴 수도 있다. 글의 완성도 차원에서는 중복 표현이 불가피할 때도 있음을 간과하지 말자.

# 격이 같으면서 겹치는 단어를 생략하는 법

어떨 때 중첩된 단어를 생략할 수 있는지 혹은 생략할 수 없는지 예문을 통해 진단해 보자.

- 나는 나라를 아낀다.
- 나는 나라를 사랑한다.
- ☞ 나는 나라를 아끼고 사랑한다.

첫 번째와 두 번째 문장은 똑같이 '주어 + 목적어 + 술어'의 구조를 띠고 있다. 구조가 같은 두 개 이상의 문장을 하나로 연결할 때는 일반적으로 겹치는 부분의 한쪽을 생략할 수 있다. 여기서는 중첩된 '나는'과 '나라를'을 하나씩 생략했다. 그러나 다음은, 같은 방식으로 생략할 수 없다.

1 나는 나라를 사랑한다.
2 나는 나라를 위해 목숨을 바칠 생각이다.
☞ 나는 나라를 사랑하므로 (     ) 위해 목숨을 바칠 생각이다.
☞ 나는 나라를 사랑하므로 (       ) 목숨을 바칠 생각이다.
☞ 나는 나라를 사랑하므로 나라를 위해 목숨을 바칠 생각이다.

두 문장을 합치면서 겹치는 단어를 생략해 보니 첫 번째는 비문이 되었고, 두 번째는 합치기 전의 글 내용을 충분히 소화하지 못하는 결과가 되었다. 이 경우에는 마지막 문장처럼 중첩시켜야 바른 문장이 되고 뜻도 제대로 전달된다. 그 이유는 결합하기 전의 두 문장이 서로 다른 구조이기 때문이다. 1은 '주어 + 목적어 + 술어'의 형태이고, 2는 '주어 + 부사구 + 목적어 + 술어'의 형태다. 두 문장이 다 같이 '나는 나라를'로 시작되지만 구조가 달라 '나라를'의 기능이 일치하지 않는 것이다. 1의 '나라'는 문장 전체의 목적어이고, 2의 '나라'는 부사어 '위해'를 한정하는 소단위 목적어다. 2의 전체 목적어는 '목숨'이다.

이처럼 한 문장 안에 같은 단어가 중첩되었다 하더라도 그것의 문장 내 기능이 서로 다르면 한쪽을 쉽게 생략할 수 없다. 다른 예를 보자.

● 검찰은 아무개 씨가 증여세 1억 원을 포탈한 혐의를 밝혀내고 1일 구속 기소했다.

위의 예문은 신문에 나온 기사 문장 가운데 요점만 추린 것이다. 그런데 이 문장에서는 '구속 기소했다'와 호응되는 '아무개 씨를'이 생략돼 있다. 한 문장에 '아무개 씨'라는 단어가 두 번 나오면 번거롭다고 생각했기 때문일 것이다. 간결성을 추구하려 했지만 어법이 무너진 탓에 글답지 않다.

문장 내의 기능이 다르면 쉽게 생략할 수 없다고 했지만, 기능이 서로 같다고 해서 무조건 하나를 생략할 수 있는 것도 아니다. 다음 예를 보자.

- 문화는 인간의 생활을 편리하게 하고, 유익하게 하고, 행복하게 하는 것이니, 이는 인간을 인간답게 하는 최고의 무형 자산이라고 할 수 있다.

여기서 '이는'은 '문화는'을 대신하는 말이다. 그러므로 주어를 두 번 반복한 꼴이 된다. 이 중 하나를 생략해 다음과 같이 표현해 보자.

☞ 문화는 인간의 생활을 편리하게 하고, 유익하게 하고, 행복하게 하는 것이니, 인간을 인간답게 하는 최고의 무형 자산이라고 할 수 있다.

겹치는 주어를 생략했는데 오히려 더 어색하다. 그 이유를 알아보기 위해 원문을 두 문장으로 나누어 보자.

- 문화는 인간의 생활을 편리하게 하고, 유익하게 하고, 행복하게 하는 것이다.
- 문화는 인간을 인간답게 하는 최고의 무형 자산이라고 할 수 있다.

첫 번째는 문화가 인간의 생활에 미치는 영향과 관련된 설명이고, 두 번째는 첫 번째의 내용을 근거로 결론을 내리는 말이다. 이처럼 문장 형식이 같고 그들에 공통으로 쓰인 단어의 격이 같다 하더라도 의미의 격이 일치하지 않으면, 두 문장을 합칠 때 동일어를 생략할 수 없다.
이 밖에, 문장 내에서 특정 단어를 강조하고자 할 때, 생략하기보다는 중첩해서 사용하는 것이 나을 수도 있다.

> **3** 젊기 때문에 미래가 있고, 젊기 때문에 희망이 있고, 젊기 때문에 조국을 위해 희생할 용기가 있습니다.
> **4** 젊기 때문에 미래가 있고, 희망이 있고, 조국을 위해 희생할 용기가 있습니다.
> **5** 젊기 때문에 미래가, 희망이, 조국을 위해 희생할 용기가 있습니다.
> **6** 젊기 때문에 미래와 희망이 있으며, 조국을 위해 희생할 용기가 있습니다.

위의 네 가지 예문은 모두 쓸 수 있다. 이 중 **5**는 서술어의 중복까지 피하고자 했는데, '미래가', '희망이'와 '조국을 위해 희생할 용기가'의 구조가 달라 어색한 감이 있다. 그 어색함을 피하려면 **6**처럼 나누어 '있다'를 중첩시켜야 한다.
이 밖에 대등절로 이어지는 문장에서 대구가 성립하지 않을 때도 겹치는 단어를 생략할 수 없다.

- 당시 인질 구출 작전에서는 인질 가운데 페루 대법원 판사

> 1명, 진압 병력 2명, 그리고 인질범 14명이 사망했다.

꽤 오래 전 페루 일본대사관에 억류된 인질을 구출하면서 발생한 인명 손실 내용이다. 죽은 사람은 인질로 잡힌 페루 대법원 판사 1명과 구출 작전에 투입된 병력 2명, 그리고 현장의 인질범 14명이다. 그러나 예문 내용을 보면 마치 진압 병력이 인질 가운데 포함된 것처럼 읽힌다. 즉 '인질 가운데 페루 대법원 판사 1명과 진압 병력 2명이 사망했다.'라는 뜻으로 해석되는 것이다. 반점이 있으면 그 앞뒤의 구나 절이 대구로 인식되기 때문이다. 그러므로 다음과 같이 표현해야 한다.

☞ 당시 인질 구출 작전에서는 인질 가운데 페루 대법원 판사 1명과 그 밖에 진압 병력 2명과 인질범 14명이 사망했다.

|요약| 중복된 단어의 격이 같을 때 생략 여부 판단법!

**첫째** 구조가 같은 두 개 이상의 문장을 하나로 합칠 때, 중복된 단어가 동일한 문장 성분이면 하나를 생략할 수 있다. 문장 성분이 다르면 생략하기 어렵다.
**둘째** 앞절과 뒷절에 중복되어 나오는 단어가 동일한 문장 성분으로 기능하더라도 의미의 격이 일치하지 않으면 그중 하나를 생략하기 어렵다.
**셋째** 문장 내에서 특정 단어를 강조하고자 할 때는 중복해서 사용하는 게 더 바람직하다.
**넷째** 대등절로 이어진 문장이어도 대구가 성립하지 않으면 겹치는 단어를 생략하기 어렵다.

# 격은 다르지만 겹치는 단어를 생략하는 법

이제 같은 단어가 서로 격을 달리하며 중첩될 때 이 중 하나를 어떻게 생략할 수 있는가에 대해 알아보자.

- 철수는 영희를 사랑한다.
- 철수는 영희에게 꽃을 선물했다.

이 두 문장을 하나로 묶을 경우 다음 두 가지를 생각할 수 있다.

☞ 철수는 영희를 사랑하므로 꽃을 선물했다.
☞ 철수는 영희를 사랑하므로 영희에게 꽃을 선물했다.

먼저 중복되는 '영희'를 하나 생략해 봤다. 그러나 완전한 문장이 되지 못한다. 동사 '선물하다'는 목적어와 처소 부사어를 함께 동반하는 단어인데, 처소 부사어 '누구에게'가 빠졌기 때문이다. 예컨대 이 문장을 다음과 같이 썼을 때 목적어가 빠져 어색한 것과 같은 이치다.

- 철수는 사랑하므로 영희에게 꽃을 선물했다.

비슷한 예로 다음의 경우를 살펴보자.

- 나는 학교에 다닌다.
- 나는 학교에서 공부하는 것은 재미없다.
- ☞ 나는 학교에 다니지만 공부하는 것은 재미없다.
- ☞ 나는 학교에 다니지만 학교에서 공부하는 것은 재미없다.

처소 부사어 '학교에서'를 넣은 경우와 뺀 경우 내용상 차이가 매우 크다. 첫 번째는 공부하는 것 자체가 재미없다는 뜻이고, 두 번째는 학교에서 공부하는 것은 재미없다는 뜻이다. 중첩된 단어를 생략하려다 원문의 뜻을 손상시킬 수도 있음을 보여 주는 예다.

그러나 다음의 경우는 격이 다르면서도 생략이 가능하다.

- 나는 학교에 갔다.
- 나는 학교에서 공부했다.
- ☞ 나는 학교에 가서 학교에서 공부했다.
- ☞ 나는 학교에 가서 공부했다.

'학교에'와 '학교에서'가 서로 다른 문장 성분이라고 해서 생략하지 않았더니 '학교에서'가 사족이 되었다. 그 이유는 '가서'의 쓰임에서 찾을 수 있다. '가서'의 '-(아/어)서'는 어떤 상태를 유지하면서 다음 행위를 할 때 쓰는 말이다. 예문도 학교에 간 상태에서 공부를 한다는 뜻이다. 앞에 이미 장소가 드러나 있기 때문에 뒤는 생략하는 게 옳다.

다음 예문은 격이 다른 단어가 중첩되었을 때 어느 쪽을 생략해야 하는가에 대한 답을 제시한다.

- 철수는 영희에게 가지 말라고 했다.
- 철수는 영희를 붙잡았다.
☞ 철수는 영희에게 가지 말라고 하면서 붙잡았다.
☞ 철수는 가지 말라고 하면서 영희를 붙잡았다.

합친 문장 중 첫 번째가 비문인 이유는 전체 술어 '붙잡았다'의 목적어가 보이지 않기 때문이다. 두 번째처럼 '영희에게'를 '영희를'로 해야 한다. 앞문장 '학교에 가서 공부했다.'를 보면 '학교에서'는 문장의 필수 요소가 아닌 데다 서술어 '공부하다'가 장소 부사어를 반드시 필요로 하는 것도 아니기 않기 때문에 생략이 가능했다. 하지만 이 문장에서 목적어는 필수 요소이므로 임의로 생략해서는 안 된다.

## 동족 용언이 반복될 때

동족 용언(同族用言)은 문법 용어가 아니다. '동족 목적어'에서 착안해

임의로 만들어 본 말이다. 동족 목적어는 '잠을 자다'의 '잠', '꿈을 꾸다'의 '꿈'처럼 서술어로 쓰인 동사와 같은 뿌리로 된 목적어를 가리킨다. 여기서 말하는 동족 용언은 앞뒤에 놓인 용언이 같은 뿌리로 된 말을 뜻한다. '보호할 만한 것을 보호하다', '가꾸어야 할 것을 가꾸다', '할 말을 하다' 등이 그 예이다.

동족 목적어와 마찬가지로 동족 용언은 일상에서 자연스럽게 받아들여지는 표현이다. 그러나 쓰임에 한계는 있다. 예컨대 '사랑스러운 것을 사랑하다'는 못 쓸 이유는 없지만 어색해 보인다. '아름다운 새가 아름답다'는 어색함의 정도를 넘어 논리의 모순에까지 빠진다.

> ● 무엇보다 우리 가족들을 놀라게 했던 건 하루가 다르게 변모하는 아버지의 놀라운 어휘력이었다.

이 표현은 결국 '놀라운 어휘력에 놀랐다'는 뜻이다. 달리 표현하면 '놀라워서 놀랐다'는 것인데, 이는 '아름다워서 아름답다'와 똑같은 논리적 모순을 드러낸다. 뒤의 '놀라운'을 빼면 되지만 이럴 경우 뭔가 허전해 보인다. 앞부분을 조금 바꾸어 '하루가 다르게 향상되는 아버지의 어휘력' 등으로 고치는 방법을 생각해 볼 수 있다.

> ● 티베트 유혈 시위 때 한 연예인이 그곳을 방문하여 기념 사진을 찍었는데, 환하게 웃는 모습으로 찍었다.

이건 앞의 동족 용언 개념에서 조금 벗어난다. 오히려 동어 반복에 가깝다. 그렇지만 동어 반복을 피하기 위해 '찍었는데'를 '촬영했는데'

등으로 대체해도 뒤의 '찍었다'와 의미가 겹쳐 어색하기는 마찬가지다. 그런 점에서 '이것은 새로운 것이다.'와 같은 단순한 동어 반복과는 성격이 다르다. 흐름을 부드럽게 하려면 문장의 틀을 바꾸는 게 좋다.

☞ 티베트 유혈 시위 때 한 연예인이 티베트를 방문하여 기념 사진을 찍었는데, 환하게 웃는 모습이었다.
☞ 티베트 유혈 시위 때 한 연예인이 티베트를 방문하여 기념 사진을 찍었는데, 환하게 웃는 표정을 짓고 있었다.

| 요약 | 중복된 단어의 격이 다를 때 생략 여부 판단법!

**첫째** 앞절과 뒷절에 중복되어 나오는 단어가 각각 다른 문장 성분으로 쓰였을 때는 둘 중 어느 하나를 생략하기 어렵다.

**둘째** 중복된 단어가 각각 다른 문장 성분으로 쓰였더라도 그중 하나가 필수 성분이 아닌 보조 성분 내에 놓였을 때는 그것을 생략할 수 있다.

**셋째** '사랑스러운 것을 사랑하다'처럼 같은 뿌리를 가진 말이나 '사랑스러운 것을 좋아하다'처럼 비슷한 의미를 가진 말이 겹쳐 나오는 형태를 가급적 피한다.

## 되짚어 보기

**(1) 다음은 한 문장에 같은 단어가 두 번씩 나오는 예들이다. 이러한 동어 반복을 피하려면 문장을 어떻게 고쳐야 할지 생각해 보자.**

㉮ 언제 직장을 잃을지 모른다는 불안감 속에서 하루하루를 보내는 직장인도 많다.
㉯ 그는 지난번 TV 토론 당시 다소 긴장된 모습을 보였다는 지적을 의식한 듯 시종일관 여유 있는 모습을 보이려고 애썼다.
㉰ 그 회사 주가는 어제 4500원을 기록하면서 10년 만에 최저치를 기록했다.
㉱ 외국 사람에게 한국의 문화를 알릴 수 있는 좋은 기회가 될 수 있다.
㉲ 천장은 없고 벽만 쌓아 올린 교실에서 책상 대신 넓적한 판자를 책상이라고 놓고 앉아 공부를 했다.
㉳ 병원비 대신에 병원에서 잡일을 하는 것으로 대신할 수는 없겠느냐.

**(2) 다음 문장은 동사 하나에 목적어 두 개가 달려 있어 부자연스럽다. 이를 해소하는 방법을 생각해 보자.**

㉮ 그는 이 책을 나를 주었다.
㉯ 철수는 과자를 두 봉지를 샀다.
㉰ 그는 철수를, 왜 시비를 거냐며 발을 걸어찼다.

**(3) 다음 문장은 필수 성분이 빠졌다. 찾아 넣어 보자.**

㉮ 오늘날 프랑스가 요리의 종주국 행세를 하고 있지만, 16세기만 해도 미개국 수준이었다.

㉯ 꽃잎들이 바람에 날려 땅에 떨어지면 작은 꽃바퀴가 되어 땅을 굴러다녔다.
㉰ 내가 남을 사랑하면 남들로부터 사랑받을 수 있다.

(4) 다음 문장에서 생략된 성분을 찾고, 그것이 생략되었어도 글의 흐름엔 지장이 없는지 생각해 보자.

㉮ 그는 생선을 싫어한다는 이유로 먹지 않았다.
㉯ 욕심을 버리면 행복해진다는 사실을 알면서도 선뜻 버리지 못함은 욕망이 자아를 지배하고 있기 때문이 아닐까.
㉰ 선생님께서 철수가 숙제를 해 오지 않았다며 벌을 세우셨다.
㉱ 후세인은 24년간 이라크를 통치하면서 중동의 군사 강국으로 성장시켰다.
㉲ 요즘 장년층에서도 치매 환자가 발생하는 등 연령이 낮아지는 추세를 보이고 있다.

(5) 다음 밑줄 친 어구 중에서 생략해도 글의 흐름에 지장이 없는 것을 골라 보자.

몇 년 전 미국 캘리포니아에서 ㉠ 지진이 막 일어났을 때의 일이다. ㉡ 지진 때문에 갑자기 ㉢ 집이 흔들리자 한 중증 소아마비 환자가 혼자 벌떡 일어나서 ㉣ 그 집을 뛰쳐나왔다.

(6) 다음 예문들을 통해 동어 반복을 해소할 수 있는 경우와 해소할 수 없는 경우에 대해 생각해 보자.

㉮ 실직은 인생의 끝이 아니라 인생의 하프타임이다.
㉯ 실직은 인생의 끝이 아니라 하프타임이다.
㉰ 실직은 인생의 끝이 아니라 인생의 후반을 준비하는 하프타임이다.
㉱ 실직은 인생의 끝이 아니라 후반을 준비하는 하프타임이다.

## 답과 풀이

(1) ㉮ '언제 직장을 잃을지 모른다는 불안감 속에서 하루하루를 보내는 사람도 많다.' ㉯ '그는 지난번 TV 토론 당시 다소 긴장된 모습을 보였다는 지적을 의식한 듯 시종일관 여유를 잃지 않으려고 애썼다.' ㉰ '그 회사 주가는 어제 4500원으로 내려가면서 10년 만에 최저치를 기록했다.' 또는 '그 회사 주가는 어제 4500원을 기록하면서 10년 만에 최저치로 떨어졌다.' ㉱ '외국 사람에게 한국의 문화를 알리는 좋은 기회가 될 수 있다.' ㉲ '넓적한 판자를 책상이라고 놓다'라는 말에 '책상이 없다'는 뜻이 전제되어 있다. 그러므로 '책상 대신'은 불필요하다. '책상 대신'을 넣으려면 뒷부분 '책상이라고'를 뺀다. ㉳ '병원비를 내는 대신 병원에서 잡일을 하면 안 되겠느냐.'

(2) ㉮ 나를 → 나에게 ㉯ '과자를 두 봉지 샀다.' 또는 '과자 두 봉지를 샀다.' ㉰ '그는 왜 시비를 거냐며 철수 발을 걸어찼다.'

(3) ㉮에서는 후행절의 주어가 빠졌다 주어가 될 만한 말로 '프랑스는' 혹은 '그 나라는'을 넣어야 한다. 선행절의 '프랑스'는 후행절의 주어가 되지 못한다. 그 주어가 후행절에까지 영향을 미치려면 조사를 '는'으로 바꾸어 '프랑스는 오늘날 요리의 종주국 행세를 하고 있지만, 16세기만 해도 미개국 수준이었다.'로 해야 한다. ㉯에서는 후행절의 주어 '꽃잎들'이 빠졌는데, 이를 넣으면 동어 반복에 걸린다. 동어 반복을 피하려면 다음처럼 고친다. '꽃잎들은 바람에 날려 떨어지면 작은 꽃바퀴가 되어 굴

러다녔다.' ㉣는 후행절의 주어 '나도'를 빼먹었다.

(4) ㉮는 어디서 끊어 읽느냐에 따라 의미가 달라진다. 끊는 곳을 반점으로 표시할 경우, 하나는 '그는 생선을, 싫어한다는 이유로 먹지 않았다.'이고, 다른 하나는 '그는 생선을 싫어한다는 이유로, 먹지 않았다.'이다. 일반적으로는 후자처럼 읽기 쉬운데, 이 경우에는 중의성을 띤다. 즉 생선을 먹지 않았다는 것인지, 생선이 들어간 음식을 먹지 않았다는 것인지 알기 어렵다. 만약 생선을 먹지 않았다는 뜻이라면, 두 번째 서술어 '먹지 않았다' 앞에 '생선을'을 한 번 더 넣어야 의미가 뚜렷해진다. ㉯도 ㉮와 마찬가지로 목적어 하나가 서술어 두 개를 이끄는 형태이다. 목적어 '욕심을'이 첫 번째 서술어에만 영향을 미치므로 두 번째 서술어의 목적어를 따로 내세워야 한다. '욕심을 버리면 행복해진다는 사실을 알면서도 그 욕심을 선뜻 버리지 못함은 욕망이 자아를 지배하고 있기 때문이 아닐까.' ㉰는 서술어 '벌을 세우다'를 이끄는 목적어가 안 보인다. '철수를 벌을 세우셨다'로 해야 하는데, 이 경우 '철수'가 두 번 나오는 데다 목적격 조사 '를'이 세 번 나온다. '선생님께서 숙제를 해 오지 않은 철수를 벌 세우셨다.'로 하면 '를'이 하나 줄어든다. ㉱는 두 번째 서술어 '성장시켰다'를 이끄는 목적어가 빠져 있다. '……이라크를 중동의 군사 강국으로 성장시켰다.'로 해야 한다. 특히 원문 상태에서 보면 '24년간'의 위치도 불안정하다. 목적어 앞에 놓임에 따라 뒷문장 전체를 수식하게 되었다. 내용에 맞게 앞부분만 수식하도록 하려면 목적어 뒤에 놓여야 한다. 하지만 목적어를 하나 더 세우면 목적어 앞에 놓여도 괜찮다. 같은 목적어가 반복되는 것을 피하려면 틀을 달리 해야 한다. '후세인은 24년간의 통치를 통해 이라크를 중동의 군사 강국으로 성장시켰다.'가 그것이다. ㉲는 '요즘 장년층에서도 치매 환자가 발생하는 등 치매 환자 연령이 낮아지는 추세를 보이고 있다.'로 해야 한다. '치매 환자'가 거듭 나오기는 하지만 어느 하나라도 생략하면 의미 구조가 무너진다.

(5) ㉡

(6) ㉮는 '인생의'를 반복해서 썼고, ㉯는 반복을 피해 뒷부분의 '인생의'를 생략했다. ㉮는 뜻이 좀 더 명확하고, ㉯는 흐름이 간결하다. 둘 중 어느 것이 절대적으로 낫다고 하기는 어렵다. 선택의 문제인데, 간결함에 비중을 두어 ㉯를 선호할 만하다. ㉰는 본래 '끝'과 '하프타임'이 의미의 짝을 이뤄야 하는데, 그 사이에 '후반'이 끼어들면서 '끝'과 '후반'이 짝을 이루는 것처럼 되어 있다. ㉱처럼 뒷절의 '인생의'를 생략하지 말아야 한다.

# 7

늘어놓기만 한다고 나열이 되는 건 아니다

저거 달라니까요!

자장면, 우동,
해삼이 든
짬뽕 팝니다

단어, 구, 절을 여러 개 나열할 때 우리는 '와/과', '하고/하며', '이고/이며', 반점(,) 등을 사용한다. 지극히 간단해 보이지만, 이렇게 주르륵 늘어놓기만 한다고 능사가 아니다. 단어나 구를 여러 개 나열하는 데는 일정한 법칙이 있다. 각각의 단어나 구가 서로 연관성이 있는지, 또는 대등한지 등을 따져야 한다. 이 법칙을 어기면 의미에 혼란이 온다. 일반적인 나열의 법칙에 대해 알아보자.

장사가 안 돼 고민에 빠져 있던 북경반점 주인장 왕 서방이 노력 끝에 새로운 메뉴를 야심작으로 내놓았다. 데친 해삼을 넣어 만든 짬뽕인데, 맛이 일품이다. 왕 서방은 곧바로 가게 문밖에 광고문을 써 붙였다. "자장면, 우동, 해삼이 들어간 짬뽕 팝니다!" 손님들이 구름처럼 몰려들 거라 기대한 왕 서방. 그런데 이 광고를 본 사람들은 웃어대기에 바빴다. "웬 잡탕면이래?" "저게 무슨 맛이겠냐?" '자장면과 우동과 해삼, 이 세 가지가 들어간 짬뽕'으로 읽혔던 것이다. 그런 음식이라면 영락없는 잡탕면이다. 잘못을 깨달은 왕 서방은 뒤늦게 문장을 고쳐 내붙였다. "자장면, 우동, 해삼짬뽕 팝니다!" 그리고 손님이 하나둘 가게를 찾기 시작했다.

# 성격이 비슷한 것으로, 끼리끼리 나열하라

단어, 구, 절을 나열하는 데 쓰이는 매개 수단에는 접속 조사, 연결 어미, 반점 등이 있다. 대표적인 접속 조사로는 '와/과'가 있고, 연결 어미로는 '-고/며'가 있다. 문장에서 단어나 구, 절을 대등하게 나열할 때는 우선 각각의 요소가 내용상 유사한 성격(자장면, 짬뽕에는 스파게티보다 우동이 어울림)을 띠어야 하며, 또한 같은 형태의 결구(단어끼리, 구끼리, 절끼리)로 맺어져 짝을 이뤄야 한다. 이 같은 표현 기법을 편의상 대비(對比)라고 이름 붙여 보았다.

대비는 곧 조화다. 문장에서 조화가 이루어지지 않으면 흐름이 끊길 뿐 아니라, 내용이 와전될 수도 있다. 여기서는 대표적으로 '와/과'만을 선택해 그 쓰임을 알아본다.

접속 조사 '와/과'의 결구는 지극히 간단하다. 'A와 B'의 형식이며 A, B에 포함되는 것은 명사를 포함한 체언, 명사구, 명사절이다.

- 사람과 동물, 나와 너 (체언의 결합)
- 사과 한 개와 밤 한 톨, 아름다운 처녀와 못생긴 곱추 (명사구의 결합)
- 내가 학교에 가는 것과 그가 집에 있는 것 (명사절의 결합)

결구가 이처럼 간단하지만, 대비되는 양자가 성격을 달리할 경우에는 문장이 어색할 수 있다. 심지어 전혀 다른 내용으로 변질될 수도 있다.

1 에이즈와 담배는 사람에게 치명적일 수 있다.
2 두 사람이 결혼식을 마친 후 행복한 삶과 미래를 꿈꾸며 행진하고 있다.

우선 1을 보자. 에이즈에 걸리면 생명이 위험하다. 흡연도 치명적인 위험을 몰고 올 수 있다. 그러므로 내용상, 문법상 흠은 보이지 않는다. 그러나 에이즈는 질병이고, 담배는 기호물이라는 속성상의 차이가 있어 서로 잘 대비되지는 않는다. 이처럼 나열된 두 개 이상의 단어 사이에 의미의 연관성이 부족하면 대비가 이루어지지 않아 어색한 맛을 준다. 이 문장이 대비 관계를 이루도록 하려면 다음과 같은 방법으로 할 수는 있다.

☞ 에이즈와 담배의 공통점은 사람에게 치명적일 수 있다는 것이다.

2에서 '삶'과 '미래'는 의미의 격이 일치하는 것 같지만 그렇지 않다. 미래가 곧 삶이기 때문에 의미가 꽤 중복된다. 의미의 대칭을 보이는 단어의 나열이 아닌 것이다. 여기서는 '삶'과 '미래' 중 어느 하나를 빼는 게 좋다. 두 단어를 굳이 다 넣으려면 다음과 같이 할 수는 있다.

☞ 두 사람이 결혼식을 마친 후 미래의 행복한 삶을 꿈꾸며 행진하고 있다.

## 의미뿐 아니라 모양도 비슷하게

어떤 농부가 두 아들을 불러 놓고 유언을 했다. "논과 밭이 딸린 집은 첫째가 갖고 나머지는 둘째가 갖거라." 그런데 농부가 세상을 뜬 후 욕심 많은 첫째가 외진 곳의 작은 밭뙈기 하나만 둘째에게 주고 나머지 재산은 자기가 다 가로챘다. '논과 밭이 딸린 집'을 '(모든) 논'과, '밭이 딸린 집'이라고 우겨서 논이란 논은 다 빼앗은 것이다.
만약 형과 동생이 이 문제로 법정에 선다면 법은 누구의 편을 들까. 우리말 언어 현상을 아는 법관이라면 동생 편을 들 것이다. 우리의 일반적인 언어 습관은, 같은 형태의 결구가 죽 이어져 나오면 그 각각의 결구를 뭉뚱그려 한 뭉치로 인식한다. 즉 이 예문은 '논과 밭'이 한 뭉치가 되어 '집'을 꾸미는 것으로 보아야 정상이다. 이는 거꾸로 'A와 B' 형식의 글을 쓸 때, A가 단어이면 B도 단어여야 하고 A가 구이면 B도 구여야 함을 보여 준다. 아래는 접속 조사 '와/과'로 구와 구를 연결한 문장이다.

- 두 대의 버스와 택시 세 대가 추돌했다.

이 문장은 대비되는 양자의 결구 방식이 서로 다르다. '버스 두 대와 택시 세 대'라는 표현이 올바르다. 예문은 자칫 '두 대의 버스와 한 대의 택시를 합쳐 모두 세 대'라는 오해를 불러올 수 있다. 비슷한 예로 다음을 보자.

- 두 대의 버스와 택시가 추돌했다.

'와'의 앞은 구이고 뒤는 단어다. 'A와 B'의 결구에서 A가 단어이면 B도 단어가 되어야 하고, A가 구이면 B도 구가 돼야 한다는 원칙에서 벗어난 것이다. 이 때문에 예문은 '버스 두 대와 택시 한 대'를 말하는 것인지, '버스 한 대와 택시 한 대'를 말하는 것인지가 불분명하다.

- 흰 옷을 입은 영희와 철수가 나란히 서 있다.

흰 옷을 입은 사람이 누구인가. 영희 혼자인가, 아니면 영희와 철수인가. 영희만 흰 옷을 입었다면 다음과 같이 써야 한다.

☞ 영희와 철수가 나란히 서 있다. 영희는 흰 옷을 입고 있다.

또 두 사람 모두가 흰 옷 차림이라면 다음과 같이 표현해야 정확하다.

☞ 영희와 철수가 흰 옷을 입고 나란히 서 있다.

이번에는 흰 옷을 입은 사람이 영희라는 사실을 확실히 하면서도 한 문장으로 표현할 수 있도록 다음과 같이 써 보았다.

☞ 철수와 흰 옷을 입은 영희가 나란히 서 있다.

그러나 여전히 구와 구, 단어와 단어라는 원칙에서는 벗어나 있다. A(철수)가 단어인데 반해 B(흰 옷을 입은 영희)는 구이다. 다른 예문을 살펴봄으로써 이 문장이 왜 부자연스러운지를 알아보자.

- 철수와 개를 안은 엄마가 길을 가다 갑자기 멈췄다.

개를 안은 엄마가 철수와 함께 가다가 둘이 갑자기 멈춘 상황이다. 그러나 여기서는 엄마가 철수와 개를 한꺼번에 안았다고 해석할 수도 있다. 그러니 앞의 예문 역시 다음과 같은 해석이 가능하다.

- '철수와 흰 옷'을 입은 영희가 나란히 서 있다.

영희가 '철수와 흰 옷'을 입고 있는 것처럼 돼 버렸다. 이처럼 터무니없이 해석하는 사람은 물론 없겠지만, 그래도 만에 하나 오해가 생길 여지를 해소하기 위해 다음의 고침 문장 가운데 한 방식을 택하는 게 좋다.

☞ 철수와, 흰 옷을 입은 영희가 나란히 서 있다.

☞ 철수가 흰 옷을 입은 영희와 나란히 서 있다.

첫 번째에서는 접속사 '와'의 연결 기능을 일단 끊기 위해 반점을 넣어 보았다. 반점의 특성을 이용하면 이처럼 간략하면서도 내용에 흠잡을 데가 없는 문장을 만들어 낼 수 있다. 그러나 이는 흔히 쓰는 형태에서 벗어나므로 권장할 만한 표현법은 아니다. 두 번째는 구문을 달리해 본 예다. '철수와 영희'가 주어였던 것을 바꾸어 '철수'만 주어로 삼았다. 그런데 문장의 주어가 다르면 강조하는 대상과 표현의 초점도 달라진다. 초점이 달라져도 무방하다면 문장이 꼬여 있을 경우 이같이 틀을 바꾸는 방법도 생각할 수 있다. 그게 아니라면, 결국 가장 자연스러우면서도 의미가 뚜렷하게 전달되는 것은 두 개의 문장으로 나눈 경우다.

- 그녀는 지성, 미모의 겸비와 매서운 직관력을 지니고 있다.

이 예문은 서로 다른 성격의 구를 연결시키면서 접속사 '와'를 사용했다. 앞서 살펴본 '와'의 결구 방식에 따라 문장의 뼈대를 추리면 다음과 같다.

- 그녀는 '지성, 미모의 겸비'와 '매서운 직관력'을 지니고 있다.

결구상 A와 B가 각각 서술어 '지니고 있다'에 연결돼야 함은 당연한데, 이를 실제 문장에 대입하면 이상한 결과가 나온다. 즉 '지성, 미모의 겸비를 지니고 있다'가 되는 것이다. '지성, 미모를 겸비하고 있다'고 표현하고자 했으나 접속사 '와'의 쓰임을 고려하지 않은 탓에 이러한 현상이 나타났다. 이는 다음과 같이 고쳐야 한다. 두 번째 고침 문장은 접속사 '와'를 살린 것이다.

☞ 그녀는 지성, 미모를 겸비한 데다, 매서운 직관력도 지니고 있다.
☞ 그녀는 지성, 미모와 함께 매서운 직관력을 지니고 있다.

|요약| 단어, 구, 절을 나열할 때 주의할 점

첫째 나열되는 각각의 단어가 의미상 긴밀한 연관성을 띠어야 한다.
둘째 단어, 구, 절을 나열할 때는 나열되는 말의 구성 형태를 동일하게 한다.
셋째 관형어를 앞에 내세운 뒤에 명사를 나열하면 그 관형어의 수식 범위가 모호해진다.
넷째 나열되는 말의 구성 형태를 달리할 수밖에 없을 때는 '와/과' 뒤에 반점을 넣어서라도 중의성을 피한다.
다섯째 나열되는 말의 구성 형태가 달라 중의성을 띨 우려가 있으면 문장의 틀을 바꾸는 게 좋다.

# 반점을 잘 쓰면
# 문장의 맛이 살아난다

반점은 기본적으로 문장을 읽어 내려갈 때 호흡을 조절해 주는 기능을 한다. 또 단어, 구, 절 등의 경계를 짓는 데 사용되기도 한다. 현행 맞춤법 규정에서는 반점을 넣어야 할 경우를 여러 가지로 정하고 있다.

그러나 맞춤법의 반점 규정은 일반적인 규범일 뿐 구속력을 갖지는 않는다. 요컨대 글의 성격에 따라, 또는 필자의 취향에 따라 반점을 사용하는 예가 다르다. 신문이나 잡지의 기사체에서는 반점이 생략되는 경우가 많으며, 수필이나 소설에서는 작가의 개성에 좌우되기는 하지만 반점의 원칙이 비교적 잘 지켜진다.

같은 단어가 여러 번 나오는 것도 문제가 되지만 한 문장 안에 반점이 여러 번 쓰이는 것도 바람직하지 않다. 숨이 자주 끊기고 시각적으로 혼란스러운 감을 주기 때문이다. 그렇다고 반대로 넣어야 할 곳에 반점을 넣지 않으면 전달력이 떨어지거나 엉뚱한 의미로 변질되기도 한다. 요컨대 반점을 잘 사용할 줄 아는 사람은 곧 문장의 맛을 이해하는 사람이라고 할 수 있다. 반점의 여러 쓰임 예를 알아보면서 그 맛을 음미하고, 오용할 경우 어떤 일이 생기는지 살펴보자.

## 반점 사용법

아래 나열한 규칙들 중 (1)부터 (7)까지는 현행 한글맞춤법의 문장 부호 규정에 나오는 것들이다. (8) 이하는 규정이 구체적으로 명시하지는 않았지만 (7)의 '문맥상 끊어 읽어야 할 때 반점을 넣는다.'라는 규정을 확대 해석해 나름대로 정리한 것들이다.

(1) 같은 자격의 어구가 열거될 때에 반점을 쓴다.

- 근면, 검소, 협동은 우리 겨레의 미덕이다.

이때는 가운뎃점(·)과 쓰임 예가 같다. 반점과 가운뎃점 사이에는 어느 때 어느 것을 써야 옳다는 명확한 구별이 있지 않다. 예컨대 가운뎃점의 경우 어문 규정에서는 '같은 계열의 단어 사이에 쓴다.'라고 설명하고 다음과 같은 예문을 들었다.

- 경북 방언의 조사·연구

- 충북·충남 두 도를 합하여 충청도라고 한다.
- 동사·형용사를 합하여 용언이라고 한다.

그러나 '같은 자격'과 '같은 계열'이 엄격히 구분되지는 못하는 만큼 반점과 가운뎃점을 혼용하는 것이 어느 정도 인정되는 분위기이다. 다음 문장은 반점과 가운뎃점을 임기응변 식으로 섞어 쓴 예다.

- 사과·배·감 이런 것들을 과일이라고 한다.
- 사과, 배, 감이 놓여 있다.

반점과 가운뎃점 사이에 구별이 지어지는 예가 있기는 하다. 첫째, 반점으로 열거된 어구가 다시 여러 단위로 나누어질 때 가운뎃점을 쓴다.

- 철수·영희, 영수·순이가 서로 짝이 되었다.
- 시장에 가서 사과·배·복숭아, 조기·명태·고등어를 샀다.

둘째, 열거된 어구에 띄어쓰기된 낱말이 포함되어 있을 때는 가운뎃점이 아니라 반점을 사용한다.

- 흰 사과, 누런 배, 맛있는 복숭아를 샀다.
- 사과, 누런 배, 복숭아를 샀다.
- 사과·누런 배·복숭아를 샀다.

마지막 예문에서 가운뎃점을 사용하기가 곤란한 이유는 시각적으로

'사과와 누런', 그리고 '배와 복숭아'가 한 조를 이루는 느낌을 주기 때문이다.

(2) 짝을 지어 구별할 필요가 있을 때 반점을 쓴다.

- 닭과 지네, 개와 고양이는 상극이다.
- 발 없이 걷는 동물, 날개 없이 나는 새는 없다.

이때의 반점은 접속 조사 '와/과'와 같은 기능을 한다. 그러나 '와/과'를 넣으면 앞이나 뒤에 놓인 '와/과'와 겹칠 수 있으므로, 이럴 때는 반점으로 구별한다.

(3) 바로 다음의 말을 꾸미지 않을 때 반점을 쓴다.

- 슬픈 사연을 간직한, 경주 불국사의 무영탑
- 성질 급한, 철수의 누이동생이 화를 냈다.

여기서 반점은 꾸밈 관계를 명확히 하는 기능을 한다. 즉 첫째 문장에서는 반점를 넣음으로써 반점 앞에 놓인 구가 멀리 떨어진 '무영탑'에 연결됨을 알 수 있게 한다. 만약 반점을 생략하면 바로 뒤에 오는 '경주'를 수식하는 것으로 읽힐 수 있다. 둘째 문장을 보면 이는 더욱 명확해진다. 이 문장은 반점을 생략할 경우 읽기에 따라 수식 관계가 완전히 달라진다. 반점 앞의 구가 '철수'와 '누이동생' 중 어느 쪽을 꾸미는지 확실히 알 수가 없는 것이다.

(4) 대등하거나 종속적인 절이 이어질 때 절 사이에 반점을 쓴다.

> - 콩 심으면 콩 나고, 팥 심으면 팥 난다.
> - 여당은 현행 정치자금법을 그대로 유지하자는 입장이나, 야당은 이를 대폭 개정해야 한다고 주장하고 있다.
> - 문화는 인간의 생활을 편리하게 하고, 유익하게 하고, 행복하게 하는 최고의 무형 자산이다.

이런 경우의 반점은 생략해도 된다. 다만, 반점이 없으면 호흡이 길어지기 때문에 읽어 내려가는 데 다소 불편이 있고, 주술 관계를 파악하기가 쉽지 않아 의미 전달이 늦어지기도 한다.

(5) 문장 중간에 구절이 끼어들 때 그 구절 앞뒤에 반점을 쓴다.

> - 나는, 솔직히 말하면, 그 말이 별로 탐탁하지 않소.
> - 철수는 미소를 띠고, 속으로는 화가 치밀었지만, 그들을 맞았다.
> - 네가 나를, 아무런 죄가 없는 나를, 이곳에 잡아넣다니.

(6) 되풀이를 피하기 위하여 한쪽을 생략할 때에 반점을 쓴다.

> - 여름에는 바다에서, 겨울에는 산에서 휴가를 즐겼다.
> - 학생들은 펜팔 상대로 국어 선생을, 결혼 상대로 영어 선생

을 꼽았다.

(7) 문맥상 끊어 읽어야 할 곳에 반점을 쓴다.

- 철수가, 내가 제일 좋아하는 친구이다.
- 해방되고 싶다는 마음에서, 사람들은 너나없이 물속에 뛰어들었다.
- 이 집 저 집 강아지들이, 짖기는커녕 낯선 이가 반갑다고 졸졸 따라다닌다.

마지막 예문의 경우 반점이 없으면, '강아지'와 '낯선 이'가 대등 주어 역할을 하여 '강아지는 짖지 않고, 낯선 이는 졸졸 따라다닌다.'가 된다.

(8) 인용문을 나타내거나 '(이)다'로 끝나는 문장이 따옴표 없이 전체 문장에 포함될 때 반점을 넣는 게 좋다. 흔히 '-다'로 끝나는 문장 끝에는 반드시 마침표를 넣어야 한다고 생각하나, 따옴표 없이 문장 내에 종속적으로 들어갈 때에는 마침표가 아니라 반점을 쓰는 게 옳다.

- 누군가 너는 황금 덩어리를 주웠을 때 어떻게 하겠는가, 라고 묻는다면 너는 무엇이라고 대답하겠는가.
- 그가 퇴사한 이유에 대해 사장과 뜻이 안 맞았다, 쫓겨난 것이다, 다른 사업을 준비해 왔다 등으로 말이 많았다.

(9) '-하여'로 끝나는 용언을 대신해 쉼표를 넣기도 한다. 이는 신문·잡지 등의 기사체 문장에서 흔히 쓰인다. 그러나 다른 일반 글에서는 잘 쓰지 않는다.

- 서가에는 전공책을 비롯하여 여러 종류의 책이 있었다.
☞ 서가에는 전공책을 비롯, 여러 종류의 책이 있었다.
- 당시 기사를 썼던 아무개 기자는 법정에 증인으로 출석하여, 원고의 변호인에게서 질타를 받았다.
☞ 당시 기사를 썼던 아무개 기자는 법정에 증인으로 출석, 원고의 변호인에게서 질타를 받았다.

이같이 '-하여'를 생략하고 반점을 넣으면 문장을 긴박하게 이끄는 효과가 있다. 또 반점을 기준으로 전후 문맥을 분리해 읽도록 하는 지침의 역할을 하기도 하는데, 위의 두 번째 예문이 그 좋은 예다.
특히 한 문장에 '-하여'를 수반하는 용언이 둘 이상 나올 경우 음운의 충돌을 피하기 위해 앞에 나오는 용언의 어미 대신 반점을 넣기도 한다. 아래 예문이 그러하다.

- 아무개는 김포공항을 통해 귀국하여 여장을 푼 뒤 곧바로 회담 장소에 도착하여 회담에 임했다.
☞ 아무개는 김포공항을 통해 귀국, 여장을 푼 뒤 곧바로 회담 장소에 도착하여 회담에 임했다.

그러나 음운의 충돌을 방지할 목적으로 같은 성격의 반점을 두 번 이상 사용하면 역시 반점의 충돌을 빚는다. 곧 위의 예문을 다음과 같이 고친 경우를 말한다.

- 아무개는 김포공항을 통해 귀국, 여장을 푼 뒤 곧바로 회담 장소에 도착, 회담에 임했다.

(9) 조사 '로'가 '로서'의 의미로 쓰일 때 그 뒤에 반점을 넣으면 이해도를 높이는 효과가 있다.

- 국회는 국가 시설물로 시위 또는 농성의 장소로 사용할 수 없다.
- ☞ 국회는 국가 시설물로(서), 시위 또는 농성의 장소로 사용할 수 없다.

## 반점을 쓸 때 유의할 점

같은 자격의 어구가 나열될 때 반점을 쓴다는 규정을 앞에서 보았다. 이때 유의할 점은, '와/과'를 써서 나열할 때와 마찬가지로, 같은 자격의 어구라도 기왕이면 같은 형식으로 나열되도록 하는 게 좋다는 것이다. 한쪽은 홑 단어, 다른 쪽은 겹 단어나 구로 이어질 경우 의미 흐름이 깨지는 것이다.

- 여야, 보수와 진보를 떠나 위정자들은 균형된 시각으로 이번 사태를 봐야 한다.

'여야'란 여당과 야당을 말한다. 흔히 쓰는 말이다. 그러므로 여기서는 '여당', '야당', '보수', '진보'가 대등하게 나열된 것이다. 그런데 이 글을 언뜻 보면 이상하게 읽힌다. '여야', '보수', '진보' 세 가지가 대등하게 보이는 것이다. 반점과 '와/과'가 섞여 쓰였지만 적절한 대비를 이루지 못한 탓이다. '여와 야, 보수와 진보를 떠나'로 해야 대비가 이루어진다.

• 깨진 병 조각과 찌그러진 재떨이, 양재기가 널브러져 있었다.

명사 세 개를 나열했는데, 앞의 두 개에는 수식어가 붙어 있고, 나머지에는 붙지 않았다. 이 경우 마지막에 놓인 '양재기'는 수식 관계가 불분명해서 멀쩡한 상태인지 찌그러진 상태인지 알기가 쉽지 않다. 오해를 피하려면 수식 관계를 명확히 해야 한다.

☞ 양재기, 깨진 병 조각과 찌그러진 재떨이가 널브러져 있었다.
☞ 깨진 병 조각과 찌그러진 재떨이, 그리고 양재기가 널브러져 있었다.

그러니 단어와 구가 섞여 나열되었더라도 그 구가 의미상 한 단어의 역할을 할 때는 반점을 넣어도 대비가 흐트러지지 않는다.

• 테이블 위에는 숫돌, 청동 면도기, 나무 빗, 호리병박, 나무 서판이 각각 하나씩 놓여 있었다.
• 겁쟁이, 불안한 사람, 허영쟁이, 침착한 사람…… 여러 유형

> 의 사람들이 파라오의 권위 아래 모여 있었다.

한편, '와/과' 뒤에는 보통 반점을 넣지 않으나 특정 구문의 경우 반점을 넣지 않으면 의미 흐름을 파악하기가 쉽지 않다. 예를 들어 보자.

> • 최고 연료 효율을 내는 파란색 구간 쪽으로 속도를 줄이게끔 유도하는 자동차 계기판과 플러그에 꽂아 둔 시간만큼 모형 잎사귀가 자라 당장 뽑고 싶은 충동을 불러일으키는 콘센트가 개발되었다.

언뜻 '계기판'과 대등하게 연결되는 것이 바로 뒤에 나오는 '플러그'인 것처럼 보인다. 하지만 의미를 잘 따져 보면 맨 뒤의 '콘센트'와 연결되고 있다. 이처럼 '명사+와/과'에 대응되는 명사가 멀리 떨어져 있는 데다 중간에 다른 명사가 끼어들어 있을 때는 '와/과'의 뒤에 반점을 넣어야 대응되는 명사가 멀리 떨어져 있다는 암시를 줄 수 있다.

이 밖에 흔히 반점을 넣는 곳이라 하더라도 구문의 흐름상 넣지 않는 게 좋을 때가 있다. 예를 들어 보자.

> • 시민 단체는 잘못을 사과하고, 재발 방지책을 마련하라고 정부에 촉구했다.

여기서 잘못을 사과하는 주체는 누구일까. 내용상으로는 정부가 맞다. 하지만 글의 흐름으로 보자면 시민 단체로 오인하기 십상이다. 중간에 반점이 있다 보니 반점을 경계로 앞뒤가 별개의 구문인 것처럼 보이기 때문이다. 반점이 없어야 '잘못을 사과하고 재발 방지책을 마련하다'를 하나의 구문으로 받아들일 수 있게 된다. 아래 예문도 마찬가지로 괄호 안의 반점을 삭제하는 게 좋다.

- 북한이 식량난을 체제 위기의 사활적 문제로 규정하고(,) 경제적 어려움을 솔직하게 토로한 것은 심각한 식량난을 반증하는 것이다.
- 지금 우리가 처한 상황은 한치 앞을 내다보지 못하고(,) 우상을 섬기다 몰락한 구약의 아합 왕 시대를 연상시킨다.

|요약| 반점, 이럴 때 유용하다!

첫째 관형어가 멀리 떨어진 명사를 수식할 때, 그 관형어 뒤에 반점을 찍지 않으면 수식 관계가 흐트러진다.

둘째 문장 중간에 삽입구가 끼어들 때 삽입구 앞뒤로 반점을 넣어야 한다. 반점을 생략하면 뜻이 잘 안 통한다.

셋째 문장 내에 '하여'가 붙은 용언이 나오면 그 대신 반점을 넣어 긴박감과 명료함을 줄 수 있다.

넷째 단, 반점을 사용하여 단어, 구, 절을 나열할 때는 '와/과'와 마찬가지로 나열하는 것들 간에 형식을 일치시켜야 한다.

## 되짚어 보기

**(1) 다음 문장에서 적절치 않게 쓰인 용어나 어구를 찾아보자.**

㉮ 우리 사회에서 술, 담배, 마약과 악풍, 악습을 추방해야 한다.
㉯ 나는 오늘 집에서 세수하고, 숙제하고, 부모님 심부름 하고, 컴퓨터로 게임하고, 남은 시간에는 밖에서 운동을 했다.
㉰ 그는 대학생에서, 의사로, 기업체 사장으로, 교수로 끊임없이 자기 변신을 시도했다.
㉱ 그 단체의 설립 목적은 숲을 보호하고 환경을 보전하자는 것이다.

**(2) 다음 문장을 읽고 구조상의 문제점을 찾아 바로잡아 보자.**

㉮ 한국 팀은 부정확한 패스와 수비가 불안하여 패배하였다.
㉯ 정부는 경기 활성화와 삶의 질을 높이기 위한 방안을 마련하기로 했다.
㉰ 그 회사가 망한 이유는 경영난이 심각하고 직원들의 나태함 때문이다.
㉱ 조직적으로 사기 행각을 벌였거나, 전문적 지식을 이용한 사기극 등의 경우는 실형을 선고한다.

**(3) 다음 문장에서 의미 결합이 제대로 이루어지지 않은 곳을 찾아 바로잡아 보자.**

㉮ 토종 과일이 수입 과일보다 맛도 영양도 훨씬 많다.
㉯ 나는 방과 집 안, 그리고 나아가서는 부엌 설거지까지도 도맡아 했다.
㉰ 그 연예인은 술과 마약을 흡입하기 쉬운 환경에 노출되어 있었다.
㉱ 우리는 호화로운 집에서 비싼 차와 비싼 옷을 입으며 값비싼 전자 제품을 사용해야 행복하다고 여긴다.

㉺ 회사가 신뢰를 회복하는 데는 많은 비용과 노력, 그리고 긴 시간이 든다.

### (4) 다음 문장을 문맥의 흐름에 맞게 고쳐 보자.

㉮ 전설에 따르면 신의 기도에서 선과 그의 후회에서 악이 창조됐다고 한다.
㉯ 사랑해 보지 않은 사람은 사랑의 의미를 알 수 없고, 노력하지 않으면 노력의 의미를 알 수 없다.
㉰ 인간을 인간답게 만들어 주는 가치와 이를 실현하는 자세는 어떠해야 할지에 대해서도 깨달아야 한다.

### (5) 다음 문장은 구문의 나열 형태가 바람직하지 않다. 뜻을 파악하기 쉽도록 재구성해 보자.

㉮ 미국의 한 인권 단체는 한국의 언론 자유도가 세계 69위, 북한은 194위로 꼴찌라고 발표했다.
㉯ 합의문은 양국 간 협력 및 한반도와 주변국뿐 아니라 세계의 평화에 이바지한다는 내용을 담고 있다.
㉰ 그들은 미신과 우상 타파 및 배척 운동에 나서기로 했다.

### 🔍 답과 풀이

(1) ㉮에서 술, 담배, 마약은 악풍, 악습과 어울릴 만한 성격의 단어가 아니다. 서로 이질적이기 때문에 같은 문장 내에서 '와/과'로 맺어지기 어렵다. ㉯에서는 '세수하다'를 삭제하는 게 좋다. 세수는 누구나 매일 반복하는 행위이고 나머지 열거된 것들은

선택적으로 하는 행위다. ㉣에서는 '대학생에서'가 필요 없다. 대학생은 직업으로 보기 어려우므로 자기 변신의 한 가지에 들지 않는다. ㉤의 경우 숲을 보호하는 것이 곧 환경을 보전하는 것이다. 그러므로 양자를 대등 관계로 이어서는 안 된다. '그 단체의 설립 목적은 환경 보전 차원에서 숲을 보호하자는 것이다.' 정도로 다듬을 수 있다.

(2) 단어, 구, 절을 대등적으로 나열할 때는 각각의 결합 구조, 즉 격을 일치시켜야 한다. 이 예문들은 이런 원리에 위배된다. ㉮의 경우 앞말인 '부정확한 패스'가 명사형이므로 뒷말도 명사형으로 만들어야 한다. 그런데 뒷말인 '수비가 불안하여'는 서술형이다. '부정확한 패스와 불안한 수비로 패배했다.'로 해야 격이 일치한다. 앞말을 뒷말의 격에 맞추어 '패스가 부정확하고 수비가 불안하여 패배했다.'로 해도 된다. ㉯도 ㉮와 동일한 형태다. '정부는 경기 활성화와 삶의 질 향상을 위한 방안을 마련하기로 했다.' ㉰ '그 회사가 망한 이유는 경영난이 심각하고 직원들이 나태했기 때문이다.' 혹은 '그 회사가 망한 이유는 심각한 경영난과 직원들의 나태함 때문이다.' ㉱는 앞말이 동사구인데 뒷말은 명사구이다. 명사구로 통일하려면 앞말을 '조직적으로 벌이는 사기 행각'으로 하고, 동사구로 통일하려면 뒷말을 '전문적 지식을 이용해 사기극을 벌이는'으로 하면 된다.

(3) 명사가 두 개 이상 나열되고, 그것들이 하나의 서술어를 공유할 때는 그 서술어가 각각의 명사와 의미상 호응을 이루어야 한다. 위의 예문들은 그런 원리에서 벗어났다. ㉮에서 나열된 명사는 '맛'과 '영양'이고, 그것들이 공유하는 서술어는 '많다'인데 '맛이 많다'는 의미 호응이 안 된다. '맛도 좋고 영양도 훨씬 많다'로 한다. 같은 이유에서 ㉯는 '방과 집 안'을 '방과 집 안의 청소'로 한다. ㉰의 경우 술을 흡입할 수는 없으므로 '술과'를 '술을 마시거나'로 한다. ㉱는 '비싼 차와'를 '비싼 차를 굴리고'로 한다. 두 명사를 공통적으로 끌어안을 수 있는 서술어를 사용하는 방법도 있다. '비싼 차와 비싼 옷으로 폼을 잡으며'가 그것이다. ㉲는 뒷부분을 '많은 비용과 노력이 들고, 긴 시간이 걸린다'로 한다.

(4) ㉮는 '선과'를 '선이 창조되고'로 바꾸어야 한다. '와/과'는 명사형 구조만 연결한다. '기도에서'라는 부사어까지 묶어서 이어 주지는 못한다. ㉯ 역시 '와/과'로 이어지는 구문의 짜임이 일치하지 않는다. 좀 늘어지더라도 양쪽의 짜임을 맞추는 게 좋다. '사랑해 보지 않은 사람은 사랑의 의미를 알 수 없고, 노력해 보지 않은 사람은 노력의 의미를 알 수 없다.' ㉰는 '와/과'로 이어지는 앞뒤 말이 서술어 '어떠하다'를 자연스럽게 공유한다. 하지만 의미 구조로 보면 앞말인 '가치는'이 '어떠하다'를 서술어로 받기 어렵다. '인간을 인간답게 만들어 주는 가치는 무엇이고, 이를 실현하는 자세는 어떠해야 할지에 대해서도 깨달아야 한다.'로 하면 부드럽다.

(5) ㉮는 '세계 69위'가 호응되는 서술어를 따로 갖지 못해, 자칫 '세계 69위로 꼴찌'라는 의미 흐름이 되기 쉽다. '세계 69위이고'로 하면 의미 구분이 잘된다. ㉯는 한 문장에 비슷한 성격을 가진 연결 조사 '및', '와', '뿐'이 섞여 있다 보니 연결하는 끈끼리 서로 엉킨 모습이다. 서술부의 뼈대만 추리면, '협력 및 세계의 평화에 이바지한다'가 된다. 그런데 그 사이에 '한반도와 주변국 나아가'가 들어가 '세계의 평화'에 붙으면서 나열 관계가 복잡해졌다. '및' 대신 '…은 물론이고'를 넣으면 의미 흐름이 무난해진다. '합의문은 양국 간 협력은 물론이고 한반도와 주변국, 나아가 세계의 평화에 이바지한다는 내용을 담고 있다.' ㉰는 '미신과 우상'이 한 묶음이고, '타파 및 배척'이 또 한 묶음이다. 이 두 묶음은 '목적어 + 서술어'의 관계이므로 이 관계를 명확히 해 주어야 한다. '미신과 우상을 타파하고 배척하는 운동에 나서기로 했다.'

# 8

어불성설, 문법에 맞아도 말이 안 되는 문장

문 닫고 나가라며…

문 닫고 나가, 문 열고 나가

문법적으로, 또 어법적으로 완벽하다고 해서 모두 다 바른 글이 되는 것은 아니다. 그보다 더 중요한 것은 내용의 논리성과 타당성이다. 예를 들어 '호랑이는 힘차게 날갯짓을 했다.'라는 문장을 쓴다면 모두에게 웃음거리가 될 것이다. 문법적으로는 하자가 없지만 내용적으로는 상식상 납득할 수 없는 문장이기 때문이다. 이렇듯 글에는 항상 타당한 논리가 수반되어야 한다. 그러나 모든 글이 논리적으로 완벽해야만 성립되는 건 아니다. 문장의 논리성을 따질 때는 단순히 어법적인 면이나 논리의 타당성만을 볼 것은 아니고, 언어의 실제적인 사용 측면까지 고려해야 한다.

모처럼 휴일을 맞은 남편이 낮잠을 청하기로 한다. 남편이 잠자리를 펴고 눕는 모습을 본 아내는 그의 낮잠을 방해하지 않으려고 텔레비전을 끄고 일어나 밖으로 나가려고 한다. 남편이 말한다. "문 좀 닫고 나가요." 그러자 아내는 문을 닫고 그 앞에 가만히 선다. 남편이 묻는다. "왜 그러고 있어요? 나가려던 것 아닌가요?" 아내가 답하길, "문을 닫으니 나갈 수가 없잖아요."란다. 그러자 한숨을 쉬며 남편이 말한다. "그럼 문을 열고 나가야지요." 그랬더니 아내, 방문을 활짝 열어 놓고 나간다.

# 비논리 속에도 논리가 있을 수 있다

문장이 논리적이냐 아니냐 하는 문제를 따지는 것은 간단치가 않다. 예컨대 '시계 방향'이라는 표현은 엄밀히 볼 때 비논리적이다. 이는 '시곗바늘 방향'이라고 해야 하며, 더 정확히는 '시곗바늘이 움직이는 방향'이라고 해야 한다. 또 '팔을 걷어붙이고'는 '소매를 걷어붙이고'라고 해야 한다. 그렇지만 우리는 일상에서 자연스럽게 이런 표현들을 쓴다. 더욱이 '팔을 걷어붙이고'는 국어사전에서조차 관용적 표현으로 인정하고 있다.

그렇다고 해서 '뜻만 통하면 되지.'라는 식으로 논리를 아예 인정하지 않는 것은 경계해야 한다. 사실 뜻이 통한다는 것은 읽는 사람이 글을 쓴 사람의 의도를 이해한다는 것을 말하는데, 일반적으로 글이 논리적일수록 이해의 정도가 크다고 할 수 있다. 그러므로 읽는 이가 받아들일 수 없는 비논리는 용인되기 어렵다. 이런 점들을 두루 고려하면서, 문장의 논리 문제를 생각해 보자.

● 너, 엄마가 알면 큰일 났다. 왜 그런 짓을 했어?

여기서는 시제와 관련해 비논리의 여지가 있다. 실제로는 '엄마가 아는' 시점도 미래이고 '큰일이 나는' 시점도 미래이다. 그런데 문장에서는 '큰일 났다'라며 과거형을 쓴 것이다. 하지만 이 표현은 틀리지 않았다. 아직 발생하지 않은 일이라도 미래에 일어날 일을 확신하여 단정적으로 말할 때는 과거형으로 쓸 수 있기 때문이다. '이리 와 봐. 너 이제 죽었어.'도 마찬가지 예다. 그러므로 이 표현이 틀렸다며 '너, 엄마가 알면 큰일 나겠다.'로 고칠 이유는 없다. '큰일 나겠다'는 미래의 불확실한 상황을 말하는 것이고, '큰일 났다'는 미래의 확정적인 상황을 말하는 것이므로 뉘앙스가 다르다.

1 그 사람은 발이 넓다.
2 성난 파도가 포효하며 달려든다.
3 내 마음은 호수요.

위의 예문들에서는 비유법이 사용됐다. 비유법은 직설법에 비해 실제적인 논리성이 약하지만 말과 글을 아름답게 꾸미는 수사 기교로서 매우 중요한 역할을 한다. 비유법은 비유 대상과의 긴밀성, 논리성 여하에 따라 그 완성도가 결정된다. 예컨대 1을 '그 사람은 발이 높다.'라고 할 수는 없으며, 2를 '성난 파도가 멍멍 짖으며 달려든다.'라고 하면 격에 맞지 않는다. 또 3을 '내 마음은 연못이오.'라고 하면 비유의 정도가 약하다. 그러므로 비유법을 쓸 때는 상황에 맞는 비유 대상을 선택하는 것이 필수이며, 그렇지 못할 경우 논리성이 떨어져 오히려 직설법을 쓰느니만 못하게 된다.

|요약| 논리와 비논리의 경계 구분법!

**첫째** 비논리적인 표현이라도 관용적으로 굳어진 것이면 쓸 수 있다.

**둘째** 비유적 표현은 수사 기교의 일종이므로 논리성이 다소 떨어져도 용인된다.

**셋째** 비유적 표현은 비유 대상과의 긴밀성, 논리성 여하에 따라 논리의 완성도가 결정된다. 상황에 어울리지 않는 비유 대상을 선택하면 비논리적인 문장이 된다.

# 상황 논리도 확인하자

시인 서정주와 소설가 김동리가 젊었을 때 주고받았던 대화가 재미있는 일화로 남아 있다. 어느 날 두 사람이 술을 마셨다. 술이 거나해진 김동리가 "내가 시 한 수 지었다."라면서 자작시 한 편을 낭송했다. '벙어리도 꽃이 피면 우는 것을…….'이라고 읊으며 낭송을 끝맺자 서정주가 무릎을 치면서 탄성을 질렀다.
"벙어리도 꽃이 피면 운다? 탁월한 표현일세. 내 이제야말로 자네를 시인으로 인정하겠네."
그러자 김동리의 얼굴이 일그러졌다.
"아이다 이 사람아. '벙어리도 꼬집히면 우는 것을'이다."
순간 서정주가 술상을 내리치면서 소리쳤다. "됐네, 이 사람아."

걸출한 시인이 평한 것이니만큼 '벙어리도 꽃이 피면 운다'가 시적인 표현으로서는 그럴듯한가 보다. 하지만 문장 자체의 논리상으로는 말이 잘 안 된다. 그러니 소설가인 김동리가 보기에는 '벙어리도 꼬집히면'이 제격이다.

전후 문맥이나 정황으로 보아 도저히 그럴 수는 없다고 생각되는 표현이 버젓이 등장할 때가 있다. 아래 예문을 보자.

> ● 현대는 정보화의 시대라는 말을 우리는 신문지상 등에서 귀가 따갑도록 듣는다.

'신문'은 보는 것이다. 절대 귀로 들을 수가 없다. 그러니 신문에서 들었다는 것은 어불성설이다. '신문지상 등'이라고 뭉뚱그렸지만 대표성을 띠는 것이 '신문'이므로 '듣는다'와는 어울리지 않는다. 그러므로 여기서는 '눈이 아프도록 본다'라고 해야 한다. 그런데 그렇게 고쳐 놓고 보니 이번에는 목적어 '말'이 걸린다. 말은 들을 수는 있어도 볼 수는 없다. '말'을 살리려면, 결국 다음과 같이 해야 무리가 없다.

> ☞ 현대는 정보화의 시대라는 말을 우리는 매스컴에서 눈이 아프도록 보고 귀가 따갑도록 듣는다.
> ☞ 현대는 정보화의 시대라는 말을 (매스컴에서) 우리는 자주 듣는다.

아래의 두 예문은 중학교 국어 교과서에서 뽑은 것들이다.

> ● 두꺼운 어둠 속에 파묻혔다. 그가 자고 있는 나무 아래에

> 울긋불긋한 옷을 입은 도둑들이 모여 앉아 있었다.

어둠이 두껍게 깔렸는데 도둑들이 울긋불긋한 옷을 입었는지 어찌 알 수 있을까. 옛날이야기에는 비현실적인 내용이 많다고 하지만 그 가운데서도 논리는 서야 한다.

> • 그에게는 죽은 후에 묻힐 공동묘지 10평조차 없었다.

10평이면 공동묘지에 쓰는 묏자리로서는 대궐이다. 일반적으로 묘지에 들어갈 땅이라면 '한 평'도 없었다고 하지 10평도 없었다고 하지는 않는다.

다음은 어느 소설에 나오는 대목이다. 이 문장에도 문제가 있다. 빨리 읽어 내려가는 독자로서는 발견하지 못하고 대충 넘길 수 있는 오류지만, 글 쓰는 이로서는 주의를 기울여 글의 완성도를 높여야 한다.

> • 인터뷰를 하는 한 시간 동안 나는 내심 표현은 안 했지만 고개를 갸우뚱거렸다.

우선 부사어 '내심'이 걸린다. 부사어는 일반적으로 뒤이어 나오는 구절을 꾸민다. 따라서 여기서는 '내심 표현을 안 하다'의 의미 흐름이 되는데, 속마음으로 겉표현을 할 줄 아는 사람이 세상에 있을까. 그렇다고 '표현은 안 했지만 내심 고개를 갸우뚱거렸다'로 바로잡는다 해도 마찬가지다. '내심'과 '고개를 갸우뚱하다' 사이의 논리상의 결합력 역시 약하다. 또 한 가지, '고개를 갸우뚱거렸다'고 했는데, 이는 '표현을 안 했지만'과 논리가 충돌된다. 세련된 맛은 떨어지지만 '표현은 안 했지만 내심 의아하게 생각했다' 정도가 무난하다. 이럴 경우 '표현은 안 했지만'은 사족이 될 수도 있다.

- 어제따라 하늘은 왜 그렇게 찌뿌듯하니? 참 육자배기가 저절로 나오게 생겼더라.

'날씨마저 찌뿌듯하다'라는 뜻의 표현으로 미루어 볼 때, 상황이 마뜩지 않다는 것을 알 수 있다. 그런데 '육자배기'는 주로 흥겨울 때 부르는 빠르고 경쾌한 노래다. 이 상황에는 어울리지 않는다.

- 여자 뒤에는 가파르게 높은 빌딩들이 서 있고…….

빌딩이 가파르다? '가파르다'는 몹시 비탈진 상태를 나타내는 말이다. 일반적으로 빌딩들은 수직으로 서 있다. 간혹 한두 개 비탈진 빌딩이 있다 해도 이를 일반화해서 말할 수는 없다.

- 우리가 만난 지 몇 년 만에 다시 만나는 거지요?

'헤어진 지 몇 년 만'이라고 해야 한다. '만난 지 몇 년 만'은 '만난 이후로 만남 상태를 계속 지속한 지 몇 년 만'이라는 뜻을 갖는다. '만난 지 5년 만에 결혼했다(혹은 헤어졌다)'라는 표현에나 가능하다.

- 입학하기가 하늘의 별 따기보다 어려운 실정이다.

'하늘의 별 따기'라는 말은 '성공할 가능성이 극히 희박한 일'을 표현할 때 자주 쓰인다. 그런데 위 문장에서는 '하늘의 별 따기보다 어려운 실정'이라고 하여 '극히 어려운 일보다 더 어려운'이라는 뜻이 되었다. 이는 '매우 아름다운 것보다 더 아름다운'처럼 상황에 따라서는 비논리가 될 수도 있고, 심한 과장이 될 수도 있다.

|요약| '말 같지 않은 말'이란 핀잔 안 들으려면!

**첫째** 전후 문맥으로 보아 도저히 그럴 수 없을 것 같은 말은 삼가자.
**둘째** 상식을 벗어난 논리를 들이밀지 말자.
**셋째** 과장 표현이 도를 넘어서면 비논리를 띤다.

# 두 가지 이상의 뜻을 가지는 문장의 경우

'그는 구두를 신고 있다.'라는 문장을 보자. 형태가 간단한 데다 어법상 아무런 흠도 잡을 수 없다. 그렇지만 표현의 정확성 면에서는 문제가 될 여지가 있다. 두 가지 뜻으로 해석되기 때문이다. 하나는 그가 구두를 신은 상태라는 뜻이다. 다른 하나는 그가 지금 막 구두를 신고 있는 중이라는 뜻이다. 이처럼 한 문장이 두 가지 이상의 뜻으로 해석되면 그 문장은 중의성을 띤다고 한다. 읽는 사람이 오해하는 경우가 없도록, 중의적 표현이 아닌지 신중하게 확인해서 써야 한다.

그렇다면 '그는 구두를 신고 있다.'라는 표현은 사용하지 말아야 하는가. 그렇지는 않다. 우리말에는 중의적 표현이 많고, 그것이 우리말의 한 특성이기도 하다. 또 언어 습관, 상식, 혹은 전후 문맥이 이러한 중의성 문제를 해소해 주기도 한다. 중의적 표현이라고 해서 일일이 피하려다 보면 한도 끝도 없다. 자칫 빈대 잡는 데 몰두하다가 초가삼간을 태울 수도 있다.

그렇다고 해서 중의적 표현을 다 허용해도 되는 건 아니다. 굳이 의미를 모호하게 만들 필요는 없기 때문이다. 읽는 사람이 헷갈릴 수 있겠다 싶은 표현은 삼가는 게 좋거니와, 전후 문맥으로 보아 한 가지로만 해석되는 경우라 하더라도 달리 표현할 방법이 있다면 그렇게 하는 것이 바람직하다. 특히 그 표현이 특정 이해 관계에 지대한 영향을 미칠 경우에는 더 말할 나위가 없다. 예컨대 법조문에 이러한 중의적 표현이 들어 있다면 해석 여하에 따라 판결이 달라지는 결과를 낳는다.

이제 우리말에 흔히 나타나는 중의적 표현들을 유형별로 나누고, 그것을 얼마나 수용할 수 있을지에 대해 알아보자.

## 어휘 자체가 가지는 중의성

어휘 하나가 딱 한 가지 뜻만 지니지는 않는다. 예컨대 '힘'은 '체력'을 말하기도 하고, '권력'을 말하기도 한다. 따라서 '그는 힘이 세다.'라는 말은 '그는 근력이 세다.'라고 해석될 수도 있고, '그는 권력이 세다.'라고 읽힐 수도 있다. '손이 크다'라는 말도 신체의 일부인 손 자체가 크다는 뜻과 함께 '씀씀이가 크다'라는 비유적인 뜻을 가지고 있다. 이는 어휘 자체가 갖는 중의성 때문에 나타나는 현상이다. 따라서 아주 자연스러운 언어 현상이며, 특히 비유적인 표현은 기교 수단으로서 적극 활용되기도 한다.

## 관형격 조사 '의'의 표현에서 나타나는 중의성

'그녀의 편지'라는 표현을 살펴보자. 이는 '그녀가 보낸 편지', '그녀가 받은 편지', '그녀 수중에 있는 편지' 등 여러 뜻으로 해석된다. '엄마의 그림'도 '엄마가 그린 그림', '엄마가 가지고 있는 그림', '엄마 모습이 담긴 그림' 등으로 해석된다. 앞에서 '체언＋의' 관형어의 쓰임으로 이미 한번 본 적이 있는 경우다.

이는 '의'의 쓰임 범위가 넓다 보니 생기는 현상이다. 하지만 이 역시 전후 문맥을 통해 보면 중의성이 어느 정도 해소된다. 예컨대 '헤어지자고 보내온 그녀의 편지'나 '그녀의 편지에는 나에 대한 미움이 담겨 있다.'라는 표현에서는 '그녀의 편지'가 '그녀가 보낸 편지'라는 뜻만 지닌다.

다만 '의'를 사용할 때 한 가지 주의할 점은 있다. '의'가 포함된 관형어가 수식하는 대상을 명확히 해야 한다는 것이다. '정부의 정책 홍보'라는 표현을 보자. 여기에는 '정부의 정책을 누군가 홍보한다.'라는 뜻과 '정부가 정부의 정책을 홍보한다.'라는 뜻이 동시에 담겨 있다. 또 '나의 책 소개'는 '내가 어떤 책을 소개한다.'라는 뜻과 '내가 쓴 책을 소개한다.'라는 뜻 모두를 가질 수 있다. 이 역시 전후 문맥을 살피면 어떤 뜻으로 쓰려 했는지 알 수 있겠지만, 이런 표현을 글의 첫머리에 내세운다면 독자로서는 헷갈릴 수밖에 없다. 이런 점을 염두에 두고 아래 문장들의 문제점을 살펴보자.

1 그의 신작 소개가 있겠습니다.
2 우리말의 남북한 표기 통일화가 시급하다.

> **3** 북한의 도발 저지가 우리 군의 가장 큰 책무이다.

**1**의 '그의'는 '소개'까지 꾸미는 것으로 보는 것이 자연스럽다. 그러므로 이 문장은 '그가 자신의 신작을 소개하겠다.'라는 뜻으로 보아야 한다. 만약 '그의 신작'을 누군가 다른 사람이 소개하는 것이라면 '그의 신작을 소개하겠습니다.'로 풀어 주는 게 좋다.

**2**는 구문상으로 보나 의미상으로 보나 '우리말의'가 마지막 체언인 '통일화'를 꾸미므로 중의성을 띤다고 볼 수 없다. 다만 이처럼 명사형을 여럿 나열하는 것은 권장할 만한 표현이 아니다. **3**은 '북한의'가 의미상으로는 '도발'을 꾸미지만 구문상으로는 그 뒤의 '저지'에까지 영향을 미친다. 그러므로 이 표현은 깔끔하지 않다. '북한의 도발을 저지하는 것이 우리 군의 가장 큰 책무이다.'로 바꾸는 게 좋다.

## 수식 구조에 의한 중의성

수식 구조에 의한 중의성은 관형격 조사 '의'를 사용할 때 나타날 수 있는 중의성과 궤를 같이한다. 이는 앞에서 관형어의 중첩을 다룰 때 잠시 살펴본 바가 있다. '예쁜 그녀의 딸'이라는 표현을 보면, 예쁜 사람이 '그녀'일 수도 있고 '그녀의 딸'일 수도 있다. '무분별한 학생들의 해외 연수'라는 표현도 학생이 무분별하다는 것인지, 해외 연수가 무분별하다는 것인지 불분명하다. 이 경우는 상식적으로 후자를 염두에 둔 표현임을 알 수 있는데, 그렇다면 '학생들의 무분별한 해외 연수'라고 표현하는 게 좋다. 만약 '학생들이 무분별하다'라는 취지의 표현이라면

'무분별한 학생들이 우후죽순 격으로 나서는 해외 연수' 등으로 풀어 주는 방법이 있다.

> • 얼마 전에 나온 황 선배의 출판사 책표지가 커다랗게 붙어 있었다.

얼마 전에 나온 것이 황 선배인지, 출판사인지, 책(표지)인지 불분명하다. '얼마 전에 황 선배의 출판사에서 펴낸 책의 표지가 커다랗게 붙어 있었다.' 정도가 적절하다.

> • 용감한 철수의 아버지는 적진으로 힘차게 뛰어들었다.

사실 여기서 용감한 사람은 당연히 철수의 아버지여야 한다. 관형어는 수식받는 명사가 여럿 나열됐을 때 맨 끝에 있는 명사를 수식하는 경향이 강하기 때문이다. 또 만약 철수가 용감하다고 할 경우, 웬만큼 글을 써 본 사람이라면 이렇게 표현하지는 않는다. 문장을 따로 나누어 철수가 용감하다는 점을 앞에서 밝히고, 뒤에 철수의 아버지가 적진으로 뛰어들었다고 쓸 것이다. 그래도 이 표현은 '용감한 철수 아버지'로 고쳐 중의성을 다소나마 해소하는 것이 좋다.

> • 내각도 국무총리를 포함해 꼭 필요한 사람을 제외하고는 전부 교체하는 게 맞다.

글 자체로 보면 매우 자연스러운 것 같다. 하지만 국무총리에 초점을 맞추어 보자. 국무총리를 교체하라는 말인가, 유임시키라는 말인가. 국무총리도 교체 대상에 포함시켜야 한다는 것 같기도 하고, 국무총리는 꼭 필요한 사람에 속하니 제외시키자는 것 같기도 하다.

☞ 내각도 국무총리 등 꼭 필요한 사람을 제외하고는 전부 교체하는 게 맞다. ('등'이 뒤에 나오는 명사, 즉 '사람'에까지만 걸리므로 원문보다 중의성이 현저히 줄어든다.)

☞ 내각도 꼭 필요한 사람을 제외하고는 국무총리를 포함해 전부 교체하는 게 맞다.

## 부정 표현의 중의성

우리말의 부정 표현은 부정하는 범위나 대상이 명확하지 않은 경우가 많다. 예컨대 '그는 버스를 타지 않았다.'는 표현에서, '않았다'의 초점이 '그'에 있는 것인지, '버스'에 있는 것인지, '타다'에 있는 것인지 확실치 않다. '그'에 초점이 있다면 '그가 아닌 다른 사람이 버스를 탔다.'라는 뜻이 될 테고, '버스'가 부정의 대상이라면 '그는 버스 대신 다른 교통수단을 탔다.'라는 뜻이 될 것이다 또 '타다'가 부정의 대상이라면 '그는 버스를 타지는 않고 뒤꽁무니에 매달린다든가 어떤 다른 방식으로 버스를 이용했다.'라는 뜻이 될 터이다. 이런 예문을 몇 개 더 보자.

- 졸업 여행에 학생들이 다 가지 않았다.
  = 졸업 여행에 아무도 안 갔다.

= 졸업 여행에 일부는 갔다.


- 오늘같이 비가 오지 않으면 장날은 장꾼들로 붐빈다.
= 오늘은 비가 오지 않는데, 이런 날씨이면 장날은 장꾼들로 붐빈다.
= 오늘은 비가 와서 예외지만 맑은 장날은 항상 장꾼들로 붐빈다.


- 바이러스와 같은 미생물은 보통 현미경으로 볼 수 없다.
= 바이러스와 같은 미생물은 대개 현미경으로 볼 수 없다.
= 바이러스와 같은 미생물은 일반 현미경으로 볼 수 없다.

전후 상황에 대한 설명이 함께 나온다면 이러한 모호성은 상당 부분 해소될 수 있다. 그렇지만 해소하지 못할 때도 있다. 그러므로 부정 표현에서는 이런 점을 주의해 가능한 한 정확하게 표현하는 게 좋다. 중의성을 해소하는 데에는 보조사 '은/는'을 넣는 방법도 있다.


- 그는 버스를 타지 않았다.
☞ 그는 버스를 타지는 않았다.
☞ 그는 버스는 안 탔다.


- 바이러스와 같은 미생물은 보통 현미경으로 보이지 않는다.
☞ 바이러스와 같은 미생물은 보통의 현미경으로는 보이지 않는다.

전체 부정, 부분 부정을 확실히 구분해 주는 방법도 있다. 전체 부정은 '아무도, 누구도, 전혀' 등의 부사를 사용하고, 부분 부정은 보조사 '은/

는'을 사용한다.

- 졸업 여행에 학생들이 다 가지 않았다.
- ☞ 졸업 여행에 학생들이 아무도 가지 않았다.
- ☞ 졸업 여행에 학생들이 다 가지는 않았다.

## 주어가 미치는 범위의 중의성

주어와 술어 사이에 부사 등 다른 요소가 끼어들었을 때, 그것이 주어와 짝을 이루는지, 술어와 짝을 이루는지 불명확할 때가 있다. 이로 인해 의미도 둘로 갈린다.

- 아내는 나보다 자식을 더 사랑한다.

주어 '아내'와 술어 '자식을 더 사랑한다' 사이에 '나보다'라는 부사어가 끼어들었다. 여기서 '나보다'가 주어 '아내'와 짝을 이룬다면 '나보다는 아내가 더'라는 뜻이 되고, 술어부의 목적어 '자식'과 짝을 이룬다면 '나보다는 자식을 더'라는 뜻이 된다. 그에 따른 의미 변화는 다음과 같다.

㉠ 아내는 나와 자식 중 자식을 더 사랑한다.
㉡ 나보다는 아내가 더 자식을 사랑한다.

기실 이 문장이 어법 면에서 중의성을 띤다고 하지만, 일상 언어 습관에서는 이를 중의적인 문장으로 보지 않는다. 다시 말하면, 우리는 이 문장을 ㉠의 뜻으로만 해석할 뿐, ㉡으로 받아들이지 않는다. 아래의 ㉢과 ㉣을 비교하면 그 이유를 알 수 있을 것이다.

㉢ 아내는 나보다 자식을 더 사랑한다.
㉣ 아내는 나보다 더 자식을 사랑한다.

㉢은 ㉠에 가까운 뜻이고, ㉣은 ㉡에 가까운 뜻이다. 그러므로 위 예문이 중의성을 띤다 하더라도 ㉡이나 ㉣의 뜻으로 쓰지 않았다면 개의할 바는 아니다. 다만 ㉡이나 ㉣의 의도로 이 표현을 썼다면 잘못 쓴 셈이 된다.

- 나는 철수와 순이를 만났다.

이 문장도 앞에 든 예문과 성격이 같다. 언어 습관에 따르면 '나는 철수와 순이 두 사람을 만났다.'라는 뜻으로 해석하는 게 마땅하지만, 논리를 따지기 좋아하는 사람은 '나는 철수와 동행해 순이를 만났다.'라는 뜻으로도 읽힌다며 이의를 제기할 수 있다.

- 이때 한 용감한 시민이 소리를 지르면서 도망가는 범인을 뒤쫓기 시작했다.

소리를 지른 사람은 시민인가, 범인인가. 다음처럼 반점을 넣어 보자.

㉠ 이때 한 용감한 시민이 소리를 지르면서, 도망가는 범인을 뒤쫓기 시작했다.

㉡ 이때 한 용감한 시민이, 소리를 지르면서 도망가는 범인을 뒤쫓기 시작했다.

㉠에서는 소리를 지른 사람이 시민이고, ㉡에서는 소리를 지른 사람이 범인이다. 역시 중의성을 띤다. 앞의 예와 달리 어느 쪽을 염두에 둔 표현인지 알기가 쉽지 않다. 그저 쫓아가는 사람이 '저놈 잡아라.'라고 외쳤을 것이라는 상식적인 판단으로 감을 잡을 수밖에 없다. 게다가 상식적인 감마저 잡을 수 없는 문장, 예컨대 '철수는 소리를 지르면서 도망가는 영수를 뒤쫓았다.'라는 표현은 100퍼센트 중의적이다. 이럴 때는 독자가 이해할 수 있도록 정확히 써야 한다. ㉠, ㉡처럼 반점을 넣거나, ㉠의 뜻일 경우 아래처럼 중의적인 요소를 삭제하는 방법을 생각할 수 있겠다.

☞ 이때 한 용감한 시민이 소리를 지르면서 범인을 뒤쫓기 시작했다.

## 주체와 객체의 모호성

보조사 '은/는'은 주어에 붙기도 하고 목적어에 붙기도 한다. 그리고 때로는 목적어에 붙어서 문장의 맨 앞에 놓이기도 한다.

1 나는 그녀를 사랑하지 않는다. (주어에 붙은 경우)

> **2** 나는 그녀는 사랑하지 않는다. (목적어에 붙은 경우)
>
> **3** 그녀는 내가 사랑하지 않는다. (목적어에 붙어 문두에 놓인 경우)

3은 목적어가 맨 앞에 놓여 마치 주어인 것처럼 착각하게 만든다. 아래 문장은 착각의 정도가 이보다 훨씬 더 심하다.

> • 그녀는 누구나 다 사랑한다.

'그녀'가 주어로 쓰였을까 목적어로 쓰였을까. 주어로 쓰였다면 아래 ㉠의 의미일 것이고, 목적어로 쓰였다면 ㉡의 의미일 것이다. 하지만 이 문장만 달랑 놓고 보아서는 둘 중 어느 것을 뜻하는지 알 길이 없다.

㉠ 그녀는 모든 사람을 사랑한다.
㉡ 모든 사람이 그녀를 사랑한다.

전후 문맥을 통해 어떤 의도로 썼는지 충분히 감을 잡을 수 있다면 모르지만, 그렇지 않을 경우 이런 문장은 피해야 한다. 아래 표현도 마찬가지다.

> • 철수는 순이가 좋다고 한다.
> = 철수는 순이를 좋다고 한다.
> = 순이가 철수를 좋다고 한다.

| 요약 | 중의적 표현, 이렇게 대처!

**첫째** 중의적 표현이라도 문맥의 흐름상 어느 한쪽으로만 해석되면 개의하지 않아도 된다.

**둘째** 관형어는 수식받는 명사가 여럿 나열됐을 때, 맨 끝에 있는 명사를 수식하는 경향이 강하므로, 앞에 있는 명사를 수식하게 하려면 수식 구조를 달리하는 게 좋다.

**셋째** 부정 표현은 중의성을 띠기 쉽다. 전체 부정에 '아무도, 전혀' 등의 부사를 넣거나, 부분 부정에 보조사 '은/는'을 넣어 중의성을 해소할 수 있다.

**넷째** 주어와 술어 사이에 부사 등 보조 성분이 끼어들었을 때, 그것이 주어나 술어 중 어느 것과 짝을 이루는지 불분명하면 중의성을 띤다. 이 경우 반점을 넣거나 중의적인 요소를 삭제한다.

**다섯째** 보조사 '은/는'이 목적격으로 쓰인 채 문두에 놓이면 주격으로 해석될 수 있다. '은/는'을 '을'로 바꾸어 목적어 위치에 옮겨 놓으면 뜻이 명확해진다.

# 문장 성분 간의 의미도 서로 어울려야 한다.

자장면엔 단무지나 양파가 제격이고, 설렁탕엔 깍두기가 제격이다. 이처럼 특정 음식에는 특정 반찬이 놓여야 구색이 맞는다. 글을 쓸 때도 이런 관계를 고려해야 한다. 즉 단어와 단어의 어울림을 염두에 두어야 한다는 말이다. '만들다'라는 동사를 놓고 보자. '만듦'의 의미를 가지는 행위에는 여러 가지가 있지만 그러한 모든 행위를 '만든다'라고 표현하지는 않는다. 집을 만드는 행위에 대해서는 '짓는다'라고 하고, 문서를 만드는 행위에 대해서는 '작성한다'라고 한다. 또 '김치-담그다, 기계-제조하다, 흠집-내다, 법-제정하다' 등으로 쓴다.

이처럼 어떤 단어가 다른 단어와 결합할 때, 그 결합이 자연스러운 것이 있고 그렇지 않은 것이 있다. 특정 단어는 다른 특정 단어만을 짝으로 삼는 경향도 있다. 이런 결합 관계를 고려하지 않으면 단어 간 결합의 논리가 서지 않게 된다. 물론 모든 단어들이 자장면과 단무지의 결합 관계로만 짝지어져야 하는 것은 아니다. 예컨대 시나 수필 등 문학적 요소가 강한 글을 쓰는 이들은 자장면에 단무지보다는 총각김치가 제격이라고 할 수 있다. 이때의 총각김치는 때로 단무지보다 더 강한 결합력을 가진다. 그렇지만 우리는 일상의 표현에서 단무지도 아니고 총각김치도 아닌 관계를 만드는 때가 있다. 단어의 뜻을 정확히 알지 못하거나, 정확성을 염두에 두지 않고 두루뭉술하게 표현하려다 초래하는 결과다. 이를 몇 가지 유형으로 나누어 살펴보자.

## 주술 관계의 의미 어울림

주어와 술어의 짜임이 어법에 위배되지 않아야 하는 것은 당연하다. 그러나 더 나아가 주술 간 의미의 어울림도 중요하다. 이는 뜻을 전달하는 핵심이다. 예컨대 '눈(雪)'이라는 단어는 '내리다', '하얗다', '아름답다' 등과 어울린다. 그런가 하면 '올라가다', '붉다', '추하다' 등과는 어울리지 않는다. '호랑이'라는 단어는 '어슬렁거리다, 포효하다' 등과 잘 어울린다. 반면, '엉금엉금 기어가다', '뒤뚱뒤뚱 걸어가다' 등과는 별로 어울리지 않는다. '호랑이가 힘차게 날갯짓을 했다.'라는 표현을 예로 보면, '호랑이'와 '날갯짓' 간의 의미 결합력이 약하다. 그렇건만 중학교 교과서에는 '커다란 호랑이가 너울너울 춤추고 있는 것이 아닌가.'라는 표현이 나온다. 여기서는 '너울너울'보다 '덩실덩실'이 더 낫다.

그럼에도 우리는 글을 쓰면서 자신도 모르는 사이에 '눈(雪)이 붉다'

꼴의 실수를 할 때가 많다.

> • 북한 당국의 식량 사정이 어느 정도 해소됐다.

언뜻 보아서는 아무 문제가 없는 것 같다. 그러나 '사정'과 '해소' 사이에 어울림이 있는가 생각해 보자. '사정'이라는 단어는 '일의 형편'을 의미하므로 '사정이 좋아졌다'처럼 보통 '좋다/나쁘다/괜찮다' 등의 단어와 어울린다. 또 '해소'는 '어려움이나 문제가 되는 상태를 해결해 없앰'을 뜻하므로 '난관, 곤란함' 등의 뜻이 포함된 낱말과 잘 어울린다. 그러므로 위의 예문은 다음과 같이 표현하는 게 옳다.

☞ 북한 당국의 식량 사정이 어느 정도 호전됐다.
☞ 북한 당국의 식량난이 어느 정도 해소됐다.

아래 예문도 비슷한 문제점을 안고 있다.

> • 집중 호우로 연천군 하수종말처리장이 침수되면서 가동이 중단돼 임진강 유역 식수원 오염에 비상이 걸렸다.

'식수원에 오염 비상'이 걸린 것이지 '식수원 오염에 비상'이 걸린 것이 아니다. '식수원 오염에 비상'이 걸렸다는 말은 '오염된 식수원에 비상이 걸렸다'라는 뜻이다. 이미 오염됐는데 비상이 걸렸다는 것은 논리성이 떨어진다. 필자의 의도는 그것이 아니다. 이 문장은 다음과 같이 고쳐야 옳다.

☞ 집중 호우로 연천군 하수종말처리장이 침수되면서 가동이 중단돼 임진강 유역 식수원에 오염 비상이 걸렸다.

☞ 집중 호우로 연천군 하수종말처리장이 침수되면서 가동이 중단돼 임진강 유역 식수원이 오염될 위기에 처했다.

한편, 주술 관계를 맞추었더라도 주어나 술어를 수식하는 말이 있을 때는 의미 흐름이 이상하게 변할 수 있다.

● 주말과 휴일 '1박 2일 촛불 시위'를 거치면서 시위대와 경찰 간 유혈 충돌로 400여 명의 부상자가 속출했다.

밑줄 친 '부상자가 속출했다'는 주술 관계상으로는 문제가 없다. 하지만 그 앞에 '400여 명'이라는 수식어가 붙어 '400여 명의 부상자가 속출했다'라고 하니까 어색한 표현이 됐다. 이는 '속출하다'라는 단어가 지닌 의미 때문이다. '속출'은 하나 혹은 일부가 연이어 나타난다는 뜻이므로 400여 명이라는 많은 숫자와는 어울리지 않는다. 다음처럼 표현하는 것이 좋다.

☞ 주말과 휴일 '1박 2일 촛불 시위'를 거치면서 시위대와 경찰 간 유혈 충돌로 400여 명의 부상자가 발생했다.

☞ 주말과 휴일 '1박 2일 촛불 시위'를 거치면서 시위대와 경찰 간 유혈 충돌로 부상자가 400여 명이나 발생했다.

☞ 주말과 휴일 '1박 2일 촛불 시위'를 거치면서 시위대와 경찰 간 유혈 충돌로 400여 명이 부상당했다.

☞ 주말과 휴일 '1박 2일 촛불 시위'를 거치면서 시위대와 경찰 간 유혈 충돌로 부상자가 속출했다. 지금까지 부상당한 사람은 400여 명이다.

달리 표현할 수 있는 방법은 이처럼 여러 가지다. 각각의 장단점을 살펴보자. 첫 번째는 영어식 어투에 가깝다. 우리식 표현으로 바꾸려면 두 번째처럼 하면 된다. 하지만 더 우리말다운 표현은 세 번째다. '부상자가 발생했다'보다는 '부상당했다'가 더 간결하기 때문이다. 마지막은 '속출했다'라는 표현을 살리면서 문장을 깔끔하게 정리한 예다.

## 부사어와 서술어의 의미 어울림

부사어와 서술어의 의미 관계에 대해서는 앞에서 살펴보았다. 거기서는 주로 품사로서의 부사를 다루었는데, 여기서는 체언에 조사가 붙어 부사어가 될 때 그것이 서술어와 어떤 의미 호응을 이루는지 알아보자. 부사와 부사어의 차이를 다시 설명하면, 둘 다 용언을 수식하되, 부사는 '매우, 너무, 아주'처럼 한 낱말로 굳어진 형태를 말하고, 부사어는 '학교에'처럼 체언과 조사가 합쳐지거나 '학교에 가서'처럼 목적어와 '용언+어미'가 합쳐져서 해당 구가 부사와 동일하게 기능하는 것 등을 말한다. '학교에 가서'는 부사구로 된 부사어다. 부사는 품사 개념이고 부사어는 문장 성분 개념이다.

부사어도 부사와 마찬가지로 뒤에 나오는 서술어와 긴밀한 의미 호응을 이루어야 한다. 예컨대 '체언+조사' 형태의 경우 '학교에 간다'는 되지만 '학교에 출세하다'는 안 된다. 또 '용언+어미' 형태의 경우 '초등학교를 나와 출세를 못했다'는 되지만 '초등학교를 나왔건만 출세도 못했다'는 의미 흐름이 안 맞는다.

'체언+조사' 형태의 부사어가 서술어와 의미 호응을 이루지 못하는 대표적인 사례는 그 부사어가 마치 주어인 것처럼 행세할 때다. 거기엔 흔히 '은/는'이 끼어든다. 예를 들어 보자.

- 정부가 서민 생활 부담 경감 대책으로 이동전화 요금에 초점을 맞춘 데는 통신비가 가계에 큰 짐이 되고 있기 때문이다.

예문의 '데'는 불완전 명사다. 여기에 '는'이 끼어들었더니 마치 주어처럼 읽힌다. 그러나 엄밀히 보면 주어가 아니다. '데는'은 '데에는'의 준말로서 '일에는'이나 '것에는' 등의 뜻을 지닌다. 부사어로 쓰인 것이다. 그런데도 예문은 이를 주어 '것은'으로 보고 술어 부분을 이에 호응시켰다. 즉 '무엇은 무엇 때문이다' 꼴로 구성했는데, 이는 '무엇에는 무엇이 어찌한다/어떠하다' 등의 형태로 바꾸어 주어야 한다.

☞ 정부가 서민 생활 부담 경감 대책으로 이동전화 요금에 초점을 맞춘 데는 통신비가 가계에 큰 짐이 되고 있다는 인식이 작용했다.

그런데 이 표현에는 풀기 어려운 문제가 도사리고 있다. 즉 '…인 데(에)는'과 어울리는 서술어를 만들어 내기가 간단치 않다는 것이다. 한 가지 예를 들어 보자.

- 그가 성공한 데에는 분명 이유가 있다.

우리는 이런 표현을 자연스럽게 받아들인다. 그렇다면 이와 비슷한 다음 문장들을 보자.

㉠ 그가 성공한 데에는 친구의 큰 도움이 있었다.
㉡ 그가 성공한 데에는 친구의 도움을 빼놓을 수 없다.
㉢ 그가 성공한 데에는 친구의 도움이 크게 작용했다.

'…한 데에는'이 뒷말과 가장 잘 어울리는 것은 ㉢이다. 그 이유를 찾기 위해 예문의 틀을 달리해 보자. '그가 성공한 데에는'을 명사형 구조로 바꾸면 '그의 성공에는'이 된다. 그러므로 예문의 부사절들을 '그의 성공에는'으로 바꾸어도 무방하다. 그런데 이처럼 바꾼 후 뒷말과의 호응 관계를 살펴보면, ㉠과 ㉡은 흐름이 부드럽지 않음을 알 수 있다.
㉠과 ㉡이 어색한 이유를 다른 측면에서 살펴볼 수도 있다. ㉠은 '그가 성공한 것의 이면에는 친구의 큰 도움이 있었다.'로 바꾸면 조금 나아 보인다. 즉 '데'를 '이면'으로 바꾼 것이다. 하지만 '데'의 의미를 이처럼 확장하기는 어렵다. '데'는 불완전 명사로서 별다른 의미가 없이 쓰이기 때문이다. '것', '일' 등처럼 포괄적 의미를 지닐 뿐이다. ㉡에서는 '데'를 대체할 용어를 찾기도 어려운데, 이는 그만큼 의미 흐름이 꼬였음을 뜻한다.
'…한 것에는'이나 '…한 일에는'은 두루뭉술한 표현이다. '…한 데에는'도 이와 별반 다르지 않다. 달리 표현할 방법이 있으면 그쪽을 택하는 게 좋다. 예컨대 '그가 성공한 데에는 친구의 도움이 컸다.'는 '그가 성공하기까지 친구가 많은 도움을 주었다.'로 하면 한결 부드러워진다.
이 밖에 '체언 + 조사' 형태의 부사어를 주어로 혼동하여 술어의 흐름을 왜곡시키는 것으로 다음과 같은 예도 있다.

- 그 일은 주부가 하기에는 힘들다.
- ☞ 그 일은 주부가 하기에는 한계가 있다.
- ☞ 그 일은 주부가 하기는 힘들다.

첫 번째와 두 번째의 '하기에는'은 세 번째의 '하기는'과 문장 성분이 다르다. 전자는 부사어이고, 후자는 주어와 비슷한 기능을 한다. 부사어로 쓰일 때는 앞의 '그가 성공한 데에는 분명 이유가 있다.'에 쓰인 '…인 데(에)는'과 마찬가지로 이어지는 말이 '…이 있다'와 같은 주술 구조여야 자연스럽다. 두 번째 문장이 그것이다. 반대로 주어 형태로 쓰일 때는 이어지는 말이 서술어여야 자연스럽다. 세 번째 문장이 그것이다.

문장 성분을 따지기가 쉽지는 않지만 의미 흐름으로 보아 부사어의 범주에 가까운 표현이 있다. 바로 '…하는 등'의 형태다. 이 표현이 뒷말과 어떤 의미 호응을 보이는지 살펴보자.

> **1** 그는 일류대를 졸업하는 등 공부를 잘했다.
> **2** 그는 일류대를 졸업하는 등 사회에서 대들보 역할을 했다.

글의 구성 형태는 **1**과 **2**가 같다. 하지만 의미 흐름으로 보면 **1**은 자연스러운데 **2**는 부자연스럽다. **1**의 의미 흐름에서는 앞말인 '일류대 졸업'이 뒷말인 '공부를 잘했다'를 받쳐 주는 근거가 된다. 또는 뒷말이 앞말의 종합 혹은 요약 개념이 된다고 볼 수도 있다. 그러나 **2**에서는 '일류대 졸업'이 '대들보 역할'의 근거가 되지 못한다.

## 관형어와 주어의 의미 어울림

버락 오바마가 미국 대통령에 당선되자 철수네 학교 선생님이 오바마에 대해 알아 오라고 숙제를 냈다. 철수가 글을 쓰고 나서 말미에 이렇게 적었다.

> - 하버드 대학 로스쿨을 수석으로 졸업한 오바마는 이제 미국이 새롭게 변할 것이라고 말했다.

철수가 제법 글을 쓸 줄 안다. 그런데 철수의 글에 아쉬운 게 하나 있다. 이 대목에 하버드 대학 로스쿨을 수석으로 졸업했다는 말을 넣을 필요가 있을까.

글을 쓸 때 알려 주고 싶은 정보가 있어 그걸 문장 안에 넣어 줄 경우, 그게 글의 흐름을 방해할 때가 있다. 그렇다고 버리기는 아까우니 천상 계륵(鷄肋)이다. '노래를 잘하는 철수가 장갑을 끼고 눈을 뭉친다.'에서 '노래를 잘하는'이 곧 계륵이다. 위 문장이 이와 같다. 로스쿨 수석 졸업이란 정보는 아예 빼든가, 다른 곳에 넣어 주어야 한다.

위에 언급한 경우들은 한 가지 공통점이 있다. 계륵에 해당하는 것이 모두 관형어라는 것이다. 관형어가 체언과 결합하는 것은 당연하다. 따라서 '하버드 대학 로스쿨을 수석으로 졸업한 오바마', '노래를 잘하는 철수' 등의 '관형어 + 명사' 표현은 어법상 문제가 없다. 하지만 명사 뒤에 오는 서술어가 앞의 관형어와 의미의 연관성이 없으면 어색한 글이 되고 만다.

## 목적어와 서술어의 의미 어울림

목적어는 주로 타동사와 어울린다. 목적어는 타동사의 동작이 미치는 대상이기 때문이다. 그러므로 목적어와 타동사가 잘 어울리려면 타동사의 동작이 그 목적어의 동작성 범위 내에 들어가야 한다. 예를 들어 '노래를 부르다'에서는 부르는 행위가 노래의 동작성에 포함된다. 반면 '노래를 말하다'는, 말하는 행위가 노래의 범주에 포함되기 어려우므로 어색한 표현이 된다.

그렇다면 '노래를 말하다'는 결코 쓸 수 없는가. 그렇지는 않다. 우리는 때로 '책을 말하다', '사랑을 말하다'와 같은 표현을 하기도 하는데, 이때는 '책에 대해 말하다', '사랑에 대해 말하다' 등의 의미를 지닌다. '노래를 말하다' 역시 '노래에 대해 말하다'라는 뜻으로 쓰일 때는 허용된다. 하지만 이러한 특수 형태가 아니면서도 양자 사이의 의미가 잘 어울리지 않는다면 십중팔구 어색한 표현이 된다. 그런데도 글을 쓸 때는 미처 어색하다고 생각하지 못한 채 이런 문장을 만들게 된다. 주된 이유는 두 가지다. 첫째는 목적어를 유사어와 혼동해 쓰기 때문이다.

1 그는 줄담배를 피우다 말고 눈썹을 치켜떴다.
2 그 큰 입술을 다 벌리지 못했다.
3 예기치 못한 일을 당하여 곤혹을 치렀다.
4 운명을 달리했다.

1은 눈과 눈썹의 차이를 고려하지 않고 쓴 문장이다. '눈-치켜뜨다', '눈썹-치켜세우다'의 동작 차이가 있음을 간과한 것이다. '눈썹을 치켜

세웠다' 또는 '눈을 치켜떴다'로 고치는 게 좋다. **2**에서는 벌릴 수 있는 것이 입이지 입술이 아니다. **3**은 곤욕과 곤혹의 쓰임새를 혼동한 것이다. 곤혹은 곤란한 일을 당해 어찌할 바를 모르는 상태를 뜻하고, 곤욕은 심한 모욕을 뜻한다. '곤혹'은 '곤혹을 느끼다', '곤혹스럽다'의 꼴로 많이 쓰인다. 이에 비해 '곤욕'은 '곤욕을 겪다/당하다/치르다'의 꼴로 많이 쓰인다. 그러므로 예문은 '곤혹스러웠다'로 고쳐야 한다. **4**는 운명(殞命)과 유명(幽冥)의 의미를 혼동한 것이다. 운명은 사람의 목숨이 끊어진다는 뜻이고, 유명은 저승과 이승을 가리킨다. '운명하다', '유명을 달리하다' 꼴로 많이 쓰인다.

어색함이 생기는 두 번째 이유는 문맥의 흐름에 맞지 않는 서술어를 사용하는 데 있다. 다음 문장을 보자.

> ● 재판부는 사건 당시 피고인의 정신 상태와 범행의 고의성 여부를 놓고 형량을 가늠할 것으로 보인다.

밑줄 친 '형량을 가늠하다'는 '형량이 얼마쯤 되는지 어림잡아 헤아리다'라는 뜻이다. 그러므로 못 쓸 건 없다. 다만 예문의 상황에서는 적절치 않다. 가늠하는 주체는 피고인이나 제삼자일 수 있어도 재판부가 되어서는 안 된다. 재판부는 형량을 결정하는 기관이기 때문이다. 그러므로 이 상황에서는 '형량을 저울질하다'가 적절하다. 상황에 따라서는 '(재판부가) 형량을 따지다/결정하다'로 쓸 수도 있다.

|요약| 문장 성분 간 의미의 짝을 맞추려면!

**첫째** 주어와 술어 간 의미 흐름이 논리적이고 상식적이어야 한다.

**둘째** 주어나 술어에 붙은 수식어가 주술 관계의 의미 논리에 영향을 미친다는 점에 유의하자.

**셋째** '체언+조사' 형태의 부사어에 보조사 '은/는'이 붙을 때 이를 주어로 착각하지 말자. 자칫 의미가 어울리지 않는 서술어를 내세울 수 있다.

**넷째** 주어 앞에 놓인 관형어가 술어와 동떨어진 내용이면 문장의 맥이 끊어진다. 관형어도 술어와 의미의 연관성을 갖도록 해야 한다.

**다섯째** 곤혹과 곤욕, 운명과 유명 등 유사한 단어들을 잘 구별하여 각자에 어울리는 서술어와 짝을 맞춰 주도록 한다.

## 되짚어 보기

**(1) 다음 문장이 비논리적인 이유를 생각해 보자.**

㉮ 축구장 안은 관중들로 장사진을 이루었다.
㉯ 흐린 날씨 속에도 비행기는 오색 연기를 내뿜으며 창공을 날았다.
㉰ 그 아이는 천재성을 띠므로 장차 훌륭한 재목으로 거듭날 것이다.

**(2) 주술 관계의 어울림에 유의하여 다음 문장을 고쳐 보자.**

㉮ 그는 병이 걸렸다.
㉯ 남북 간 화해 분위기가 호전되었다.
㉰ 성적이 상승했다.
㉱ 그가 올 가능성은 그리 높지 않은 것으로 예상된다.

**(3) 밑줄 친 부사어와의 호응되게 뒷말을 이어 보자.**

㉮ 그 기업의 성공 <u>배경에는</u> 발로 뛰며 노력한 사장의 땀과 열정이 있었기에 가능했다.
㉯ 영화 관계자들 <u>사이에서는</u> "아름답고 환상적인 영상의 판타지가 탄생했다."고 평했다.

**(4) 다음 두 문장은 어떤 의미 차이가 있는지 생각해 보자.**

그는 공부를 잘하지는 못했다. / 그는 공부를 잘하지 못했다.

**(5) 다음 문장은 어떤 중의성을 띠는지 생각해 보자.**

㉮ 예쁜 영희와 철수가 짝이 되면 좋겠다.
㉯ 손이 큰 할머니의 며느리가 장을 보러 나왔다.
㉰ 어머니는 딸과 강아지를 찾아 나섰다.
㉱ 이번 사고로 중상자와 경상자 2명이 발생했다.

**(6) 다음 문장은 어떤 중의성을 띠는지 살펴보자.**

㉮ 장사는 저 사람처럼 놀면서 하지 않으면 번창한다.
㉯ 그는 친구와 함께 더 이상 이곳에 오지 않았다.
㉰ 등산화를 신고 산을 오르지 않아도 된다.

**(7) 다음 문장을 논리에 맞게 고쳐 보자.**

㉮ 환경 오염이 다시 깨끗해지려면, 많은 비용과 노력이 든다.
㉯ 건강 악화가 심해졌다.
㉰ 배추 값이 작년에 비해 배 이상 늘어났다.
㉱ 그의 약점은 부족한 용기이다.

**(8) 다음 문장을 논리에 맞게 고쳐 보자.**

㉮ 그는 내일 축배를 터뜨릴 생각에 들떠 있다.
㉯ 수사가 정점을 치달았다.
㉰ 낡은 주택을 개선했다.

㉓ 적진 속에서 포로들을 구조했다.
㉔ 그 회사가 일방적으로 계약을 폐기했다.

### 🔍 답과 풀이

(1) ㉮ '장사진'은 많은 사람이 한두 줄로 길게 늘어선 모양을 이르는 말이다. '장사진을 이루었다'를 '꽉 찼다'로 바꾼다. ㉯ '창공'은 맑고 푸른 하늘을 뜻하는 말이다. 흐린 날씨에는 창공을 보기 어렵다. '하늘을 날았다'로 바꾼다. ㉰ '거듭나다'는 새로 태어난다는 뜻이다. 전혀 다르게 변신하다는 의미로도 쓰인다. 그러므로 상황과는 어울리지 않는 단어다. '…장차 훌륭한 재목이 될 것이다.'가 적절하다.

(2) ㉮ '병이 들었다'와 '병에 걸렸다' 꼴이 자연스럽다. ㉯ '분위기가 호전되다'는 자연스럽지만 '화해 분위기가 호전되다'는 부자연스럽다. '화해'와 '호전'이 일부 의미 겹침 현상을 빚기 때문이다. '화해 분위기가 무르익다' 정도의 표현이 적절하다. ㉰ '성적이 향상됐다.'가 더 적절한 표현이다. '상승하다'는 수치 등이 단순히 올라가는 것을 뜻하고, '향상되다'는 실력이나 수준이 나아지는 것을 뜻한다. ㉱ '가능성은 …예상된다'의 의미 흐름이 어색하다. '가능성' 자체가 '예상'의 의미를 가지기 때문이다. '가능성은 높지 않다' 혹은 '가능성은 높아 보이지 않는다'로 표현하는 게 좋다.

(3) ㉮ 그 기업의 성공 배경에는 발로 뛰며 노력한 사장의 땀과 열정이 있었다. ㉯ 영화 관계자들 사이에서는 "아름답고 환상적인 영상의 판타지가 탄생했다."라는 평가가 많았다.

(4) ㉮의 첫 번째 문장은 두 가지 의미를 지닌다. 하나는 '잘한 것은 아니지만 어느 정도는 했다.'이고, 다른 하나는 '공부가 아닌 다른 어떤 것은 잘했다.'이다. ㉮의 두 번

째 문장은 단순히 '공부 성적이 좋지 않았다.'라는 의미다.

(5) ㉮ 예쁜 사람이 영희 한 사람인지, 두 사람 모두인지 불분명하다. ㉯ 할머니의 손이 큰지 며느리의 손이 큰지 불분명하다. ㉰ 어머니와 딸이 강아지를 찾아 나섰는지, 어머니가 강아지와 딸을 동시에 찾아 나섰는지 불분명하다. ㉱ 중상자와 경상자를 합쳐 2명인지 경상자만 2명인지 불분명하다.

(6) ㉮ '저 사람'이 장사를 놀면서 했는지, 놀지 않으면서 했는지 불분명하다. ㉯ 그가 오긴 했어도 친구와 함께 오지는 않았다는 뜻인지, 그와 그의 친구 둘 다 오지 않았다는 뜻인지 불분명하다. ㉰ '등산화를 신기만 하고 산을 오르지 않아도 된다.'라는 뜻인지 '산을 오를 때 반드시 등산화를 신어야 하는 것은 아니다.'라는 뜻인지 불분명하다.

(7) ㉮ 환경 오염이 → 오염된 환경이 ㉯ 건강이 더욱 악화됐다. ㉰ 늘어났다 → 올랐다 ㉱ '그의 약점은 용기가 부족하다는 것이다.' 또는 '그의 약점은 용기 부족이다.'

(8) 축배를 터뜨릴 → 축배를 들, 샴페인을 터뜨릴 ㉯ 정점을 → 정점으로 ㉰ 개선했다 → 개축했다 ㉱ 구조했다 → 구출했다 ㉲ 폐기했다 → 파기했다

# 9

그 밖에 이런 표현들을 주의하자

빙고!
바로 그거야!

아버지의
유산을
탕진했습니다

언어를 바라보는 시각은 둘로 나뉜다. 규범을 엄격히 지키자는 쪽과 유연하게 적용하자는 쪽이다. 연신 흐르는 눈물, 장미꽃 피는 뜨락, 향긋한 봄 내음……. 이들 표현 가운데 연신, 뜨락, 내음은 방언으로 규정되어 있다. 보수적인 쪽은 이들을 표준어인 연방, 뜰, 냄새로 바꾸어야 한다고 주장한다. 진보적인 쪽은 방언이 표준어보다 더 느낌이 생생하다며 그냥 쓰자고 한다. 이런 이분법적인 논의는 어법에 관한 것으로까지 확대된다. '잊혀진 사랑'과 '잊힌 사랑', '함성을 외치다'와 '함성하다'가 서로 대립된다. 여기서는 이런 문제들을 어떻게 바라보고 어느 범위까지 수용하는 게 좋을지 알아보자. 나아가 앞의 각 단원에 포함시키기 어려우면서도 간략히 다룰 만한 주제들을 한데 모아 살펴보려 한다.

국어 시간이다. 선생님이 뜻이 겹치는 말은 하나를 빼는 게 좋다면서, 예를 들어 '남겨 준 유산'은 '남겨 주다'와 '유(遺)'가 같은 뜻이라고 가르쳤다. 선생님은 아이들이 얼마나 이해했나 싶어서 곧바로 시험 문제를 냈다. '아들은 아버님이 남겨 주신 유산을 탕진했다.'를 적절히 고쳐 보라는 것이었다. 짱구는 답지에 다음과 같이 적었다. '아들은 아버님이 유산을 탕진했다.' 맹구가 곁눈질로 그 답안지를 보더니 킥킥거린다. 맹구의 답은 다음과 같다. '아들은 아버님이 남겨 주신 산을 탕진했다.'

# 능동과 피동, 자동과 피동의 경계?

**능동과 피동**

한 처녀가 버스에서 발을 밟혔다. 상대는 생김새가 영 마음에 안 드는 남자였다. 처녀 왈, "댁이 제 발을 밟았어요." 그 처녀가 이번엔 배용준 같은 사람에게 밟혔다. 다시 처녀 왈, "제 발이 밟혔어요." 말투가 조금 다르다.

두 표현이 주는 느낌은 어떻게 다를까. 앞말은 직설적이고 딱딱하다. 또 상대를 책망하는 듯하다. 뒷말은 다소 우회적이고 부드럽다. 상대를 책망하기보다는 실수를 감싸 주려는 뜻이 담겨 있다. 행위를 가한 자와 행위를 입은 자 중 어느 쪽을 주어로 했느냐에 따라 이런 차이가 난다.

황순원의 소설 「소나기」에는 '소녀가 소년에게 업히었다.'라는 표현이 있다. 업은 것과 업힌 것은 다르다. '업었다'라고 표현하면 '누가'라는 업은 주체가 명확히 드러나지만 '업히었다'라고 하면 그 주체가 전면으로 드러나지 않는다. 즉 작가는 이 대목에서 누가 업는 행위를 주도했는지 밝히지 않은 것이다. 소녀와 소년이 '풋사랑'을 진행시키는 상황이라면 이런 표현은 더 극적인 효과를 낸다.

'밟히다', '업히다' 등은 피동 표현이다. 피동 표현은 이처럼 부드럽고 완곡하게 말할 때 자주 쓰인다. 대신 능동 표현은 말하려는 의도가 뚜렷이 드러나기 때문에 명쾌하고 시원스럽다.

우리말은 능동 표현이 발달했고 일본말은 피동 표현이 발달했다고 한다. 그런 인식 때문인지 우리말 관련 서적들을 보면 피동형에 대한 심한 알레르기 반응들이 보인다. 능동 표현을 써야 우리말답다는 것이다. 일본식 어투에 대한 거부감, 즉 언어 자존심의 발로일 수도 있다. 하지만 위의 예에서 보듯, 이를 모든 표현에 무조건 적용해서는 안 된다. 우리말도 피동 표현이 충분히 발달해 있다. 오히려 피동형이 갖는 장점을 살릴 필요도 있다.

피동형과 관련해서 또 한 가지 논란이 되고 있는 것이 이중 피동, 즉 겹피동이다. 한 가지 예를 들어 보자.

- 친구의 오해가 풀려지도록 해 보자.

2005년 대입 수능 시험 언어 영역에 나왔던 문제다. '풀려지도록'을 '풀리도록'으로 바꾸는 게 옳은지 그른지를 묻는 문제였다. 답은 '옳다'였다. '풀리다'도 피동형이고, '-지다'도 피동형이니 이런 이중 피동은 피하자는 것이다.

그런데 '-지다'가 피동의 의미를 띠는지에 대해서는 논란이 많다. 옛날 최현배 문법 때는 피동형으로 인정했지만 요즘 문법에서는 이를 부정하는 편이다. '어떤 상태로 나아간다'라는 뜻이 담겨 있다고 보는 것이다. 또 '잊다'의 피동형으로 '잊히다', '잊어지다'보다는 '잊혀지다'가 더 자연스럽고 널리 사용되는 현실로 볼 때 이런 형태의 이중 피동을 무조건 배척하기는 쉽지 않다.

다만 '-지다'가 피동적 요소를 어느 정도 내포하고 있다는 사실은 부인하기 어려우므로 특별한 경우를 제외하고는 이중 피동을 사용하지 않는 게 간결성 면에서도 바람직하다.

- 그것이 요즈음 학생들에게 많이 읽혀지는 책이다. (→ 읽히는)
- 내일 아침이면 또 마음이 변해지겠지. (→ 변하겠지)
- 이러한 성격 때문에 당해지는 손해가 여간 크지 않다. (→ 당하는)
- 구름에 가려져서 하늘을 볼 수가 없었다. (→ 가려서)


## 자동사와 피동사

'손해가 절반을 넘었다'와 '손해가 절반이 넘었다'는 어느 게 맞는 표현일까. 둘 다 맞다. 우리말에는 이 예문의 '넘다'처럼 자동사로도 쓰이고 타동사로도 쓰이는 동사들이 많다. '종료하다' 역시 '경기가 종료하다', '경기를 종료하다'가 함께 쓰인다.

그렇다면 '경기가 종료하다'일까 '경기가 종료되다'일까. 이 역시 둘 다

가능하다. 이는 자동사와 피동사를 별로 구별하지 않는 우리말 특성에서 기인된다. '붕괴하다/붕괴되다', '궤멸하다/궤멸되다', '기인하다/기인되다' 등도 마찬가지다.

그런데 우리말에 관심 있는 사람 중에는 '되다'를 껄끄럽게 생각하는 이들이 있다. '우리말은 능동 표현이 자연스럽다'라는 인식 때문에 '되다' 형 피동 표현을 삼가려 한다. '붕괴됐다'보다는 '붕괴했다'를 쓰려는 것이다.

이는 경직된 언어관이거니와 더 큰 문제는 이를 확대해서 적용하려는 데 있다. '수익률이 플러스로 전환했다', '주식 시장이 혼조세로 마감했다' 등의 표현이 심심찮게 보이는데, 여기서는 각각 '전환됐다/마감됐다'로 하는 게 훨씬 자연스럽다. 왜냐고 반문할 필요도 없이, 사전을 보면 '전환하다/마감하다'가 타동사로만 쓰인다고 나와 있기 때문이다. 목적어를 취해야 하는 것이다. 그러니 자동사 꼴인 '…가 …로 전환했다' 식으로 쓰면 안 된다.

다른 시각에서 살펴보자. '건물이 붕괴했다'는 '건물이 붕괴를 했다'의 줄임꼴이다. '건물이 붕괴됐다'는 '건물이 붕괴가 됐다'의 줄임꼴이다. 전자는 '건물이 무엇을 했다' 형태인데, 건물이 주체가 되어 무언가를 할 수는 없는 노릇이다. 반면 후자의 '건물이 붕괴가 됐다'는 어법에 들어맞는다. 이게 자연스러운 우리 말법이다.

# 겹말이라고 무조건 피하지는 말자

말을 세심하게 다루는 사람들은 되도록 '겹말'을 피하려고 한다. 겹말이란 같은 뜻이 중복된 말이다. 대표적인 겹말로는 이런 것들이 있다.

역전 앞, 어려운 난관, 좋은 호평, 지난 과거, 직시해 보다, 허송세월을 보내다, 새로 들어온 신입생, 다시 재발하다, 남은 여생, 마지막 최종 결승, 새로 신설하다, 서로 상통하다, 공감을 느끼다……

그런데 겹말이라고 무조건 피해야 하는가 하는 문제에 대해서는 고민해 볼 필요가 있다. 겹말에 대해 엄격한 원칙을 적용하려는 사람들이 겹말로 적시한 것 중에는 다음과 같은 예도 있다.

결실을 맺다, 피해를 입다, 기간 동안, 박수를 치다, 골프를 치다, 불로소득을 얻다, 함성을 외치다, 소문으로 듣다……

'결실을 맺다'는, '결(結)'에 맺는다는 뜻이 있으니까 의미 중복이라는 것이다. 그래서 '결실하다' 혹은 '결실을 거두다'로 쓰자고 한다. 하지만 '결실하다'는 말을 억지로 만든 것이다. 과거 한자 문화권에 종속되어 있을 때나 쓰던 말이다. 결실은 본래 '열매를 맺음'이란 뜻이었지만 지금은 '열매'라는 뜻으로 확장되었다. 오히려 '열매를 맺음'이라는 뜻으로 사용하는 예가 더 드물다. '결실을 거두다'의 결실 역시 '열매를 맺음'이라는 뜻이 아니라 '열매'라는 뜻이다. 결실이 곧 열매이므로 '결실을 맺다'는 의미 중복이라고 볼 수 없다. 물론 한자어 '결실' 대신 우리말 '열매'를 쓰자는 건 이 논의의 범주에서 벗어난다.

'피해를 입다'도 마찬가지다. '피해'는 본래 '해를 입음'이라는 뜻이었지만 지금은 단순히 '해(害)'라는 뜻으로 사용된다. 이걸 '피해하다'로 고치자는 건 어불성설이다. 널리 쓰이는 말이 아니기 때문이다. '피해를 보다'로 고치는 방법이 있는데, 사실은 이때의 '보다' 역시 '입다', '겪다'와 마찬가지로 '입음꼴' 즉 피동의 의미 요소가 있다.

'박수를 치다', '불로소득을 얻다', '함성을 외치다' 등도 의미 중복의 혐의는 있지만, '박수하다', '불로소득하다', '함성하다'라고 쓰지 않을 바에는 그냥 두는 게 좋다. '함(喊)'에 소리친다는 뜻이 담겨 있지만 국어 사전에도 '함성을 지르다'가 용례로 나와 있다. 함성을 외치건 지르건 크게 소리 내는 것은 마찬가지다.

한데, 겹말 알레르기가 심한 사람 중에는 겹말이 아닌 것마저 겹말로 오인하는 경우가 있다. 그 예가 바로 '매 -마다'와 '기간 동안'이다. 이 같은 짝말들은 대개 둘 중 어느 하나를 생략해도 무방하며, 생략하는 게 더 깔끔하기도 하다. '매년마다'보다는 '매년'이, '오랜 기간 동안'보다는 '오랜 기간', '오랫동안'이 더 매끄럽고 깔끔하다.

그러나 이러한 생략이 모든 경우에 적용되는 건 아니다. '행사 기간 동안'을 '행사 기간' 혹은 '행사 동안'이라고 하면 어색하다. '행사 기간'은 '행사 기간에'로 해야 자연스러운데, 그렇다면 '동안'을 무조건 뺀다고 해서 될 일은 아니다. '거의 매 장마다 오류가 보인다.'에서 '매'나 '마다' 중 어느 하나를 생략하기도 어렵다.

이런 예문들을 놓고 볼 때 '기간'과 '동안', '매'와 '마다'는 의미 중복이라고 볼 수 없고, 오히려 긴밀한 관계의 두 단어가 짝을 이루는 일종의 '숙어'로 보아야 할 것이다. '그럼에도 불구하고'를 간단히 '그럼에도'라고 쓰는 것과 비슷한 형태 아닐까 한다. 참고로 국립국어원도 '매 - 마다'는 의미 중복이 아니라고 밝히고 있다.

겹말에 대한 알레르기 때문에 우리의 언어 습관이 옆길로 새는 경우로는 이 밖에도 '-화하다/-화되다'가 있다.

- 유사휘발유 제조와 유통이 점점 지능화하고 있다.

어느 신문에 나온 표현이다. 이 문장의 '지능화하다'는 어법에 맞을까. 어떤 이들은 한자어 '화(化)'라는 단어의 음훈이 '될 화'이므로 '-화되다'라고 표현하면 '되다'가 겹친다고 말한다. 그러므로 '-화되다'는 '-화하다'로 고쳐야 한다는 것.

그러나 이는 논리의 모순이다. '화(化)'가 비록 한자어이고, 훈이 '되다'이긴 하지만 그것이 접미사 '-되다'와 같은 성질의 것이라고 볼 수는 없다. '화'가 '되다' 말고 '변하다', '변화하다'라는 훈으로도 쓰인다는 점을 상기하면 좀 더 이해하기 쉬울 것이다. 더욱이 '변화(變化)'라는 단어를 보더라도 '변화하다', '변화되다' 양쪽이 다 쓰이는 것을 알 수 있다. 기실 '-화하다'와 '-화되다'는 어느 한쪽만 택해야 할 성질의 짜임이 아니다. 글의 구성, 즉 결구에 따라 용례가 달라지는 것이다. 다음 예문을 보자.

- 서울시는 그 지역을 공원화했다.
☞ 그 지역은 서울시에 의해 공원화됐다.
- 회사는 유통망을 조직화했다.
☞ 회사의 유통망이 조직화됐다.

위의 두 예문에서 보듯, '-화하다'는 '공원'과 '조직'이라는 명사를 타동사 형태로 바꾸어 주고, '-화되다'는 피동사 형태로 바꾸어 준다. 이는 어느 한쪽만 절대적으로 맞는 게 아니라 문장의 주술 관계나 목술 관계에 따라 양쪽 다 선택적으로 쓰일 수 있음을 뜻한다. 결과적으로 맨 위의 예문도 '지능화되고 있다'라고 쓰는 게 맞다.

# 흔히 쓰는 잘못된 표현들

## '여부'가 있나요

'합격 여부를 알려 주세요.', '참석 여부를 알려 주세요.'
수신 여부, 가능 여부, 도착 여부, 존재 여부, 과실 여부, 재혼 여부 등등, '여부'는 일상에서 흔히 쓰이는 단어다. '여부'의 사전적인 의미는 '그러함과 그러하지 아니함'인데, 표현이 간결해서 다양하게 자주 쓰인다. 예를 들어 '합격했는지 불합격했는지'를 줄이면 '합격 여부'가 된다. 그런데 '여부'를 즐겨 쓰다 보니 이상한 표현이 나오기도 한다.

- 합격 불합격 여부를 알려 주세요.
- 진위 여부가 관심거리입니다.
- 갈 것인지 말 것인지 여부를 말해라.

'합격 여부'가 맞는 표현인데 무심결에 '합격 불합격 여부'라고 썼다. 뜻은 대충 통하지만 논리가 안 선다. '진위 여부'도 마찬가지다. 굳이 뜻풀이하자면 '진짜인지 가짜인지 그런지 아닌지' 정도가 되겠는데 이는 우리 말법에서 한참 벗어난다. 그런데 문제가 있다. 대체할 용어가 마땅치 않은 것이다. 일부에서는 '진실 여부'라고 해야 한다는데, 이 표현은 우리에게 익숙하지 않다. '여부'를 아예 빼고 '진위가 관심거리이다.'라고 하는 방법도 있는데, 이 역시 잘 쓰지 않는 표현이다. 남들이 잘 안 쓰는 말을 사용하는 것은 바람직하지 않다. '진위를 가릴 수 있을지' 등으로 풀어 쓰는 것도 생각할 만하다.

'여부'가 정도를 나타내는 단어와 결합해도 어색하다. '진전 여부', '오차 여부', '비율 여부' 등이 그것이다. 이럴 때는 '진전 여하', '오차 정도', '비율의 차이' 등으로 쓰는 게 옳다. 하지만 '여하'는 요즘 세대들은 잘 안 쓰는 말이라는 점도 고려할 필요가 있다.

- 북-미 관계의 진전 여부에 따라 대응 방안을 모색하겠다. (→ 진전 여하에 따라, 진전 상황에 따라)
- 오차 여부가 이번 기술 개발의 핵심이다. (→ 오차가 얼마나 나오느냐 하는 점이 이번 기술 개발의 핵심이다.)

## 하나의 중요한 질문

서양 문화가 흡수되면서 우리 말글도 어느새 서양적인 것을 많이 받아들였다. 텔레비전, 컴퓨터 등과 같은 외래어가 그중 한 예다. 그런가 하면 표현 방법도 영어의 영향을 받은 것이 많다. '아무리 …해도 지나침이 없다'가 전형적인 외래식 표현임은 잘 알려진 사실이다. 표현의 다양성 측면에서 나쁠 것 없다고 볼 수 있을지 모르나, 엄연히 우리의 좋은 표현 방법이 있는데도 굳이 남의 틀을 빌려 쓰는 건 바람직하지 않다.

- 우리, 하나의 중요한 질문에 대한 답을 찾아보세.

우리말에서 사람이나 사물의 숫자를 표시하는 기본 방식은 두 가지다. 첫째, 수 관형사 '한', '두' 등을 앞에 내세워 '한 사람', '두 형제' 등으로 쓴다. 둘째, '수 관형사 + 단위 명사' 형태를 만들되 이를 명사 뒤에 위치시킨다. '개 한 마리, 연필 한 자루' 등이 그것이다. 수사를 사용할 때는 '연필 하나'로 할 수도 있다. 그러므로 예문의 '하나의 중요한 질문'은 '중요한 질문 한 개' 혹은 '중요한 질문 하나'가 자연스럽다. '중요한 질문 한 가지'로 할 수도 있다.

'한 개의 사과', '두세 자루의 연필' 등처럼 단위 명사에 '의'를 붙인 것은 대부분 영어 번역투이다. 즉 an apple, two or three pencils를 번역하면서 단어의 순서를 우리 식으로 바꾸지 않고 원문대로 따른 것이다. 번역문이 오랜 기간 우리 언어 사회에 전파되다 보니 이런 표현이 귀에 익숙해지기는 했지만, 우리 말법과 경쟁할 만큼 세력을 형성하지 못한 채 여전히 부자연스러운 외래어투로 받아들여지고 있다.

위의 글은 '하나의 중요한 질문'이 주는 어색함 외에 다른 문제도 보인다. '질문에 대한 답을 찾아보세'라는 표현도 우리 말투와는 거리가 있다. 특히 대화체로는 요령부득이다. 우리말답게 표현하려면 다음과 같은 형태를 생각해 볼 수 있다.

☞ 한 가지 중요한 질문을 해 보겠네. 우리 한번 그 답을 생각해 보세.
☞ 우리, 한 가지 중요한 문제를 놓고 답을 생각해 보세.

다음 예들도 수사나 수 관형사의 위치가 뒤바뀐 것들이다.

- 세 개의 날개가 달린 새를 보았다.
☞ 날개가 셋 달린 새를 보았다.
- 한 개의 사과, 열 마리의 새
☞ 사과 한 개, 새 열 마리

### 남용되는 복수 표현

우리말은 다른 말에 비해 단수와 복수를 엄격히 구분하지 않는 편이다. 예를 들어 영어는 단어 뒤에 's/es' 등을 붙여 복수임을 분명히 밝히지만 우리말은 복수의 개념이라고 해서 복수형 접미사 '들'을 반드시 넣지는 않는다.
"꽃이 피었다."라고 했을 때, 그 꽃은 한 송이일 수도 있고 여러 송이일 수도 있다. 이는 우리가 언어 생활에서 수의 개념에 그다지 큰 관심을 갖지 않음을 뜻하기도 한다. 한데, 근래 들어 우리 글에도 복수형 표현이 점차 늘어나고 있다. 이는 우리가 영어 등의 번역투 문장에 익숙해져 있기 때문이다.

그러나 우리 말글에서는 '들'이 여러 번 들어가면 오히려 부자연스러울 때가 많다. 그러므로 꼭 필요한 경우가 아니면 '들'의 중첩을 피하는 게 좋다. 한편 '우리'를 쓸 것인지 '우리들'을 쓸 것인지 고민스러울 때도 있다. '우리들'은 복수의 의미를 이미 지니고 있는 '우리'에 '들'을 또 넣은 형태이므로 엄밀히 따지면 부적절하다. 하지만 우리말에는 복수 개념이 담긴 명사에 '들'을 붙이는 경우가 흔하기 때문에 '우리들'이 틀렸다고 할 수는 없다. '너희들', '그네들'도 자주 쓰이는 표현이다. 또 '많은 사람'과 '많은 사람들'도 혼용된다. 다만 일반적인 언어 관습으로 보면 '우리들'보다 '우리'가 선호되며, 때에 따라서는 '우리들'이 어색하기도 하다. 예컨대 '우리들 나라', '우리들 두 사람', '우리들 부부', '우리들 엄마' 등의 표현은 생소하다. 예외적으로, '우리들'이 더 자연스러워 보일 때도 있다. '우리'를 강조하거나 세 글자로 된 단어의 운율 효과를 얻고자 하는 경우다. '우리들의 행복한 시간', '우리들의 일그러진 영웅', '우리들 마음에 빛이 있다면' 등의 표현이 그것이다. 아래 예문은 어느 책에서 발췌한 것들이다. 고침 글과 비교할 때 어느 표현이 더 자연스러운지 판단해 보자.

- 아버지들은 자녀들을 기르는 데 적절한 사람들이 아니다.
☞ 아버지는 자녀를 기르는 데 적절한 사람이 아니다.
- 왕실 자녀들을 비롯한, 국가의 중추적인 직위에 접근할 만한 사람들의 자녀들은 그곳에서 엄격하고 집중적인 교육을 받았다.

☞ 왕실 자녀를 비롯한, 국가의 중추적인 직위에 접근할 만한 사람들의 자녀는 그곳에서 엄격하고 집중적인 교육을 받았다.
- 우리의 동맹국들과 적국들의 언어를 배우고…….
☞ 우리의 동맹국과 적국의 언어를 배우고…….
- 그곳에는 수천 마리의 새들과 물고기들이 서식하고…….
☞ 그곳에는 수천 마리의 새와 물고기가 서식하고…….
- 이것을 본 사람들은 몇 안 된다.
☞ 이것을 본 사람은 몇 안 된다.

## 재미있는 것 같아요

상황이 확실하지 않아 어림해 말할 때 우리는 흔히 '-ㄴ 것 같다'라는 표현을 쓴다.

> 문: "그 사람 지금 떠났습니까?"
> 답: "예, 떠난 것 같습니다."

이런 표현은 자신의 생각이나 주장을 약하게 드러낼 때 잘 쓰인다. 때에 따라서는 일종의 미덕으로 받아들여지기도 한다. 다음의 예가 그렇다.

> 문: "요즘 정치판 어떻습니까."
> 답: "모두가 개인의 이익을 위해 대의를 저버리는 것 같습니다."

그런데 '-ㄴ 것 같다'를 많이 쓰다 보니 아예 입버릇처럼 굳어져서, 양단간에 분명히 말해야 할 대목에서도 슬그머니 꼬리를 내리는 수가 있다. '재미있는 것 같아요', '좋은 것 같아요' 등등.
특히 인터뷰할 때 이런 말을 자주 하는데, 전혀 논리적이지 않다.

> 문: 애인과 친구가 다른 개념이라고 생각하십니까?
> 답: 저의 경우는 그런 것 같아요. (→ 그렇습니다)
> 문: 그분의 어떤 점이 마음에 드십니까?
> 답: 저밖에 모르는 것이 마음에 드는 것 같아요. (→ 마음에 들어요)

이처럼 일상의 대화에서는 자주 쓰지만 실상은 부자연스러운 표현들이 있다. 특히 글로 써 놓으면 더 확연히 드러난다. 가장 많이 보이는 게 '- 중에 있다'와 '-고 있다'이다. 습관성인데, 글이 늘어지고 정확성도 떨어진다.

- 정부는 이 방안을 마련 중에 있다. (→ 마련 중이다)
- 지금 한참 생각 중에 있다. (→ 생각 중이다)
- 지금까지 이곳에서 모은 헌 옷은 총 40톤에 달하고 있다. (→ 달한다)
- 은행으로부터 돈을 빌린 중소 기업들의 연체율이 증가 추세에 있다. (→ 증가하는 추세다)
- 내수 부진이 계속 이어져 중소 기업의 부도 가능성이 커지고 있고, 은행권의 리스크도 높아지고 있다. (→ 커지고)

## 비교급 표현의 오류

'배'와 '한 배'와 '두 배'는 어떤 차이가 있을까. '배'는 '한 배'를 뜻할까 아니면 '두 배'를 뜻할까. 또 '한 배'와 '두 배'는 확실히 갑절의 차이가 나는 것일까. 답은 간단치 않다. 우선 국립국어원 사전에 올라온 용례를 보자.

- 물가가 배로 올랐다.

이 말은 100원 하던 물가가 200원으로 올랐다는 뜻이다. 이를 퍼센트 수치로 옮기면 '물가가 200퍼센트로 올랐다.'가 된다. 즉 '배 = 200퍼센트'인 셈이다. 그런데 200퍼센트는 '2배'와 같다. 그러므로 여기서 '배'란 '2배'의 준말로 보는 게 타당하다. 즉 다음과 같은 등식이 성립된다.

- 물가가 배로 올랐다. = 물가가 2배로 올랐다. = 물가가 200퍼센트로 올랐다.

그런데 이렇게 결론을 내고 보면 또 다른 문제가 발생한다. 만약 '배 = 200퍼센트'라면 2배는 '2×200 = 400퍼센트', 3배는 '3×200 = 600퍼센트'가 되어야 하는데, 일단 앞에서 '배 = 2배'라고 했거니와 이는 말이 안 된다. 그러나 '3배'를 '세 번 거듭됨'으로 이해하면 '배 = 1배'가 된다. 국립국어원 홈페이지의 질문 답변 코너에는 다음과 같은 공식 답변이 있다.

'가격이 배 올랐다'와 '가격이 한 배 올랐다'는 같은 표현이다.

이 답변은 달리 표현하면 '배 = 2배'가 아니라 '배 = 1배'라는 것이다. 앞에서는 '배 = 2배'였는데 여기서는 '배 = 1배'라고 했다. 즉 다음과 같이 정리된다.

- 배로 올랐다 = 2배로 올랐다 = 200퍼센트로 올랐다. (배 = 2배 = 200퍼센트)
- 배 올랐다 = 1배 올랐다 = 100퍼센트 올랐다. (배 = 1배 = 100퍼센트)

이 두 표현을 '참'으로 인정한다면 이상한 결론이 도출된다. 즉 '배 = 1배 = 2배'가 되어야 하는 것이다. 이걸 어떻게 받아들여야 할까. 좀 엉뚱한 결론 같지만, 답은 '둘 다 맞다'이다. 왜냐하면 우리의 언어 현실이 위의 두 가지 표현 용례를 다 자연스럽게 받아들이기 때문이다. 재미있는 것은, 우리가 이처럼 모호한 표현을 해 왔지만 지금까지 별다른 문제 없이 넘어갔다는 점이다. 특히 1배인지 2배인지 애매하다 보니 적당히 뭉뚱그려서 그냥 '배'라고 표현하는 경우도 없지 않다. 모호함을 어느 정도 줄이는 방법이 있기는 하다. 물가가 100원에서 200원으로 올랐을 때를 예로 들어 보자.

1  물가가 100퍼센트나 뛰었다.
2  물가가 200퍼센트로 뛰었다.
3  물가가 배로 뛰었다.
4  물가가 두 배로 뛰었다.
5  물가가 두 배나 뛰었다. (이 표현은 자칫 300원으로 올랐다는 뜻으로 오해될 수 있어

피함)

**6** 물가가 배나 뛰었다. (이 표현은 자칫 300원으로 올랐다는 뜻으로 오해될 수 있어 피함)

위의 여섯 개 예문 중에서 **1**과 **2**는 의미가 명확하다. **3**과 **4**도 어느 정도 정확하므로 권장할 만하다. 그러나 **5**와 **6**은 자칫 100원에서 300원으로 뛴 것으로 해석될 수 있으므로 피하는 게 좋다.

한편 '2배', '3배' 등의 표현에서 가끔 논리적으로 맞지 않는 표현을 쓰는 예가 있다. 다음 예문을 보자.

- 미국의 경우 은행 간 합병 과정에서 점포를 4배가량 감축하는 사례가 있었다.

'2배', '3배'의 '배'는 '많다/크다' 등과 어울린다. '2배나 많다', '3배나 크다' 등으로 표현된다. 따라서 '2배나 작다/적다'는 논리적으로 합당하지 않다. 4배 증가하는 사례는 있어도 4배 감소하는 사례는 절대 없다. 예문은 '4분의 1가량 감축'이라고 해야 한다.

이 밖에 비교급에 쓰이는 부사로는 '-에 비해'와 '-보다'가 있는데, 이런 단어는 상태를 나타내는 형용사, 예를 들면 '많다/적다/아름답다' 등과 어울린다. 따라서 다음과 같은 비논리적 표현은 삼가야 한다.

- 수출이 작년에 비해 2배가량이다. (→ 2배가량 늘었다)
- 점포 숫자가 작년보다 4배이다. (→ 4배 늘었다)

# 비슷해서 혼동하기 쉬운 단어들

단어들 중에 서로 발음이 비슷하거나 의미가 비슷해서 구별이 어려운 것들이 있다. 그렇지만 뜻과 용법은 엄연히 다르다. 이를 혼동할 경우 다른 단어와 결합할 때 무리가 생긴다. 예를 들어 보자.

### -ㄴ/ㄹ지, -ㄴ/ㄹ 줄

상대방한테 서운한 감정이 들 때 하는 말이 있다. "네가 그렇게 나올지는 몰랐어." 이는 우리가 흔히 쓰는 표현이지만 적절하지 않다. 여기서 '나올지'는 '나올 줄'로 바꾸어야 한다. 비슷한 예로 '네가 나를 속일지는 몰랐다.'도 '네가 나를 속일 줄은 몰랐다.'가 합당하다. 둘은 어떻게 구별될까.

'그가 떠날지 몰라.'와 '그가 떠날 줄 몰라.'를 보자. 그가 떠날 수도 있다는 미래 상황을 예측하는 내용이라면, 전자는 가능한 표현이고 후자는 불가능한 표현이다. 후자가 불가능한 이유는, 미래 상황의 예측에는 'ㄴ/ㄹ줄'을 쓰지 않기 때문이다. 이번에는 '그가 떠날지 몰랐다.'와 '그가 떠날 줄 몰랐다.'를 보자. 그가 이미 떠나 버린 과거의 사실을 돌아볼 때는 전자보다 후자가 자연스럽다. 이처럼 과거 상황을 묘사할 때는 '-ㄴ/ㄹ 줄'을 쓴다.

'-ㄴ/ㄹ지'와 '-ㄴ/ㄹ 줄'이 미래와 과거라는 시점에 의해 온전히 구별되는 건 아니다. 이는 일반적인 현상일 뿐, 예외는 수두룩하다. 예컨대 '-ㄴ/ㄹ지' 역시 과거 상황에 쓰일 수 있다. '그가 갔는지 안 갔는지 모르겠다.'와 같은 꼴이다. 이때는 선택의 의미가 강하다. '-ㄴ/ㄹ 줄'도 간혹 현재나 미래 상황에 쓰인다. '도둑질이 죄인 줄 몰랐다.', '죽을 줄도 모르고 덤빈다.'와 같은 형태다. 이때 역시 '죄인지 몰랐다' 혹은 '죽을지 모르고'는 어색하다. 여기서 'ㄴ/ㄹ 줄'은 '…라는 사실'이라는 뜻이 강하다. '-ㄴ/ㄹ지'에는 이런 뜻이 없다. 추측의 뜻만 있다. 양자를 구별해 쓰면 글이 더 정확해진다.

## 가늠/가름

'가늠'은 '일의 추이를 진단함'을 뜻하고 '가름'은 '사물이나 상황을 구별하거나 분별함'을 뜻한다. 즉 '가늠'은 '진단, 예측'의 뜻을 지니고,

'가름'은 '판가름, 갈라놓음'의 뜻을 지닌다. 둘 다 '하다'와 자연스럽게 결합한다. 하지만 '가름이 나다, 가름이 지어지다'는 되고 '가늠이 나다, 가늠이 지어지다'는 안 된다. 예문을 보면 둘 사이의 구별이 확실해질 것이다.

- 이기고 지는 것은 마음 자세에서 [가름/가늠]이 난다. (가름)
- 선수들의 투지가 경기의 승패를 [가름/가늠]했다. (가름)
- 청중의 박수 소리에서 그의 인기도를 [가름/가늠]할 수 있었다. (가늠)
- 무게를 [가름/가늠]하는 기구. (가늠)
- 대권의 향방은 아무개 쪽으로 [가름/가늠]이 났다. (가름)
- 대권 향방을 [가름/가늠]할 수 없다. (가늠)

## 참가/참여

'모임'에는 '참가'하는 게 맞을까, '참여'하는 게 맞을까. 알쏭달쏭하다. 둘 다 맞을 것 같기도 하다. 이처럼 '참여'와 '참가'는 쓰임의 차이를 구별하기가 어렵다. 사전상의 뜻풀이를 보면 '참가'는 '모임이나 단체 또는 일에 관계하여 들어감'을 뜻하고, '참여'는 '어떤 일에 끼어들어 관계함'을 뜻한다고 되어 있다.

이 설명만으로는 둘 사이에 어떤 차이가 있는지 알 수가 없다. 기실 '참여'와 '참가'를 똑 부러지게 구별할 방법은 없다. 심지어 우리는 '전쟁에 참가했다'와 '전쟁에 참여했다'를 함께 쓰기도 한다. '훈련에 참가했다'와 '훈련에 참여했다'도 마찬가지다. 양자 사이에 뉘앙스 차이는 약간 있는 듯하지만 그걸 구분해 내기가 힘들고, 우리말이 그걸 구분해야 할 만큼 정확성을 필요로 하지도 않는다.

그러나 확실히 구분되는 예도 있다. 우선 끼어드는 정도에 따라 차이가 있다. 참가는 단순히 끼어드는 것, 참여는 적극적으로 끼어드는 것이다. 즉 참여는 주최자에 버금가는 수준의 끼어듦을 전제하며, 이에 따라 '동참'의 의미를 강하게 가지고 있다. 우리는 흔히 '참가에 의의가 있다.'라고 말하지, '참여에 의의가 있다.'라고는 하지 않는다. 후자의 표현이 어색한 것은 '참여'가 '적극적'이라는 뉘앙스와 결합하는 경향이 있기 때문일 것이다. '적극적으로 참여해 달라.'라는 말은 자연스러운데 '적극적으로 참가해 달라.'라는 말은 부자연스럽다.

또 한 가지 차이는 대상의 구체성과 추상성에서 찾을 수 있다. 모임이나 집회는 특정 장소에서 이루진다. 이런 장소에 나갈 때는 '참가'가 '참여'보다 낫다. 예를 들면 '집회에 참가하다', '봉사 활동에 참가하다', '올림픽에 60개국이 참가하다' 등이다. 반면 추상적인 행위(일)에 끼어들 때는 '참여'가 '참가'보다 낫다. '경영에 참여하다', '국정에 참여하다', '토론에 참여하다' 등이다. 이는 명사형으로 쓰일 때도 어느 정도 적용된다. '참가'의 경우 '전쟁 참가', '행사 참가' 등이 있고, '참여'의 경우 '사회 참여', '현실 참여' 등이 있다.

## 부분/부문

어느 방송사에서 올해의 연기 대상 시상식을 하는데 진행자가 계속 "○○ 부분 ○○상 아무개"라고 말한다. 이럴 때는 '부분'이 아니라 '부문'이 맞다.

'부문'의 문(門)은 분류상의 구별을 나타내거나 학술의 한 종류를 나타낼 때 쓰이는 접미사다. '부문'의 뜻은 사전에 '일정한 기준에 따라 분류하거나 나누어 놓은 낱낱의 범위나 부분'이라고 돼 있다. '부분'은 '전체를 이루는 작은 범위, 또는 전체를 몇 개로 나눈 것 중의 하나'라는 뜻이다. 부분과 부문이 잘못 쓰인 예를 몇 가지 들어 본다.

- 이 병은 조기에 치료하면 합병증을 상당 [부분/부문] 예방할 수 있다. (부분)
- 산업 전 [부분/부문]에 걸쳐 경기 하강 조짐이 보이고 있다. (부문/분야)
- 제7차 교육 과정의 초등학교 교과서 음악 중에서 국악 [부분/부문]만을 소개했다. (부분)
- 공공 [부분/부문] 개혁 (부문)


## 파장/파문

'파문'은 잔잔한 물에 돌을 던질 때 생겨나는 물결 같은 모양을 가리킨다. '파장'은 그 물결의 크기라고 보면 된다. '파문'과 결합할 수 있는 말로는 '파문이 일다', '파문이 확산되다', '파문을 몰고 오다' 등이 있고, '파장'과 결합하는 말에는 '파장이 크다/엄청나다', '(큰/미묘한) 파장을 불러일으키다' 등이 있다. '큰 파장이 벌어지다'는 어울리는 조합이 되지 않는다. '큰 파장을 불러올 것으로 예상된다'나 '파장이 클 것으로 예상된다'가 적당하다.

## 도모/모색

'도모'는 일을 꾸미거나 구체적으로 행동하는 것이고 '모색'은 대책이나 방법을 찾는 것이다. 순서로 보면, 어떤 방안을 모색한 후에 그 일을 도모하게 된다.

- 단결을 [도모/모색]하다. (도모)
- 친목을 [도모/모색]하다. (도모)
- 재기 방안을 [도모/모색]하다. (모색)
- 위기를 피할 길을 [도모/모색]하다. (모색: 이 예문은 국어 사전에서 '도모'가 어울린다고 풀이했으나 잘못된 판단인 듯하다.)

## 한참/한창

'한참'은 시간이 상당히 지나는 동안을 뜻하고, '한창'은 어떤 일이 왕성하게 일어나는 때 혹은 어떤 상태가 가장 무르익은 때를 뜻한다. 흔히 '한참 일할 나이'라는 말을 많이 하는데 이때는 '한창'이 더 어울린다.

- 그는 [한참/한창] 말이 없었다. (한참)
- 그는 [한참/한창] 나를 노려보더니 돌아서 가 버렸다. (한참)
- 공사가 [한참/한창]인 아파트 (한창)
- 요즘 앞산에는 진달래가 [한참/한창]이다. (한창)
- 날씨가 좋지 못한 탓인지 [한참/한창] 붐빌 시각인데도 손님이 없다. (한창)

- [한참/한창] 공부할 나이에 전쟁을 겪느라 배움을 놓쳤다. (한창)

## 보존/보전

'보전'은 '온전하게 보호해 유지함'이란 뜻이고, '보존'은 '잘 보호하고 간수해 남김'이란 뜻이다. '생태계 보전', '환경 보전', '국토의 개발과 보전' 등으로 쓰이고 '유물 보존', '영토 보존', '공문서 보존 기간', '문화의 보존' 등으로 쓰인다. 즉, '보전'과 '보존'은 '보호하여 잘 간수한다'라는 의미는 공통으로 지니는데, '보존'에 '남긴다'라는 의미가 더 있다고 볼 수 있다.

## 유래/유례

'유래(由來)'는 '사물이나 일이 생겨남'을 뜻하고, '유례(類例)'는 '같거나 비슷한 예'를 뜻한다. '유래를 찾기 힘들다/유례를 찾기 힘들다'라는 표현은 둘 다 가능하다. 물론 의미는 다르다. '유래를 찾기 힘들다'는 '내력을 알기가 힘들다'라는 뜻이다. 거친 표현을 빌리자면 족보가 없다는 것이다. '유례를 찾기 힘들다'는 '유사한 예, 혹은 전례를 찾기가 힘들다'라는 뜻이다. '이런 현상은 세계적으로 유래를 찾기 힘들다.'라는 표현은 옳지 않다. 여기서는 '유래'를 '유례'로 적어야 한다.

# 단어의 뜻을 확대하지 말자

훈민정음이 만들어진 15세기에는 '어여쁘다'가 '불쌍하다'라는 뜻이었는데 요즘에는 '예쁘다'라는 뜻으로 변했다. '불쌍하다'라는 뜻은 완전히 사라졌다. 또 '한량(閑良)'은 무과에 급제하지 못한 무반(武班)을 가리키던 말이었는데 '놀고 먹는 양반'이라는 의미로 바뀌었고, 거기서 더 나아가 '돈을 잘 쓰며 잘 노는 사람'이라는 일반적 의미로 변했다.

이 같은 어의 변천을 겪다 보면 논란도 생겨난다. '미망인(未亡人)'은 본래 '죽은 남편을 따라 죽지 못한 아내'를 뜻하는 말이었다. 아내는 남편에게 종속돼 있다는 봉건 시대 사고의 유물인 셈이다. 그런데 요즘은 단순히 '과부'의 높임말로 쓰인다. 그러자 한쪽에서는 봉건적 용어를 쓰지 말자고 하고, 다른 한쪽에서는 이미 뜻이 변한 말이니까 그냥 쓰자고 한다. 이 논란은 쉽사리 해결되지 않는다.

그런가 하면 본래 뜻과 정반대 개념으로 변한 것도 있다. '엉터리'가 그예다. 엉터리는 '대강의 윤곽'이라는 뜻과 '터무니없음'이란 뜻을 함께 지닌다. 전자의 쓰임으로는 '일주일 만에 겨우 엉터리가 잡혔다.'가 있고, 후자의 쓰임으로는 '일을 엉터리로 해 놓다.'가 있다. 두 문장의 '엉터리'가 대립되는 뜻으로 쓰였음을 알 수 있다. 물론 두 개념 중 어느 것이 원뜻이고 어느 것이 변한 뜻인지는 정확히 알 수 없다. 확실한 것은, 대립되는 두 가지 뜻의 경우, 시간이 흐르면서 어느 한쪽 뜻이 다른 한쪽을 집어삼킨다는 점이다. '엉터리'를 보면 '터무니없음'이 '대강의 윤곽'을 삼키는 형국이다. '안절부절못하다'는 이미 '안절부절하다'를 집어삼켰다.

이상의 예들은 어의가 확장, 변천되는 과정을 보여 준다. 이들을 통해 알 수 있는 것은, 어의 확장은 인위적으로 막기 어려우며, 따라서 일반적으로 사용되는 흐름에 어느 정도 맡겨 둘 필요가 있다는 점이다. 다만 변화 과정에서는 강한 저항이 있게 마련인데, 이는 해당 단어의 쓰임을 그 언어를 사용하는 사람들이 어느 정도까지 받아들이는가 하는 점에 영향을 받는다. 다시 말하면 단어의 보편적인 뜻을 거슬러 지나치게 확대된 의미로 사용해서는 안 된다는 것이다. 아래는 이런 점들을 주의 깊게 고려해야 하는 단어들이다.

### 탓

'탓'은 주로 좋지 않은 일에 쓰이는 말이다. '누구를 탓하랴.'라는 말에서 보듯 '탓'은 잘못을 원망한다는 뜻을 담고 있다. 또 '공부를 게을리 한 탓에 시험을 망쳤다.'처럼 부정적인 현상의 부정적인 원인을 나타낼 때도 쓰인다. 그런데 우리는 이 '탓'을 가끔 아래와 같이 사용하기도 한다.

1 공부를 열심히 한 탓에 시험을 잘 보았다.
2 대표팀은 4강까지 올라간 탓인지 준결승전에서는 다소 무기력했다.

1의 공부를 열심히 한 것과 2의 축구 대표팀이 월드컵 4강에 오른 것은 긍정적인 현상이다. 이럴 때는 '탓'이 어울리지 않는다. 1에는 '덕분'이 어울린다. 그렇지만 2에는 '덕분'도 어울리지 않는다. '준결승에서 무기력했다'라는 결과가 부정적인 현상이기 때문이다. 즉 원인이 긍정적이고 이에 따른 결과도 긍정적일 때는 '덕분'을 쓸 수 있지만, 원인이 긍정적인데 결과가 부정적일 때는 '덕분'을 쓸 수 없다. 이럴 때는 상황에 맞게 글을 재구성해야 한다.

☞ 대표팀은 4강까지 올라가면서 체력을 소진한 탓인지 준결승전에서는 다소 무기력했다.
☞ 대표팀은 4강까지 올라 목표를 이뤘다고 생각했는지 준결승전에서는 다소 무기력했다.

'탓'이 긍정적인 일에 쓰일 때도 있기는 하다. '잘되면 내 탓, 못되면 조상 탓'이란 속담에서 '잘되면 내 탓'이 그 예다. 하지만 이는 극히 예외적이므로 논할 바가 못 된다고 하겠다.

## 조장(助長)

'조장'의 사전적 의미는 '도와서 더 자라게 함'이다. 그러므로 긍정적인 표현에 쓸 수 있을 것 같지만 실제로는 정반대다. '투기 조장', '사행심 조장', '과소비 조장', '지역 감정 조장'에서 보듯이 부정적인 표현에 주로 사용된다. '조장'은 본래 벼를 빨리 자라도록 돕기 위해 볏대를 뽑았는데 오히려 말라 죽게 했다는 중국의 고사에서 유래됐다. 그러므로 어떤 바람직하지 않은 일을 부추기거나 선동한다는 의미를 지닌다. 다음 예문은 '조장'의 쓰임이 적절치 않다.

- 여러 가지 제도를 정비해 디지털 경제 체제로의 이행을 활발하게 조장해야 한다.
- 중소 기업과 벤처 기업의 참여를 확대해야 하며 인력 양성 차원에서 대학의 참여도 조장해야 한다.

## 행여

'행여'는 본래 '행여 임이 오시려나' 따위처럼 '다행히' 또는 '바라건대'의 뜻을 지닌 말이다. 행(幸)의 한자말이 주는 의미 때문에 좋은 결과를 기대하는 데 주로 쓰인다. '행여 도움이 될까'처럼 말이다. 그러나 지금은 어의가 좀 더 확장되었다. 국어사전에서는 '어쩌다가 혹시'라고 풀이하고 있다. 즉 '행, 불행'의 가치 판단과 무관하게 쓰인다는 것이다. 예문에도 '행여 감기 들까 걱정이다.'가 있는 만큼 좋은 결과에만 쓰이는 것은 아니다. 하지만 좋은 결과 쪽에 더 어울리는 건 확실하다. '혹시'로 바꿀 수 있다면 바꾸는 게 좋겠다.

- 행여 이번 파업이 타사의 파업으로 번지지 않을까 우려하고 있다. (혹시라도)
- 그의 어머니는 행여나 내 자존심을 상하게 할까 봐 무척 신경을 쓰는 듯했다. (혹시나)

## 너무

'너무'는 사전적으로 '정도에 지나치게'라는 뜻이다. 주로 부정적인 표현에 사용한다. '너무 크다', '너무 먹었다', '너무 위험하다', '너무 걱정 말라' 등이다. 그래서 긍정적인 표현에 써서는 안 된다는 논의들이 많다. '너무 좋아요', '너무 사랑해요' 등이 그것이다. 이때는 '무척, 아주, 굉장히' 등으로 바꾸어야 한다는 것이다. 하지만 현실의 입말에서 이런 표현이 자주 나오다 보니 안 쓰기도 뭣하다. '너무'가 부정적인 표현보다는 '매우'의 힘줌말로 사용되는 경향이 적지 않은 것이다. 이 점은 언어의 진화 차원에서 논란의 여지를 남겨 둔다.

어쨌든 지금으로서는 위의 표현은 피해야 한다는 게 언어를 세심하게 다루는 사람들의 보편적 인식이다. 만약 이 표현을 용인해야 한다면 이때의 '너무'는 '기대했던 것 이상으로'라는 뜻으로 쓰인 셈이다.

# 10

고급 문장 익히기, 글다듬기의 실제

엄마? 온다구요?

내가 뛰어가서
숨이 찼는데
네가 뛰어서
넘어졌다고

영희야! 내가 뛰어가서 숨이 찼는데 헉헉... 어머니를 뵙고 나서 헉헉... 내가 뛰지말라고 했는데 네가 뛰어서 넘어졌다고 말씀드렸는데 헉헉... 깜짝 놀라 일어나셔서 다친댄...

엄마? 온다구요? 괜찮은데.

헉헉

이제는 앞에서 알아본 문법 혹은 어법상의 원리들을 실제 문장에 적용해 보자. 긴 글을 읽고 문제점을 찾아내, 그것들을 어떻게 해결할 것인지 고민해 보는 단계다. 비교적 긴 글을 살펴봄으로써 종합적인 시각을 가지고 글의 큰 흐름을 조망할 수 있는 기회를 가져 보자. 또 이를 통해 앞에서 간과한 부분을 거칠게나마 다룰 수도 있을 것이다. 예문은 고교 과정을 배운 사람이라면 한번쯤 보았을 법한 것들을 위주로 선택했다. 그중에는 현재 교과 과정에서 채택하고 있는 교과서에 실린 글들도 있다. 이 예문들을 보면 배움의 과정에서 모범적인 글이라고 여겼던 것들이 실은 적지 않은 문제점을 안고 있음을 알 수 있을 것이다.

철수가 영희네 집에 헐레벌떡 달려갔다. "영희 어머니, 영희가요……." 영희 엄마가 놀라서 묻는다. "왜, 무슨 일이 있니? 빨리 말해 보거라." "네, 영희가 학교 끝나고 저랑 우리집에 가서, 컴퓨터를 하고 나서, 같이 놀이터에 갔는데, 제가 뛰지 말라고 했는데, 뛰어가다가……." 영희 엄마, 숨이 넘어갈 지경이다. "어찌 됐는지만 말해." 라고 다그치니까 그제야 "넘어졌어요."라고 한다.

**1** 가곡창이든 시조창이든 음악으로 향유되었던 고시조니까 그 창작 동기 또한 공개성을 띠었던 것이 고시조의 또 다른 특징이다. **2** 그래서 고시조는, 홀로 고독하게 자신의 내면을 들여다보면서 성찰하는 현대 시조의 창작 동기와는 전혀 다른 동기에 의해서 창작되었던 것이기도 하다. (중략)

**3** 한번 쓴 시조가 한 개인의 작품으로 머물러 있지를 않고 몇 번이고 되풀이되어 노래되고 백 년 2백 년씩 전해지는데, 그것도 글로 기록되어 전하는 것이 아니고 입에서 입으로 전해진다는 점에서도 고시조는 현대 시조와 다르다. 현대 시조는 기록 문학임에 반해서 고시조는 구비 문학으로서의 성격을 오래오래 누려 왔기 때문이다. **4** 고시조의 이런 성격은 그 전해진 상황에 따라 표기도 약간씩 달라지고 작자 이름도 달라져서 우리에게 전해진 것들이 많게 했다. 그러나 현대 시조는 철저히 기록 문학이기에 이런 문제가 발생하지 않는다. (김대행, 「우리 시의 틀」 중에서)

**1**이 안정적이지 못한 것은 연결 어미 '-니까'가 뒷말과 호응을 이루지 못하기 때문이다. '-니까'는 앞말이 뒷말의 원인이나 근거, 전제가 됨을 나타내는 연결 어미 '-니'의 강조형이며, '-므로'와 용법이 비슷하다. 먼저 '-니까' 혹은 '-므로'의 일반 용례를 살펴보자.

- 그는 학생이니까(학생이므로) 공부를 열심히 해야 한다.
- 그는 머리가 좋으니까(좋으므로) 공부를 하지 않아도 성적이 좋다.

두 개의 예문에서, '-니까'는 특히 술어를 포함해 문장의 후반부 전체를 인과 관계로 결속한다. 이것이 연결 어미 '-니까'의 용법상 특징이며, 이 원칙이 지켜지지 않으면 문장이 어색해진다. 이제 예문을 검토해 보자.

1 가곡창이든 시조창이든 음악으로 향유되었던 고시조니까 그 창작 동기 또한 공개성을 띠었던 것이 고시조의 또 다른 특징이다.

앞서의 설명대로라면 '고시조니까'가 구속하는 부분이 '또 다른 특징이다'까지 이어져야 한다. 그러나 '고시조니까 …특징이다'는 의미가 성립되지 않는다. '공개성을 띠었다'까지만 구속할 뿐이다. 따라서 문장이 불안정하다고 볼 수밖에 없다. 이를 다음과 같이 고칠 수 있다.

☞ 가곡창이든 시조창이든 음악으로 향유되었던 고시조니까 그 창작 동기 또한 공개성을 띠었던 것이 당연하다. 이것이 고시조의 또 다른 특징이다.

☞ 고시조의 또 다른 특징은, 가곡창이든 시조창이든 음악으로 향유되었던 고시조니까 그 창작 동기 또한 공개성을 띠었다는 점이다.

두 고침 문장은 '-니까'를 그대로 둔 채 대안을 찾아본 것이다. 첫 번째는 아예 문장을 둘로 나누었고, 두 번째는 문제가 됐던 '또 다른 특징'을 앞으로 끌어내 주어로 만들었다. 그런데 두 번째는 아직도 어색하다. 이 흐름에서는 '-니까'가 적절하지 않은 것이다. 다시 바꿔 볼 수 있다.

☞ 고시조는, 가곡창이든 시조창이든, 음악으로 향유되었기 때문에 그 창작 동기가 공개성을 띠었다. 이것이 고시조의 또 다른 특징이다.
☞ 고시조의 또 다른 특징은, 가곡창이든 시조창이든, 그것이 음악으로 향유되다 보니 창작 동기가 공개성을 띠었다는 점이다.

두 문장은 원문에서 중복된 표현, 어색한 표현까지 손본 것이다. 겹치는 단어 '고시조'를 정리했다. '또한'도 사실상 불필요하다. '음악으로 향유되었기 때문에'라는 말에 '공개적'이라는 뜻이 내포돼 있다고 보고 '또한'을 삽입한 듯하나, 고침 문장에서 보듯 이 단어가 생략돼도 부자연스럽지 않다. 이제 2의 문장을 살펴보자.

2 그래서 고시조는, 홀로 고독하게 자신의 내면을 들여다보면서 성찰하는 현대 시조의 창작 동기와는 전혀 다른 동기에 의해서 창작되었던 것이기도 하다.

여기서는 '창작'과 '동기'라는 단어가 두 번씩 나온다. 중첩이 껄끄러워 이를 아래처럼 고쳐 봤다.

☞ 그래서 고시조는, 홀로 고독하게 자신의 내면을 들여다보면서 성찰하는 현대 시조와는 전혀 다른 동기에 의해서 창작되었던 것이기도 하다.
☞ 그래서 고시조는, 홀로 고독하게 자신의 내면을 들여다보면서 성찰하는 현대 시조의 창작 동기와는 전혀 다르기도 하다.

첫 번째를 보자. 원문에서는 '홀로 …성찰하는'이 '현대 시조의 창작 동기'를 수식하지만 여기서는 '현대 시조'만을 수식한다. 원문과 뉘앙스가 다소 달라진다. 두 번째는 구문상으로 볼 때 주어와 술어 간의 의미 흐름이 맞지 않는다. '고시조는 …현대 시조의 창작 동기와는 다르다.'가 되기 때문이다. 뒷부분을 '…성찰하려는 동기에서 창작되었던 현대 시조와는 차이가 있다.' 정도로 고치는 편이 자연스럽다.

이제 **3**을 보자.

> **3** 한번 쓴 시조가 한 개인의 작품으로 머물러 있지를 않고 몇 번이고 되풀이되어 노래되고 백 년 2백 년씩 전해지는데, 그것도 글로 기록되어 전하는 것이 아니고 입에서 입으로 전해진다는 점에서도 고시조는 현대 시조와 다르다.

이 문장은 앞머리 부사절만을 놓고 볼 때 주어 '시조'에 붙은 조사 '가'를 '는'으로 바꾸는 것이 맞다. '시조'의 특징을 '설명'하고 있기 때문이다. 그러나 이럴 경우 문장 끝머리에 있는 '고시조는'과 조사가 중복된다. 이때는 단순히 중복이 문제가 아니라 대주어를 중심으로 한 문장 구조가 문제가 된다. 그러므로 문장의 틀을 바꾸어야 한다. 이 밖에 원문 앞부분 '않고 …노래되고'는 동종의 연결 어미가 반복되므로 좋지 않다. 또 뒷부분 '전하는 것이 아니고 …전해진다는'도 동어 반복이 껄끄럽다. 이런 점도 고려해 아래처럼 고쳐 보았다.

> ☞ 한번 쓴 시조는 한 개인의 작품으로 머물러 있지를 않고 여러 사람에 의해 수없이 노래되어 백 년 2백 년씩 이어지는데, 그것도 글로서가 아니라 입에서 입으로 전해진다. 이런 점에서도 고시조는 현대 시조와

다르다.

**4**는 한 문장 내에 피동형과 사동형이 혼재되어 있다. 원문을 다시 옮겨 보자.

> **4** 고시조의 이런 성격은 그 전해진 상황에 따라 표기도 약간씩 달라지고 작자 이름도 달라져서 우리에게 전해진 것들이 많게 했다.

'달라지고 …달라져서 …전해진 것들이 많게 했다'는 나열된 세 개의 피동형을 사동형이 받쳐 주는 형태다. 이처럼 피동형과 사동형을 동시에 써도 뜻은 통할 수 있다. 예컨대 '문이 저절로 닫히도록 제작하게 하다.' 꼴이 가능하다. 하지만 의미 흐름이 매끄럽지는 않다. '저절로 닫히는 문을 제작하게 하다.'로 표현하는 게 일반적이다. 더구나 예문처럼 피동형이 세 번 나오면 읽기가 더욱 부담스럽다. 무생물을 주어로 삼아 사동형 문장을 만들다 보니 이 같은 궁색한 표현이 생겨났다. 이런 주어는 부사구로 바꿔 주는 게 좋다.

> ☞ 고시조의 이런 성격으로 인해 오늘날까지 전해진 고시조들 가운데는 상황에 따라 표기가 약간 달라지고, 작자 이름도 달라진 것들이 많다.
> ☞ 이런 이유로 인해 오늘날까지 전해진 고시조들 가운데는 상황에 따라 표기가 약간 달라지고, 작자 이름도 달라진 것들이 많다.

**1** '인본주의'란 말은 서양어 Humanism을 번역한 것인데 '인

간주의', '인문주의', 혹은 '인도주의'로도 번역된다. **2** 이들 번역은 각각 원어가 가진 의미의 일부를 부각시키거나 그 어느 하나도 서양어가 가지고 있는 모든 의미를 다 표현해 준다고는 할 수 없다. 역사를 거치면서, 그 말은 여러 가지 의미를 얻게 되었다. 그리고 그 말이 현대인에게 생생하게 와 닿는 무엇이 없는 이유는 우리의 문화적 환경이 이미 그 말이 별다르게 느껴질 때와는 전혀 다르게 되어 있기 때문이다. (손봉호, 「오늘을 위한 철학」 중에서)

**1**은 대등한 절 두 개를 이어 만든 겹문이다. 겹문의 형태에서는 주어의 생략에 관해 특히 신경을 써야 한다. 각 절의 주어가 같을 때는 하나를 생략해도 되지만, 주어가 다를 때는 생략할 수 없다. **1**은 이런 원칙에서 벗어났다. 이 문장을 두 개의 홑문장으로 분리할 경우, 다음 두 유형으로 살펴볼 수 있다.

㉠ 인본주의란 말은 서양어 Humanism을 번역한 것이다. Humanism은 인간주의, 인문주의, 혹은 인도주의로도 번역된다.

㉡ 인본주의란 말은 서양어 Humanism을 번역한 것이다. 인본주의는 인간주의, 인문주의, 혹은 인도주의로도 번역된다.

글쓴이가 표현하고자 한 내용이 ㉠과 같다면, 두 홑문장의 주어가 서로 다르므로 한쪽 주어를 생략할 수 없다. 만약 글쓴이가 ㉡과 같은 의미로 표현하고자 했다면, 두 번째 문장의 술어 선택이 적절치 않다. 우리말을 우리말로 풀이하면서 '번역한다'고 하지는 않기 때문이다.

㉠과 ㉡의 상황을 감안해 원문을 두 갈래로 고치면 다음과 같다.

☞ 인본주의란 말은 서양어 Humanism을 번역한 것인데, 이 Humanism은 인간주의, 인문주의 혹은 인도주의로도 번역된다.
☞ 인본주의란 말은 서양어 Humanism을 번역한 것인데, 번역에 따라서는 인간주의, 인문주의 혹은 인도주의라는 용어로 대체되기도 한다.

**2**는 연결 어미 '-거나'에 붙은 본동사가 문장의 마지막에 놓인 보조 동사의 영향을 받는다는 점을 소홀히 한 예다. 원문을 다시 살펴보자.

**2** 이들 번역은 각각 원어가 가진 의미의 일부를 부각시키거나 그 어느 하나도 서양어가 가지고 있는 모든 의미를 다 표현해 준다고는 할 수 없다.

본동사는 '부각시키거나'와 '표현해 준다'이고, 보조 동사는 '-한다고는 할 수 없다'이다. 이 보조 동사는 두 개의 본동사에 다 같이 걸린다. 즉 이 글을 풀어 쓰면 다음과 같게 된다.

☞ 이들 번역은 각각 원어가 가진 의미의 일부를 부각시킨다고는 할 수 없거나, 그 어느 하나도 서양어가 가지고 있는 모든 의미를 다 표현해 준다고는 할 수 없다.

풀어 쓴 문장을 보면, 쉼표 앞의 내용이 글쓴이의 의도와 반대로 되었음을 알 수 있다. 글쓴이의 의도는 '일부만 부각시킨다'이지만 글은 '일부를 부각시키지 않는다'라는 뜻이 되어 버린 것이다. 그러므로 다음과 같이 고쳐야 한다.

☞ 이들 번역은 각각 원어가 가진 의미의 일부를 부각시킬 뿐, 그 어느 하나도 서양어가 가지고 있는 모든 의미를 다 표현해 준다고는 할 수 없다.

사람은 이상을 추구하면서 산다. 그리하여 그것을 실현하려고 한다. 그런데 이상의 실현이라는 것은 그다지 용이한 일이 아니다. 그리하려면 적어도 두 가지 대가를 치러야 한다.
그 한 가지는 노력이니, 노력은 다시 두 가지 면에서 생각할 수 있다. **1** 그 일면은 이상을 추구하는 데 필요한 물질의 축적이요, 다른 일면은 이러한 물질을 활용하는 데 필요한 육체적 부지런이다. 즉, 근면이다. **2** 왜냐하면, 아무리 훌륭하고 정교한 물질이 풍부하게 있다 할지라도 육체적 근면이 없이는 그 가치를 발휘시킬 수 없기 때문이다. (이희승, 「독서와 인생」 중에서)

1에서는 '물질의 축적이요, …육체적 부지런이다. 즉, 근면이다.'의 표현이 자연스럽지 않다. 문장의 줄기만 골라 요약하면 '일면은 A요, 다른 일면은 B다. 즉 C다.'인데, 이렇게 쓸 경우 C가 꼭 B만을 한정한다고 볼 수가 없다. 정확히 하려면 '일면은 A요, 다른 일면은 B, 즉 C다.'로 하는 게 좋다. 용어 선택도 세련되지 못하다. '물질의 축적'이 그렇다. 글쓴이는 노력의 두 가지 측면을 설명하되 하나는 '물질의 축적'이고 다른 하나는 '근면'이라고 했다. '근면'은 '노력'하는 한 과정이라는 점에서 '노력'과 밀접한 상관관계를 맺지만, '물질의 축적'은 그것이 무엇을 뜻하는지, 또 '노력'과는 어떤 관계를 갖는지 이해하기 어렵다.

2 왜냐하면, 아무리 훌륭하고 정교한 물질이 풍부하게 있다 할지라도 육체적 근면이 없이는 그 가치를 발휘시킬 수 없기 때문이다.

이 문장도 앞문장과 연결되지 않는다. 앞문장에 '왜냐하면'으로 이끌어 낼 요소가 없기 때문이다. 이 문장은 내용상 앞에서 설명한 두 가지 요소, 즉 '물질의 축적과 근면' 가운데 '근면'의 중요성만을 한정해 설명한 것이다. 그런데 글의 흐름은 두 요소를 다 지칭하는 것처럼 되어 있다. 그렇다면 이 글이 '근면'만 한정하는 내용이라는 것을 설명해야 한다.

☞ 물질의 축적과 근면이라는 두 가지 요소 가운데 더 중요한 것은 근면이다. 왜냐하면, 아무리 훌륭하고 정교한 물질이 풍부하게 있다 할지라도 육체적 근면이 없이는 그 가치를 발휘시킬 수 없기 때문이다.

그리고 둘째 대가는 지혜이다. 지혜도 두 가지 면에서 생각할 수 있으니, 하나는 예지(叡智)요, 다른 하나는 지식이다. 예지는 사람이 선천적으로 타고나는 것이지만, 지식은 후천적으로 배워 얻는 것이다. 1 그런데 예지가 아무리 선천적으로 타고나는 것이라 하지마는, 후천적인 지식을 연마하고 수득(修得)함으로써 이것을 계발할 수 있는 것이다. 따라서, 인생에서 가장 필

> 요하고, 가능하고, 긴절(緊切)한 활동은 지식을 획득하는 그것이라고 하겠다. 그러면 지식을 획득하는 방법을 생각하여 보기로 하자. **2** 가장 초보적이요, 원시적인 방법은 체험으로써 지식을 얻는 일이다. (이희승, 「독서와 인생」 중에서)

**1**은 '아무리 …하지마는'의 짜임이 불안하다. '아무리'는 주로 연결 어미 '-더라도' 등이 붙은 동사와 함께 쓰인다. 또 연결되는 구문 '아무리 …하지마는 …함으로써'의 표현도 의미를 제대로 전달하는 데 한계가 있다.

☞ 그런데 예지가 아무리 선천적으로 타고나는 것이라 하더라도, 후천적인 지식을 연마하고 수득하지 않으면 이것을 계발할 수 없다.

**2**는 문장 자체로는 구성이 탄탄하지만, 앞의 문장에 이어지는 글로서는 서툰 표현이다. 앞의 '지식을 획득하는 방법'이 뒤에서 '방법', '지식', '얻는 일'이라는 단어로 되풀이됐다. 중복을 피하면 더 깔끔하다.

☞ 그러면 지식을 획득하는 방법을 생각하여 보기로 하자. 가장 초보적이요, 원시적인 방법은 체험으로써 얻는 일이다
☞ 그러면 지식을 획득하는 방법을 생각하여 보기로 하자. 가장 초보적이요, 원시적인 방법은 체험이다.

첫 번째는 '지식'만을 생략했고, 두 번째는 '지식'과 '획득' 두 단어를 생략했다. 두 경우 모두 원문에서 전달하고자 하는 내용을 충분히 소화

했다. '방법'의 중첩까지 피하고자 하면 '형태', '수단' 등과 같은 다른 어휘나 의존 명사 '것'으로 대체할 수 있다.

> **1** 지식을 획득하는 두 번째 방법은 배우는 일이다. 즉, 교육을 통하여 지식을 얻는 방법이다. 사람은 어려서는 가정 교육을 통하여, 좀 자라서는 학교 교육을 통하여, 그리고 성인이 되어서는 사회 교육에 의하여 지식을 배우게 되나, **2** 도저히 그 전부를 배울 수는 없는 일이다. 그런데 이 중에서 학교 교육과 같은 것은 인격 함양과 더불어 지식 획득을 주목적으로 하는 전문적인 **3** 행사이기 때문에, 비교적 짧은 기간 안에 많은 지식을 배울 수 있다. (이희승, 「독서와 인생」 중에서)

이 글은 앞의 예시문에 이어진 것이다. 1의 두 문장은 명제를 앞에 배치하고 뒤에 이를 보충해서 설명하는 순서를 따르고 있다. 그런데 보충하는 문장을 보면, 여러 단어를 나열했지만 필요한 것은 '교육'뿐이다. 다음처럼 한 문장으로 합치는 것이 경제적이다.

㉠ 지식을 획득하는 두 번째 방법은 배우는 일, 즉 교육이다.
㉡ 지식을 획득하는 두 번째 방법은 교육이다.
㉢ 지식을 획득하는 두 번째 방법은 교육을 통해서 배우는 것이다.
㉣ 두 번째 방법은 교육을 통해 지식을 얻는 것이다.

이 네 가지 고침 문장은 모두 원문의 겹치는 부분들을 해소하는 데 초점을 맞추었다. ㉠은 원문에 충실하여 살릴 만한 단어를 최대한 남겨 본 것이다. 그리고 ㉡은 의미 전달이 가능한 한도에서 가장 짧게 쓴 것이다. 그런데 문제가 하나 더 있다. 이 둘은 의미를 따져 볼 때 잘못된 표현인 것이다. '지식을 획득하는 방법 중 하나 = 교육'이라는 등식은 성립되기 어렵다. 교육은 배움이 아닌 가르침을 뜻하기 때문이다. 그러므로 이 등식이 성립하려면 '교육' 대신 '교육을 받는 것' 혹은 '교육을 통해서 배우는 것'으로 해야 한다.

㉢은 이 문제점을 해소한 것으로서 흐름이 무난하다. ㉣은 주어부의 내용을 달리해 본 것이다. 즉 이전 문장과의 중복을 피해 '지식을 획득하는 두 번째 방법' 대신 '두 번째 방법'이라고 표현했다.

**2**의 '도저히 그 전부를 배울 수는 없는 일이다.'는 어법상의 오류라기보다는 내용상 불필요한 표현이다. '가정, 학교, 사회의 교육을 통해서 이 세상의 모든 지식을 획득할 수는 없다.'라는 뜻인데, 전후 문맥과 연관이 있거나, 내용상 이해를 돕는 차원이 아니고는 덧붙일 필요가 없다. 독자들로 하여금 그 같은 내용을 담은 이유를 찾기 위해 이리저리 글 속을 뒤지게 만들 뿐이다. 글을 탄탄하게 하는 방법 중 하나는 넣고 싶은, 그럴듯한 표현이 있더라도 놓일 곳이 적절하지 않으면 과감히 버리는 것이다. 원문에서 이 표현을 삭제하고 읽어 보면 전후 문맥이 더욱 자연스러움을 느낄 수 있다. **3**은 단어 선택이 적절치 못하다. 학교 교육을 일컬어 '행사'라고 표현하기는 뭣하다. '과정'과 같은 단어가 어울린다.

사람만이 의식주를 비롯한 모든 면에서 문화 생활을 영위하고 있을 뿐이요, **1** 일반 동물들은 문화 생활과는 거리가 먼, 오직 생존만을 하고 있다. **2** 문화란, 인간의 생활을 편리하게 하고, 유익하게 하고, 행복하게 하는 것이니, 이것은 모두 지식의 소산인 것이다.

**3** 이상(理想)이나 문화나 다 같이 사람이 추구하는 대상이 되는 것이요, 또 인생의 목적이 거기에 있다는 점에서는 동일하다. **4** 그러나 이 두 가지가 완전히 일치되는 것은 아니니, 그 차이점은 여기에 있다. 즉, 문화는 인간의 이상이 이미 현실화된 것이요, 이상은 현실 이전의 문화라 할 수 있을 것이다. (이희승, 「독서와 인생」 중에서)

**1**은 논리적이지 못한 문장이다. 관형구 '거리가 먼'의 수식을 받는 명사가 빠졌기 때문이다. 아래의 ㉠은 빠진 명사를 그대로 살린 예이고, ㉡은 ㉠의 어휘 중복을 피하기 위해 표현을 달리한 경우이다. ㉢은 관형어의 사용을 배제하고 풀어 쓴 것이다.

㉠ 일반 동물들은 문화 생활과는 거리가 먼, 오직 생존만을 위한 생활을 하고 있다.
㉡ 일반 동물들은 문화 생활과는 거리가 먼, 오직 생존만을 위한 삶을 이어 가고 있다.
㉢ 일반 동물들은 문화 생활과는 관계 없이 오직 생존만을 위해 살고 있다.

**2**는 의존 명사 '것'이 한 문장에 세 번이나 들어가 있어 음운의 배열상 껄끄럽다. 어휘의 중복은 가급적 피하는 것이 좋거니와, 특히 그것이 달리 표현이 가능한 어휘일 때는 표현상의 세련미를 퇴색시킬 수 있다. 이러한 점을 고려해 다음과 같이 고쳐 보았다.

☞ 문화란, 인간의 생활을 편리하게 하고, 유익하게 하고, 행복하게 하는 것이니, 이는 모두 지식의 소산이다.

3은 관형절이 두 개 들어 있는 복잡한 문장이다. 그런데 주어와 술어의 관계가 좀 모호하다. 여기서는 문장 전체의 술어 '동일하다'에 호응되는 주어가 눈에 잘 띄지 않는다. 주어가 숨어 있는 것이다. 주어가 숨어 있다는 말은 주어로서 기능하는 체언에 조사를 붙이지 않았다는 뜻이다. 즉 문장의 전체 주부는 '이상이나 문화나'가 돼야 하지만, 여기에 붙은 조사 '-나'가 전체 술어인 '동일하다'와 호응되기 어렵다. '동일하다' 앞에 '서로'를 넣으면 의미 흐름이 한결 부드러워진다. 조사를 바꾸어 다음처럼 할 수도 있다.

☞ 이상이나 문화는, 다 같이 사람이 추구하는 대상이요, 또 인생의 목적이 이들의 추구에 있다는 점에서는 동일하다.

참고로, 고침 문장에서는 원문에 쓰인 대명사 '거기'가 부적질한 단어라고 보아 '이들의 추구'라고 바꾸었다. '거기'는 지시 대명사로서 '그것', '그곳', '그 점' 등과 같은 뜻이며, 문장의 앞에 나온 특정 단어나 구절을 가리킨다. 그러나 원문에는 '거기'가 지칭하는 특정어가 없다. 문맥상 '거기'가 지칭하는 것이 '이상과 문화의 추구'임을 짐작할 수는 있지만 이를 글에서 특정하게 단어나 구절로 밝히지 않았으므로 대명사로 대체할 수는 없다는 것이다. 이처럼 대명사의 쓰임이 어설픈 예는 이어지는 **4**번 문장에서도 보인다. **4**를 다시 보자.

**4** 그러나 이 두 가지가 완전히 일치되는 것은 아니니, 그 차이점은 여기에 있다. 즉, 문화는 인간의 이상이 이미 현실화된 것이요, 이상은 현실 이전의 문화라 할 수 있을 것이다.

첫 문장에 보이는 '여기'의 쓰임이 어색하다. '여기'란 바로 앞에서 지시한 대상을 가리키는 지시 대명사다. 그러나 원문은 '여기'가 지시하는 내용이 뒤에 나와 있어 뒤를 읽어 본 후에야 그 내용을 알 수 있도록 돼 있다. 이 같은 표현은 의미의 흐름을 역행한다는 점을 감안해 신중히 사용해야 한다. 다음과 같이 표현하면 전달이 더 잘 될 것이다.

☞ 그러나 이 두 가지가 완전히 일치되는 것은 아니니, 그 차이점은 다음과 같다(다음에서 찾을 수 있다). 즉, 문화는 인간의 이상이 이미 현실화된 것이요, 이상은 현실 이전의 문화라는 것이다.

**1** 옛말에, "하루라도 책을 읽지 아니하면 입 속에 가시가 돋친다[一日不讀書 口中生荊棘]."는 말이 있지만, 오늘날은 하루 책을 안 읽으면 입에 가시가 돋치는 문제만에 그치는 것이 아니라, 생존 경쟁이 격심한 마당에서는 하루만큼 낙오가 되어, 열패자(劣敗者)의 고배와 비운을 맛보지 않을 수 없게 될 것이다.

**2** 아무리 천재적인 지혜와 역량을 가진 사람이라 할지라도, 널리 남의 의견을 들어서 중지를 모아 놓지 아니하면, 자기 깜냥

> 의 정와(井蛙)의 편견으로 독선과 독단에 빠져서 대사를 그르치
> 는 일은 옛날부터 비일비재하였다. (이희승, 「독서와 인생」 중에서)

이 예문은 단락 하나가 각각 한 문장으로 되어 있다. **1**에서는 밑줄 친 부분에서 보이는 것처럼 '옛말'과 '말'에서 단어의 중복이 발견된다. 앞부분을 살릴 경우 '옛말에 …라고 했지만'으로 할 수 있으며, 뒤를 살릴 경우 앞의 '옛말에'를 빼고 '…라는 옛말이 있지만'으로 고칠 수 있다. **2**는 두 문장을 하나로 합치는 과정에서 적절한 연결사를 사용하지 못했다. 원문을 두 문장으로 갈라 보자. 다음의 두 방법이 있다.

- 아무리 천재적인 지혜와 역량을 가진 사람이라 할지라도, 널리 남의 의견을 들어서 중지를 모아 놓지 아니하면, 자기 깜냥의 정와의 편견으로 독선과 독단에 빠져서 대사를 그르친다. 그러한 일은 옛날부터 비일비재하였다.
- 아무리 천재적인 지혜와 역량을 가진 사람이라 할지라도, 널리 남의 의견을 들어서 중지를 모아 놓는 데 소홀해서는 안 된다. 이를 소홀이 함으로써 자기 깜냥의 정와의 편견으로 독선과 독단에 빠져 대사를 그르친 일은 옛날부터 비일비재하였다.

이처럼 두 문장으로 나눈 것을 다시 한 문장으로 합치되 연결 부분만 자연스럽게 손질하면 다음과 같이 할 수 있다.

☞ 아무리 천재적인 지혜와 역량을 가진 사람이라 할지라도, 널리 남의 의견을 들어서 중지를 모아 놓지 아니하면, 자기 깜냥의 정와의 편

견으로 독선과 독단에 **빠져서** 대사를 그르칠 수 있으니(그르치게 되는데), 그러한 일은 옛날부터 비일비재하였다.

☞ 아무리 천재적인 지혜와 역량을 가진 사람이라 할지라도, 널리 남의 의견을 들어서 중지를 모아 놓는 데 소홀히 함으로써 자기 깜냥의 정와의 편견으로 독선과 독단에 빠져 대사를 그르친 일은 옛날부터 비일비재하였다.

원문에서는 '…아니하면 …하는 일은 비일비재하였다'가 돼 논리성을 놓치고 있었다. 이를 위 고침 문장들에서는 '아니하면 …하니, 그런 일은 비일비재하였다' 혹은 '…함으로써 …하는 일은 비일비재하였다'로 고쳤는데, 더 자연스럽다.

> **1** 그동안 환경 오염을 줄이기 위한 방법으로, 산업체에서 생기는 오염 물질이 발생한 후에 오염물 처리 과정을 거치도록 하는 '발생 후 처리 기술'에 의존해 왔는데, **2** 21세기의 산업 구조는 원자재의 선택에서부터 시작해서, 공정 자체를 용수와 에너지를 적게 쓰면서 오염물 배출을 최소화하는 '무오염·저공해 기술'에 의존하게 될 것이다. (윤순창, 「현대 과학은 환경 문제를 해결할 수 있는가」 중에서)

**1**은 부사격 조사 '으로'에 연결되는 서술어의 구조가 불안하다. 즉 '방법으로'와 뒤에 이어진 내용이 논리적으로 연결되지 않는다. '방법으로 …이(가) 있다', '방법으로(는) …을 이용하다' 등과 같은 형태가 자연스러운데, 여기서는 '…에 의존해 왔다'라는, 목적어 없는 서술구가 이어졌다. 이 문장은 다음과 같이 고칠 수 있다.

㉠ 그동안 환경 오염을 줄이기 위한 방법으로, … '발생 후 처리 기술'을 이용해 왔는데,
㉡ 그동안 환경 오염을 줄이기 위한 방법으로 … '발생 후 처리 기술'이 있었는데,
㉢ 그동안 환경 오염을 줄이기 위해 주로 의존한 방법은 … '발생 후 처리 기술'이었는데,

㉠과 ㉡은 앞의 설명에서 든 바에 따라 '방법으로'의 뒤에 각각 목적어, 보어를 배치시킨 예다. 그러나 이 경우에는 글쓴이가 표현하고자 했던 내용이 완전히 전달되지 않은 느낌이다. 어법에 맞추기 위해 '의존하다'라는 단어를 빠뜨렸기 때문이다. 그러나 '의존하다'라는 단어가 주는 함축적인 내용을 원문 자체에서 흡수했다고 보아 이를 생략해도 무리는 없을 듯하다. ㉢은 '의존하다'라는 단어를 살리기 위해 틀을 바꾸어 본 것이다.

이 밖에 이 문장은 의미가 중복되는 부분도 정리할 필요가 있다. '산업체에서 생기는 오염 물질이 발생한 후에'에서 '생기는'과 '발생한'은 의미 중복이다. 둘 중 하나를 빼야 한다.

이제 **2**를 살펴보자. 편의상 글을 다시 옮겨 본다.

**2** 21세기의 산업 구조는 원자재의 선택에서부터 시작해서, 공정 자체를 용수와 에너지를 적게 쓰면서 오염물 배출을 최소화하는 '무오염·저공해 기술'에 의존하게 될 것이다.

이 문장에는 목적격 조사 '을/를'이 세 번 연달아 나온다. 전체 목적어 '공정 자체'와 전체 술어 '의존하다' 사이에 부분 목적어가 두 개 들어가다 보니 목적어끼리 충돌한다. '시작해서'와 호응되는 뒷말도 보이지 않는다. 아래는 목적어의 중첩을 해소한다는 차원에서 본문을 고친 것이다.

☞ 21세기의 산업 구조는 원자재의 선택 단계부터 모든 공정이 용수와 에너지를 적게 쓰면서 오염물 배출을 최소화하는 무오염·저공해 기술 방식으로 변화할 것이다.

> **1** 연암 박지원은 너무도 유명한 영·정조 시대 북학파(北學派)의 대표적 인물 중의 한 사람이다. **2** 그가 지은 『열하일기』나 『방경각외전』에 실려 있는 소설이, 몰락하는 양반 사회에 대한 신랄한 풍자를 가지고 있을 뿐 아니라, 문장이 또한 기발하여, 그는 당대의 허다한 문사들 중에서도 최고봉을 이루고 있는 것으로 추앙되고 있다. **3** 그러나 그의 문학은 패관 기서를 따르고 고문을 본받지 않았다 하여, 하마터면 『열하일기』가 촛불의 재로 화할 뻔한 아슬아슬한 장면이 있었다. (이기백, 「민족 문화의 전통과 계승」 중에서)

**1**은 음조의 자연스러운 흐름이라는 차원에서 두 군데에 걸쳐 쓰인 '의'를 하나 생략할 만하다. '인물 중의 한 사람'을 '인물 중 한 사람'으로 해도 무방하다. 그 밖에 '너무도 유명한'이 무엇을 수식하는지도 분명히 드러나지 않는다. 군더더기이므로 이 말을 삭제하면 읽기도 훨씬 편하다.

**2**는 문장의 뼈대만 추리면 '그의 소설이 …문장이 또한 기발하여, 그는 당대 최고로 추앙되고 있다.'인데, 우선 주격 조사 '이'가 겹쳐 있다. 뒷부분 '문장이 또한'을 '문장 또한'으로 하면 해결된다. 그런데 앞부분 소주어 '소설이'와 뒷부분 대주어 '그는'도 조사의 호응도가 불안하다. 다음처럼 고치면 깔끔해 보인다.

> ☞ 그가 지은 『열하일기』나 『방경각외전』에 실려 있는 소설은 몰락하는 양반 사회에 대한 신랄한 풍자를 담고 있을 뿐 아니라, 문장 또한 기발한데, 이런 점에서 그는 당대의 문사들 중에서 최고봉으로 추앙되고 있다.

**3**도 보조사 '은'의 쓰임이 좋지 않다. '은'이 주어에 붙으면 그 주어가 문장 전체에 영향을 미치는데 여기서는 그렇지 못하다. '은' 대신 '이'를 쓰는 게 좋다.

> ☞ 그러나 그의 문학이 패관 기서를 따르고 고문을 본받지 않았다 하여, 하마터면 『열하일기』가 촛불의 재로 화할 뻔한 아슬아슬한 장면이 있었다.

그러나 이 고침 문장은 주격 조사 '이/가'가 세 번이나 겹쳐 읽기에 부담스러운 측면이 있다. 이런 문제를 고려한다면 다음과 같은 표현도 가능하다.

☞ 그러나 그의 문학은 패관 기서를 따르고 고문을 본받지 않았다는 이유로 배척을 받았는데, 이로 인해 하마터면 『열하일기』가 촛불의 재로 화할 뻔한 아슬아슬한 장면도 있었다.

> 요컨대, 우리 민족 문화의 전통은 부단한 창조 활동 속에서 이어 온 것이다. 따라서, 우리가 계승해야 할 민족 문화의 전통은 형상화된 물건에서 받은 것도 있지만, 한편 창조적 정신 그 자체에도 있는 것이다.
> 이러한 의미에서, 민족 문화의 전통을 무시한다는 것은 지나친 자기 학대에서 나오는 편견에 지나지 않을 것이다. 따라서, 첫머리에서 제기한 것과 같이, 민족 문화의 전통을 계승하자는 것이 국수주의나 배타주의가 될 수는 없다. 오히려, 왕성한 창조적 정신은 선진 문화 섭취에 인색하지 않을 것이다.
> 다만, 새로운 민족 문화의 창조가 단순한 과거의 묵수가 아닌 것과 마찬가지로, 또 단순한 외래 문화의 모방도 아닐 것임은 스스로 명백한 일이다. 외래 문화도 새로운 문화의 창조에 이바지함으로써 뜻이 있는 것이고, 그러함으로써 비로소 민족 문화의 전통을 더욱 빛낼 수가 있는 것이다. (이기백, 「민족 문화의 전통과 계승」 중에서)

앞의 예문에 이어진 글이다. 전체적으로 의존 명사 '것'이 너무 많이 나온다. 총 6개의 문장 중에 '것'이 11군데나 나온다. 이와 더불어 의존 명사 '것'은 추상성이 강하기 때문에 의미 전달력을 떨어뜨리는 측면도 있다. 가능하면 구체적인 어휘로 대체하는 게 좋다.

☞ 요컨대, 우리 민족 문화의 전통은 부단한 창조 활동 속에서 이어져 내려왔다. 따라서, 우리가 계승해야 할 민족 문화의 전통은 형상화된 물건뿐 아니라, 창조적 정신 그 자체에도 있는 것이다.

이러한 의미에서, 민족 문화의 전통을 무시하는 태도는 지나친 자기 학대에서 나오는 편견에 지나지 않는다. 따라서, 첫머리에서 제기한 바와 같이, 민족 문화의 전통을 계승하자는 것이 국수주의나 배타주의가 될 수는 없다. 오히려, (전통 문화에 바탕을 둔) 왕성한 창조적 정신은 선진 문화 섭취에 더욱 능동적일 수 있다.

다만, 새로운 민족 문화의 창조가 단순한 과거의 묵수를 뜻하지 않을진대, 그것이 또한 단순한 외래 문화의 모방도 아님은 자명한 일이다. 외래 문화도 새로운 문화의 창조에 이바지함으로써 뜻이 있고, 그러함으로써 비로소 민족 문화의 전통을 더욱 빛낼 수가 있는 것이다.

이리하여 **1** 봄과 가을의 마을굿에서 맞이하는 주신을 나타내는 탈을 무당이나 마을사람들이 쓰고 주신과 배신 간의 대무, 대창을 하게 되고, **2** 별신굿 탈놀이 및 마을의 농악대가 풍작을 기원하기 위한 모의 농경을 하고(강릉 농악), **3** 집단의 생명력을 구가하는 성장 의례인 청소년에 의한 씨름이나 줄다리기나 편싸움, 또는 풍년과 자손 번창을 위한 신사 의례(神祀儀禮)가 행해졌으나, 신앙심의 감퇴와 더불어 이들 향연 의례는 주술성을 잃고, 축제성과 예술성이 우세한 것으로 되어 가면서, 신과

> 무격 사이의 대무나 대창은 축복을 위한 춤이나 놀이가 되고, 씨름 등은 잡기나 희극으로 전화되어 간다. **4** 이와 같은 향연(饗宴) 제의(祭儀)의 희극으로의 전화(轉化)뿐만 아니라, 원령(怨靈)의 진혼(鎭魂) 제의의 비극으로의 전화도 문제가 된다. (이두현, 「한국 축제의 역사」 중에서)

이 글은 우리의 전통 민속에 관해 설명한 것이다. 이런 글은 우선 독자가 이 분야에 대해 생소하다는 점을 감안해 이해하기 쉽게 풀어 가는 방식을 택해야 한다. 문장의 구성을 간단하게 하는 것도 그중 한 방법이다. 그러나 위 예문은 내용을 떠나서 글을 어떤 방식으로 해석해야 하는지조차 파악하기 힘들다. 1부터 4 앞까지가 단 한 문장으로 되어 있으며, 그 속의 여러 절들은 다시 관형격 어미들로 복잡하게 연결되어 있다.

문장이 길어도 읽기에 부담을 느끼지 않게 하는 방법으로 흔히 대구(對句)의 수법이 사용된다. 문장 내에 들어 있는 여러 개의 구나 절을 서로 비슷한 짜임이 되도록 하는 것이다. 굳이 이런 형태로 구성하지 않더라도, 각 구나 절의 연결 어미, 연결 조사는 같은 형태를 띠는 게 상례다. 1과 2는 구조가 '…을 하게 되고, …을 하고'로 되어 있다. 일반적으로 연결 어미를 중첩되게 사용할 때는 '…하고, …하며'의 형태를 이용한다. 때로는 '…하고, …하고'를 쓰기도 한다. 원문의 '…하게 되고, …하고'는 일반적인 대구의 형태에서 벗어났다.

또 나열의 형태가 '목적어-술어'로 이어지다가 '주어-술어'의 자동사형 구문으로 바뀌었다는 점도 문제다. 즉 '대창을 하고 …모의 농경을 하고 …신사 의례가 행해졌으나'가 그것이다. '신사 의례를 행했으나'로 해야 흐름이 맞다.

이제 세부적인 문제점을 살펴보자. 우선 1을 다시 옮겨 본다.

> 1 봄과 가을의 마을굿에서 맞이하는 주신을 나타내는 탈을 무당이나 마을 사람들이 쓰고 주신과 배신 간의 대무, 대창을 하게 되고,

제일 먼저 지적할 수 있는 문제로는 '관형어+목적어'의 구가 연이어 겹쳤다는 점이다. '맞이하는 주신을 나타내는 탈을'이 그것이다. 문맥상의 혼선이 빚어진다.

또 한 가지 문제가 되는 것은 문장 첫머리의 부사구 '봄과 가을의 마을굿에서'가 어디까지 수식하는가 하는 점이다. 문장 1 전체를 지시하는 독립 부사구인지, 아니면 바로 뒤의 관형어 '맞이하는'만을 수식하는 것인지가 정확하지 않다. 전자에 해당한다면, 의미 구분을 위해 반점을 넣는 게 좋고, 후자에 해당한다면, 첫째 목적어 '주신을'을 꾸미는 말이 너무 길어 호흡을 거칠게 하는 문제를 해소해야 한다.

이 밖에 '쓰고 …하게 되고'에서 '-고'의 중복, '탈을 …마을 사람들이 쓰고'에서 목적어-서술어 사이에 주어가 끼어든 점 등도 문장의 자연스러운 흐름을 끊는 요소로 지적할 수 있다.

어법상 약간 꼬이는 부분이 있더라도 내용을 파악하기 어렵지 않은 평이한 글이라면 별로 문제가 없겠으나, 이 글은 그러한 성격이 아니기 때문에 좀 더 세심한 주의를 기울여야 했다. 이런 점들을 고려해 다음과 같이 고쳐 보았다.

> ☞ 봄과 가을의 마을굿에서는 주신을 맞이하는 의식으로 무당이나 마을 사람들이 주신 모습을 한 탈을 쓴 채 주신과 배신 간의 대무, 대창

을 하고,

**2**는 명사를 병렬식으로 나열하면서 격을 일치시키지 않았다. 원문을 다시 옮겨 보자.

> **2** 별신굿 탈놀이 및 마을의 농악대가 풍작을 기원하기 위한 모의 농경을 하고……

병렬식 나열일 때는 단어와 단어, 구와 구, 절과 절 등의 나열 방식이 어느 정도 일치해야 한다. 예문에서 나열되는 것은 '별신굿 탈놀이'와 '모의 농경'인데, '및'을 중심으로 앞의 것은 (복합) 명사인 데 비해 뒤의 것은 관형절을 품은 설명어여서 구문의 흐름이 흐트러졌다. 이 글은 다음의 두 가지 형태로 고칠 수 있다.

> ☞ 별신굿 탈놀이, 혹은 마을의 농악대가 풍작을 기원하는 모의 농경을 하고……
> ☞ 별신굿 탈놀이를 하거나 마을의 농악대가 풍작을 기원하는 모의 농경을 하고……

**3**도 관형어의 겹침이 흐름을 끊은 예다. 원문을 다시 옮겨 보자.

> **3** 집단의 생명력을 구가하는 성장 의례인 청소년에 의한 씨름이나 줄다리기나 편싸움, 또는 풍년과 자손 번창을 위한 신사 의례가 행해졌으나……

관형어의 겹침은 우리말에서 흔히 볼 수 있는 현상이다. 그리고 그것이 자연스럽게 연결되면 전혀 무리가 없다. 예를 들면 다음과 같은 것이 있다.

- 저 두 젊은 사람은 서로 뜻이 맞아 일생을 같이하기로 했다.

그러나 '저 두 젊은 사람'과 같이 자연스러운 경우는 그 관형어가 한두 음운으로 이루어진 단어이거나 지시 관형사, 수 관형사일 때다. 그렇지 않고 예문처럼 관형어가 구 혹은 절로 되었을 때는 의미 파악이 어려워진다.

이 밖에 '청소년에 의한 씨름'이라는 표현도 그리 달갑지 않다. '…에 의한'은 번역투 문장에 익숙해진 사람들이 자주 사용하지만, 전달력이 떨어진다. '청소년들이 참여하는 씨름' '청소년들의 씨름' 등으로 바꿀 만하다.

그런데 현재의 구문을 그대로 살린 채 이런 문제들을 해소하기는 어렵다. 관형어를 줄이려면 문장을 가르든가 구문을 달리해야 하기 때문이다. 구문을 크게 변형시키지 않고 고친다면 다음과 같이 할 수는 있다.

☞ 청소년 중심의 씨름이나 줄다리기나 편싸움 등 집단의 생명력을 가하는 성장 의례, 또는 풍년과 자손 번창을 위한 신사 의례를 행했으나……

참고로 여기서는 원문의 피동형 구문 '…이 행해졌으나'를 능동형 '…을 행했으나'로 바꾸었다. 원문의 앞에 나열된 두 개의 구문이 능동형이기 때문에 형식을 통일시킨 것이다. 이로써 '청소년에 의한 씨름'이라는 표현도 자연스럽게 고쳐졌다. 이제 4번 문장을 보자.

4 이와 같은 향연 제의의 희극으로의 전화뿐만 아니라, 원령의 진혼 제의의 비극으로의 전화도 문제가 된다.

이 글은 관형격 조사 '의'를 중복 표기함으로써 우리 글답지 않은 표현이 되었다. 특히 '-으로의'는 부사격 조사 '으로'와 관형격 조사 '의'가 결합한 꼴인데, 바람직한 표현이 아니다. 대개 글의 제목처럼 짧은 구의 형태로 독립해서 쓰는 경우에는 이런 방식이 용인되기도 하나, 문장 형태에서는 가급적 풀어 써야 한다. '의'의 중복을 피해 고쳐 보았다.

☞ 이와 같이 향연 제의가 희극으로 전화되는 것뿐만 아니라 원령을 진혼하는 제의가 비극으로 전화되는 것도 문제가 된다.

1 민중 오락의 기원을 유년기의 놀이와 모방에서 찾지 않고, 신들림에서 나온 것이라고 하여 샤머니즘에 그 기원을 두기도 하는데, 2 우리의 무속에서도 지금껏 한강 이북의 강신무들은 작두를 타며, 물동이 변죽을 타고 공수를 준다. 3 경기 도당 굿에서는 전에는 줄광대가 줄을 타고 재담을 하였다. 4 굿에서 노는 이와 같은 잡희가 대륙 ㉠ 전래의 산악 백희의 영향 이전의 자생적인 가무 백희의 기원을 말하여 주는 것이지만, 탈놀이의 ㉡ 기원도 위에서 보아 온 마을굿에서 ㉢ 기원을 찾는 의

견이 제시되고 있다. (이두현, 「한국 축제의 역사」 중에서)

**1**은 두 가지 문제를 안고 있다. 첫째, 뒷절 앞부분 '신들림에서 나온'의 주어가 빠졌다. '민중 오락이' 혹은 '그것이'를 앞에 넣어야 한다. 그런데 이처럼 주어를 넣고 보면 중언부언한 느낌이 들어 안 넣은 것만도 못하다. 따라서 다른 방법을 모색해야 한다. 그리고 둘째, '기원을'이 중첩되었다. 하나를 없애는 것이 좋다. 그렇지만 문장의 형태를 그대로 두고서는 생략할 수 없다. 두 대등절의 서술어가 서로 다른 꼴을 하고 있기 때문이다. 생략이 가능하려면, 뒤의 서술어 '샤머니즘에 두기도 한다'가 '샤머니즘에서 찾기도 한다'로 되어야 한다. 다음은 이런 두 가지 문제점들을 해소하여 문장을 재구성한 것이다.

☞ 민중 오락의 기원을 유년기의 놀이와 모방에서 찾지 않고 샤머니즘에서 찾기도 한다. 즉 민중 오락이 신들림에서 비롯되었다는 것이다.
☞ 민중 오락의 기원을 유년기의 놀이와 모방에서 찾지 않고 신들림이라는 일종의 샤머니즘에서 찾기도 한다.

첫 번째는 원문의 내용을 그대로 전달하기 위해 부득이 문장을 둘로 가른 것이고, 두 번째는 원문처럼 한 문장으로 한다는 전제 하에 형식을 약간 비틀었다. 이렇게 고쳐도 내용이 크게 달라지지는 않았다.
**2**에서는 '무속에서도'가 뒷말과 이어지지 않는다. '무속을 보아도' 정도면 흐름이 무난해 보인다. **3**도 '도당굿에서는'의 '에서'가 썩 어울리는 표현이 아니다. '도당굿의 경우(에)'로 할 수 있다.
**4**는 ㉠에서 보듯 '기원'이라는 단어 하나를 수식하는 말 속에 관형격 조사 '의'가 네 개나 들어 있다. 글의 짜임, 흐름 등을 감안한다면 고치는 것이 좋다. 또 ⓒ과 ⓒ은 같은 단어가 불필요하게 중복됐다. ⓒ의 '기원'을 생략하는 게 좋다.

> **1** 먼저, 신라의 대표적인 공의(公儀)는 팔관회였는데, 진흥왕 12년(551년)에 전사한 사졸들을 위한 위령제로서 시작하였다고 한다. **2** 이를 계승한 고려조의 팔관회는 국가적 행사로 고구려의 동맹과 신라의 팔관회를 통합한 민족적 수호제로서 중동(仲冬)에 행하여졌는데, 상원(上元)의 연등회와 더불어 양대 국가 축전의 행사였다. (이두현, 「한국 축제의 역사」, 중에서)

**1**은 뒷절의 주어 '팔관회'가 빠졌다. 이 주어는 앞절의 주어와 일치하지 않으므로 생략해서는 안 된다. 또 '위령제로서'의 조사 '-로서'도 바꾸어 '위령제에서 유래되었다' 정도로 하는 것이 무난해 보인다. 그리고 '전사한 사졸들을 위한 위령제로서'에 들어 있는 이중 수식 구조도 '전사한 사졸들을 위해 위령제를 지내면서' 등으로 풀어 쓰는 게 좋다. 이 같은 점들을 고려해 다음과 같이 고쳐 보았다.

☞ 신라의 대표적인 공의는 팔관회였는데, 팔관회는 진흥왕 12년에 전사한 사졸들을 위해 위령제를 지낸 것에서 유래되었다고 한다.

**1**과 마찬가지로 **2**도 필요한 주어를 생략한 느낌이다. 여기서는 뒷절의 '연등회와 더불어 …행사였다'의 주어인 '이 팔관회는'이 생략되었다고 볼 수 있다. 앞에 같은 주어가 있기는 하지만, 그렇더라도 생략해서는 안 된다. 앞뒤의 절이 내용상 밀접한 관계를 갖지 못할뿐더러 구성 형태도 다르기 때문이다. 그런데 예문은 생략한 주어를 다시 집어넣어도 어색한 글이 된다. 그 이유는 연결 어미 'ㄴ데'의 쓰임이 바르지 않기 때문이다. 둘 사이의 관계가 'ㄴ데'로서 연결할 만큼 긴밀하지 않은 것이다.

두 문장이 내용상 개별적일 때는 각각 독립 문장으로 하는 것이 무난하다. 그러나 반드시 한 문장으로 해야 할 상황이라면, 중간에 적절한 어구를 삽입해, 둘 사이에 연관성을 맺어 주는 방법도 생각해 볼 수 있다. 아래는 이 같은 두 가지 방법으로 원문을 재구성한 것이다.

> ☞ 고려조의 팔관회는 고구려의 동맹과 신라의 팔관회를 통합한 민족적 수호제로서 중동에 행하여졌다. 팔관회는 상원의 연등회와 더불어 양대 국가 축전의 행사였다.
>
> ☞ 고려조의 팔관회는 고구려의 동맹과 신라의 팔관회를 통합한 민족적 수호제로서 중동에 행하여졌는데, 시일이 지나면서 상원의 연등회와 더불어 양대 국가 축전으로 발전했다.

참고로, 위 고침 문장들은 원문의 다른 문제점도 보완한 것이다. '국가적 행사'와 '국가 축전'이 의미 중복이기 때문에 하나를 빼는 것이 좋다. 이 밖에 문장의 첫 구절 '이를 계승한'도 불필요한 말이므로 삭제했다. 지시 대명사 '이'는 '신라의 팔관회'를 가리키는데, 원문에 이를 대입하면 '신라의 팔관회를 계승한 고려조의 팔관회는 고구려의 동맹과 신라의 팔관회를 통합했다.'가 되어 논리 전개가 치밀하지 못하다.

> 인도·유럽말의 시제는 일차원적인 시간관에 근거하고 있기 때문에, 시제가 일직선적인 시간의 흐름에 따라서 대과거·현재 완료·현재·전미래, 그리고 미래로 나뉘어져 있지만, 우리말의 시제는 삼차원적이고 구체적인 시간관에 근거하고 있기 때문에 현재를 중심으로 해서 완료된 전승과 지향적인 기대의 시제가 있을 뿐이다. (이규호, 「한국인의 사상 구조」 중에서)

우리말의 시제에 관해 설명한 글이다. 한 문장에 '시제'라는 단어가 네 번이나 나온다. 줄이면 좋겠는데 어떤 방법이 있을까. 우선 앞절을 떼어서 분석해 보자.

- 인도·유럽말의 시제는 일차원적인 시간관에 근거하고 있기 때문에, 시제가 일직선적인 시간의 흐름에 따라서 대과거·현재 완료·현재·전미래, 그리고 미래로 나뉘어져 있다.

이 문장은 주술 관계가 좀 어그러졌다. 'A는 B하기 때문에 C가 D하다.'의 꼴인데, 이런 꼴에서는 앞과 뒤의 주어가 같아서는 안 된다. 위 문장은 '영희는 아프기 때문에 영희가 학교에 못 간다.'와 같은 형태다. 뒤의 주어를 빼면 자연스럽다. 한번 옮겨 보자.

☞ 인도·유럽말의 시제는 일차원적인 시간관에 근거하고 있기 때문에, 일직선적인 시간의 흐름에 따라서 대과거·현재 완료·현재·전미래, 그리고 미래로 나뉘어져 있다.

이렇게 고쳐 놓고 다시 글을 음미해 보자. 그래도 뭔가 좀 꺼림칙하다. 그 이유는 '…있다'가 앞뒤에 놓인 데서 찾을 수 있을 것 같다. '시제'는 행위를 할 수 있는 주체가 아니기 때문에 '-고 있다'와 결합하기 힘들다.

> ☞ 인도 · 유럽말의 시제는 일차원적인 시간관에 근거하기 때문에, 일직선적인 시간의 흐름에 따라서 대과거 · 현재 완료 · 현재 · 전미래, 그리고 미래로 나뉜다.

이 정도면 흐름이 무난해 보인다. 이제 뒷절을 살펴보자.

> ● 우리말의 시제는 삼차원적이고 구체적인 시간관에 근거하고 있기 때문에 현재를 중심으로 해서 완료된 전승과 지향적인 기대의 시제가 있을 뿐이다.

이 역시 앞절과 동일한 짜임의 구문이다. 또 앞에 나오는 대주어가 '시제'인데 뒤에 나오는 소주어도 '시제'다. 그러나 소주어를 빼면 흐름이 이어지지 않는다. 그것이 관형어를 끌어안고 있기 때문이다. 또 각각의 '시제'가 의미하는 것도 동일하지 않다. 앞은 '우리말의 시제'이고 뒤는 '완료된 전승과 지향적인 기대의 시제'여서 의미가 다르다. 이럴 때는 소주어 '시제'를 다른 말로 바꾸어 주는 게 좋다. 예컨대 앞절에서는 그것을 '대과거 · 현재 완료 · 현재 · 전미래, 그리고 미래'라는 말로 대체했다. 뉘앙스 차이 문제를 고려한다면 여기서 이것까지 손댈 처지는 아니지만, 시제 대신 시점을 쓰는 것도 한 방법이겠다. 중간 부분 '하고 있기 때문에'라는 진행형 꼴 역시 앞에서와 같이 고치는 게 좋다.

☞ 우리말의 시제는 삼차원적이고 구체적인 시간관에 근거하기 때문에 현재를 중심으로 해서 완료된 전승과 지향적인 기대의 시점이 있을 뿐이다.

**이병갑**

현재 국민일보 교열팀장이며, 《국민일보》에 '말 바로 글 바로'라는 제목의 칼럼을 연재하고 있다. 1958년 대전에서 태어나, 충남대학교 중어중문학과를 졸업하고 같은 과 대학원에서 공부했다. 「문장의 대비」, 「단어의 중첩과 생략」, 「격조사의 중복」, 「어문 규범의 한계」 등 우리말 사용에 대한 글을 여럿 썼고, 1996년에는 한국어문상 신문 부문 상을, 2003년에는 한국어문상 대상(문화관광부 장관상)을 받았다.

## 우리말 문장 바로 쓰기 노트

1판 1쇄 펴냄 2009년 7월 24일
1판 10쇄 펴냄 2023년 4월 10일

지은이 | 이병갑
발행인 | 박근섭, 박상준
펴낸곳 | (주)민음사

출판등록 | 1966. 5. 19. (제16-490호)
주소 | 서울특별시 강남구 도산대로1길 62(신사동) 강남출판문화센터 5층 (우편번호 06027)
대표전화 | 02-515-2000 팩시밀리 | 02-515-2007
홈페이지 | www.minumsa.com

ⓒ 이병갑, 2009. Printed in Seoul, Korea

ISBN 978-89-374-2664-3 03710

• 이 책은 삼성언론재단의 지원을 받아 출간되었습니다.
• 잘못 만들어진 책은 구입처에서 교환해 드립니다.